高等院校旅游管理专业规划教材

# 中餐服务与管理

魏晓楠 陈丽宇 主编

Tourism

ZHEJIANG UNIVERSITY PRESS
浙江大学出版社

图书在版编目(CIP)数据

中餐服务与管理 / 魏晓楠,陈丽宇主编. —杭州：
浙江大学出版社，2016.12(2022.1重印)
ISBN 978-7-308-16416-0

Ⅰ.①中… Ⅱ.①魏… ②陈… Ⅲ.①中式菜肴－餐
馆－商业服务－高等职业教育－教材 ②中式菜肴－餐馆
－商业管理－高等职业教育－教材 Ⅳ.①F719.3

中国版本图书馆 CIP 数据核字（2016）第 280071 号

## 中餐服务与管理

魏晓楠　陈丽宇　主编

| | |
|---|---|
| 责任编辑 | 王元新 |
| 责任校对 | 杨利军　魏钊凌 |
| 封面设计 | 俞亚彤 |
| 出版发行 | 浙江大学出版社 |
| | （杭州市天目山路 148 号　邮政编码 310007） |
| | （网址：http://www.zjupress.com） |
| 排　　版 | 杭州青翊图文设计有限公司 |
| 印　　刷 | 广东虎彩云印刷有限公司绍兴分公司 |
| 开　　本 | 787mm×1092mm　1/16 |
| 印　　张 | 14 |
| 字　　数 | 288 千 |
| 版 印 次 | 2016 年 12 月第 1 版　2022 年 1 月第 6 次印刷 |
| 书　　号 | ISBN 978-7-308-16416-0 |
| 定　　价 | 39.00 元 |

　　《中餐服务与管理》是在多年的教学实践基础上编写而成的。主要讲授酒店中餐管理与服务的基础知识,向学生传递中餐厅管理与服务工作必备的观念与意识,训练学生掌握中餐服务的基本操作程序与技能,培养学生从事饭店中餐厅服务与基层管理工作、适应行业发展与职业变化的基本能力。

　　本书分为理论与技能两大部分,具体讲述中餐厅管理的基本程序和方法以及服务技能。

　　本教材适用于高等职业学校饭店管理和旅游专业,也可以作为酒店在岗人员培训教材和酒店管理人员的参考读物。

# 前　言

随着旅游酒店业的发展,酒店从业人员的需求量日益增多,高职高专旅游类学生已成为从业大军中的主要力量。因此,深化职业教育改革,突出以全面素质为基础、以能力为本位的职业教育新观念日益重要。根据高等职业教育的要求和酒店行业的特点,借助我系酒店管理专业中央财政支持项目建设的契机,在系主任谢彦波的精心统筹策划和总体协调下,我们编写了这本《中餐服务与管理》教材。本书是我系酒店管理专业中央财政支持"高等职业学校提升专业服务产业发展能力"项目建设的成果之一。

高等职业教育教学内容的确定应以职业岗位的专项性和操作性为依据,以培养学生具有扎实的职业技能、专深的岗位业务知识、较强的全面素质为目标,对理论的要求以"够用"和"实用"为度。本教材根据职业岗位所需的知识结构来确定大纲,强调职业岗位的针对性;在把握理论科学性、现代性的同时,将理论进行变通,体现出理论的实用性和可操作性,引导学生不仅能够掌握知识,还学会如何去应用知识,做到学以致用。

教材尽可能用关键词或短语、图表进行程序总结,帮助读者更好地理解各章内容;辅以案例分析、情景模拟指导,使学生能够较直接地理解应掌握的内容,真正体现其实用性。

教材在编写过程中,得到了业内人士的帮助和指导,参考了同行大量相关资料,非常感谢他们。管理系谢彦波主任对本书的编写给予了极大的支持,并对全书书稿进行了审核,提出了许多宝贵的意见和建议,在此对谢彦波主任的关心和支持一并致谢。本书具体的编写分工为:魏晓楠编写理论篇第五章,技能篇第六章、第七章、第九章;陈丽宇编写技能篇第八章、第十章;何永亮编写理论篇第一章、第四章;莫莉秋编写理论篇第二章;吴晓亮编写理论篇第三章。

"中餐服务与管理"是一门涉及内容广泛、理论性与实践性都很强的旅游类专业核心课程。本教材结合高职高专教育的特点,在强调学科理论性的基础上,突出其实用性,讲述了前厅客房服务与管理主要工作岗位的技能,以此来着力提高学生的实践技能和综合素质。

本教材适用于旅游高等职业院校教学,也可作为酒店岗位培训教材和酒店管理人员的自学读物。由于编者水平所限,书中难免存在不足之处,欢迎广大读者指正。

编者

2016 年 10 月

# 目　录

技能篇

理　论　篇

# 第一章　中餐服务概述

## 第一节　中餐服务的来源

**【案例导入】**

　　英国《市场信息》日前的一份调查报告显示,受调查者中有59％的成年人表示,中餐是他们最喜欢的菜肴之一,仅次于英国菜,居第二位。

　　报告指出,现在65％以上的英国家庭都备有一口砂锅,而且人们可以轻而易举地买到各种烹饪调料、面条和配料,在家中烹制一顿中式大餐已相当容易。而超市里发展最快的部门也是中国冷冻熟食部。法国媒体披露,在美食之邦法国,前总统萨科齐也时常亲自打电话订中餐外卖。而美国前总统老布什,多年来频繁光顾弗吉尼亚州的一家中餐馆,甚至在71岁生日当天,他还让该餐馆挑选食材空运至他的住所,并由专程赶来的中国厨师为生日宴会掌勺。

　　英国美食作家乔治·罗伯茨称,毫无疑问,中餐在世界范围内的普及是饮食全球化一个引人注目的例子。

　　什么是中餐服务? 中餐服务的形式又是怎么样的? 大家对传统意义上的、真正具有中国民族特色的餐饮服务的印象恐怕还是穿着长衫马褂的掌柜和伙计们的吆喝声,即使是上升到皇室的服务,也只是一帮宫女太监将大盘小盘的菜式堆得满桌。

　　现代的中餐服务从形式上已经完全摆脱了传统的形式,在吸收了西方规范化的服务形式后,形成了融入中餐文化的西餐化的服务形式。

中国的餐饮文化有着悠久的历史。在历史的长河中,古代中国的餐饮文化留给世人的不仅仅是一部烹饪的传奇,更多的是餐饮礼仪和习俗所渗透出的文化内涵。这与一个民族的文化底蕴和文明程度是密切相关的。

## 一、中餐的起源与发展

### 1.考古发现

考古工作者经过考古发掘,揭示了大约170万年前,生活在中国这块土地上的人类祖先已经开始有意识地利用火来加工、烧烤食物,并取暖驱寒。火是人类走出蒙昧时代,进入文明时代的标志。中华民族的摇篮之一——长江中下游地区的考古发现进一步显示,大约在六七千年之前,生活在今天浙江省余姚市河姆渡地区的先民们已经大面积地种植水稻并饲养牲畜。同时,人工酿酒开始出现,使得人们能以酒助兴,以肴佐酒。食物的生产改善了人们的物质生活,并为餐饮业的形成奠定了物质基础。

### 2.最早的聚餐形式——筵席

何为筵席?唐朝以前的古人席地而坐,"筵"和"席"都是铺在地上的坐具。《周礼·春官·司几筵》的注疏说:"铺陈曰筵,藉之曰席。"意思是说:铺在地上的叫作"筵",铺在"筵"上供人坐的叫作"席"。所以"筵席"两字是坐具的总称,酒食菜肴置于筵席之前。记述战国、秦汉之间礼制的《礼记》有这样的记载:"铺筵席、陈尊俎、列笾豆。"其中的"尊"、"俎"、"笾"、"豆"都是古代用于祭祀和宴会的礼器,分别用来盛放酒、牛羊或果脯、腌菜、酱菜。这样,筵席又含有进行隆重、正规的宴饮的意思。"筵席"这个名词正是在这个意义上沿用下来的,后来专指酒席。

### 3.夏、商、周三代——餐饮已发展为一个独立的行业

夏、商、周三代之后,餐饮业逐渐形成为一个独立的行业。在商代,青铜器的制造、原始瓷器的出现、酿酒作坊和食盐的问世,为餐饮业的形成创造了条件。由于人们之间需要相互交换物品,在人群集中的"市"出现了专门经营面饭的摊铺,标志着中国餐饮业雏形的形成。周代起,中国出现了烹调食谱,《周礼·天官》中记录了我国最早的名菜——八珍。《楚辞》中所列举的酒类和菜肴相当丰富,如《招魂》篇中所列的一份菜单,记有红烧甲鱼、挂炉羊羔、炸烹天鹅、红焖野鸭、铁扒肥雁和大鹤、卤汁油鸡、清炖大鱼等。

周代的就餐礼仪与程式是极其讲究的,这从就餐垫座的筵席数量和动用的鼎数多少可以反映出来。就垫座的筵席而言,规定天子之席五重、诸侯之席三重、大夫之席两重。对于盛装菜肴等的鼎,规定天子九鼎、诸侯七鼎、大夫五鼎、士三鼎。后来,鼎不仅是盛装食物的用具,也成为王权的象征,故有"问鼎"一说。商周时期音乐助餐已经出现,而且宫廷中有专职服务人员及服务机构,并达到一定的规模。

4.汉代与西域的交往促进了餐饮业的发展

自汉代以来,饮食业有了很大的发展。汉朝与西域的通商贸易使西部少数民族的饮食习俗传入中原,又将中原的饮食文化带至西部,长安市内为少数民族客商所建的高档客栈附近出现了大批的饮食店。铁器大量出现并用于烹饪之中,同时,瓷器已经产生,被广泛用于餐饮活动,使餐饮业在炊具、餐具方面也大为讲究。

5.唐宋时期餐饮业已具相当规模

唐朝以后的餐饮宴席已从席地而坐发展为坐椅而餐。北宋画家张择端的《清明上河图》,以不朽的画卷向后人展示了当时汴梁人的市井生活,酒楼、茶馆成为画面的重要组成部分。南宋时期,杭州出现各种服务内容不同的餐饮店。当时在西湖上已出现了提供餐食的游船,其中最大的游船可同时提供百十人的宴会。唐宋两朝,封建社会进入鼎盛时期,饮食文化得到很大发展,传统烹饪趋于定型,精致的菜肴、名点迭出。

6.清代、民国时期——近代餐饮业发展的巅峰

到了清代,人们创造出集名馔佳肴于一炉,聚礼仪程式为一体的"满汉全席",标志着近代中国餐饮的最高水平。在各种特色饮食风格的基础上,清代形成了较稳定的地方风味流派,成为各大菜系发展形成的基础。鸦片战争之后,西方列强用坚船利炮冲开了中国的国门,在沿海的通商口岸,如广州、福州、厦门、宁波、上海等地,以及北京、天津等大都市出现了一些西餐馆,那里沿用西餐的进餐习惯。西餐服务也正是通过这些面向社会的营业设施,慢慢地与中式传统服务相结合。中国餐饮业在菜肴、营养、餐具、服务等方面出现了与国外餐饮业相互取长补短,共同发展的新局面。

7.现代

现代中国的烹饪形成了以鲁菜、川菜、淮扬菜和粤菜等为代表的中国菜,烹饪的繁荣促进了中国餐饮业的发展。中国的餐饮业正在走向世界。中国被誉为世界三大烹饪王国(土耳其、法国、中国)之一。

## 二、中餐服务的起源

中餐服务的起源至少可以追溯到周代以前,在西周已有文字记载的饮食礼仪。当时便有"藏礼于器"的列鼎制度,对饮食礼仪做出了详细的描述。所谓"天子九鼎,诸侯七鼎,大夫五,元士三",这一制度对不同地位的人使用食器的数目做出了严格的规定。而《礼记》《周礼》中还对特定食物的摆放位置有明确的规定,对侍者端菜的姿势、上菜的方向等细节也有描述。从这一点来看,餐饮服务礼仪的起源应该远早于此。

许多汉代的出土文物和汉墓壁画都有对宴饮场面的描绘,许多宴饮的场景可谓壮观,也包含着有关餐饮服务的信息。古代一人一案的宴饮习俗,可能是最早的分餐制了。唐代以后,逐渐出现了大型的餐桌和餐椅,围食的风俗逐渐盛行,至宋、明以后更加鼎盛。

古代关于服务程序上的文字记载并不多,但从《周礼》和《礼记》中记载的这些烦琐的礼俗,便能想象服务程序上的复杂性。明代关于皇室大宴群臣的记载中,就有"礼部开与宴官员职名、画位以进呈,乃悬长安门示众"的说法。这就如同现在宴会开始之前摆放席位卡和安排就餐座位一样,可见许多服务程序古今都是相通的。

**【实训练习】**

利用书籍和网络资源了解更多关于中餐及中餐服务起源的知识。

# 第二节　中餐服务的形成与发展

**【案例导入】**

A企业是一家新式的餐饮连锁公司,以中餐为主打,消费档次在中档偏上,其地方风味特色很受欢迎,生意也不错,开了多家连锁店。这类公司时常要注意的事情是,如果是哪道菜加工得过火了,或是哪批包子的馅咸了,或者是顾客多了上菜慢了,弄不好顾客不满之下就另投别家,成为其他餐饮企业的食客……

## 一、中餐服务形式的形成和演变

中餐传统的服务礼仪,很大程度上还是来源于皇家宴会或是贵族宴饮。而在一般的客栈、酒肆中,服务礼仪则主要体现在热情的吆喝和招呼上。这使得中餐服务的发展逐渐趋向两个极端。大型酒楼是供达官贵人寻欢作乐和宫廷外交的场所。无论是在历史上的鼎盛时期,抑或是在华夏为列强奴役的近代史中,中餐服务的形式一直存在于宫廷服务的礼仪和社会底层的江湖形式这两个极端之间。

我们已经无从稽考一些高档的酒楼在历史上到底有多辉煌,但有一点是可以看得见的,那就是我们完全可以从现在众多的餐饮百年老店的历史中,想象当年餐饮市场的状况。

即使是这样,中餐服务的形式依然是传统的。列强的大炮打开了中国的大门,带来了贸易、西餐和众多的舶来品,酒店(hotel)也是其中之一。最初开设的酒店是一种完全西化的饭店设施。由英国传教士于1863年在天津建立的利顺德饭店,是中国历史上第一家外资饭店。到20世纪二三十年代,类似的外资饭店已经比比皆是。上海的国际饭店曾是当年远东第一高楼,香港的半岛酒店至今仍是世界顶级酒店之一。直到20世纪70年代,香港文华酒店首次将中餐厅引进国际性的大酒店中,才标志着现代中餐服务的开始。

现代中餐服务完全是在历史的推动和市场的呼唤中产生的。当传统的中餐厅开始步入西方上流社会的时候,现代的中餐服务形式也随之开始萌芽。现代中餐服务最根本的特点在于,其形式来自于西餐的服务礼仪。因为在中餐厅引进西方社交圈的时候,传统中餐服务的两种极端形式都不能适应当时的社会需求。皇家的服务形式过于烦琐,而市井的餐饮服务又过于低俗,这就迫使现代中餐服务在形成的初期从西餐的贵族餐饮服务中汲取了大量的经验。

现代中餐服务在20世纪七八十年代形成以后的很长一段时期内,还是无法抛开西餐服务的影子。这一服务形式,直到20世纪90年代中期社会餐饮蓬勃发展之时,才开始显出国人的改革创意。当时大量的社会餐厅如雨后春笋般成长起来,同时对星级酒店形成了强烈的冲击。灵活多变、适应中国国情的服务形式更加受到人们的欢迎,使得现代中餐服务形式已经完全演变成了真正具有中国特色的中餐服务。

## 二、现代中餐服务的来源

20世纪70年代中餐厅进入国际性酒店,标志着中餐服务演变的开始。事实上,在中餐厅步入国际性酒店之前,许多酒店业的前辈已经在改进中餐服务技巧及程序上做出了极大的努力。

### (一)中餐服务来源于三大服务基本形式

在当时的国际性酒店中,传统的中餐服务礼俗显然不能满足客人的要求。因为在西方,旅游饭店发展到19世纪末20世纪初时已经趋向成熟,光顾这些旅游饭店的客人,不再局限于最初的商旅客人,豪华酒店接待的客人主要集中在富商、贵族和政要等上流社会群体,他们的要求远不止对旅游饭店形成初期那种客栈和旅舍的要求那么简单。在餐饮服务中,也要求更加完美,中餐进入这样的豪华酒店,对其服务的要求自然也非同一般。

因此,西式化的中餐服务由此产生了。现代中餐服务就是在这样的环境中从西餐服务中演化而来的。而西餐服务的基础是由三大区域的不同服务形式所组成的,包括美式服务、英式服务和法式服务。

1.美式服务

美式服务是将厨房内已经准备好的食品按照配方烹饪完毕,照规定的摆盘方式装饰摆放后,由服务员直接将菜式端到客人面前的服务方式。

2.英式服务

英式服务则是将客人所需的菜式按配方烹饪完毕,事先在厨房分类摆放在分餐用的大碟上,由服务员端到客人面前后,使用分餐叉(由一把叉和一把勺组成的用于分菜的工具)将食物按顺序分派到预先摆放在客人面前的餐碟中的服务方式。

3.法式服务

法式服务需要使用分餐车(带有烹饪设备的小推车)。提供法式服务时,要将厨房按配方预先准备完成的菜式端到分餐车上,由服务员在分餐车上完成菜式的最后一道烹饪程序或是在分餐车上将菜式分派到餐碟上,然后再分别端到每位客人的面前。

关于这三种服务形式的技巧和程序在许多有关西餐服务的书中都有详细的介绍。实际上,中餐服务中的基本元素,很多来源于这三种最基本的餐饮服务形式。

### (二)三种基本西餐服务形式在中餐服务中的应用

西餐服务的基本形式是形成现代中餐服务形式的基础。在中餐服务形成的初期,这些服务形式的要素已经完全融入服务程序和服务技巧中。

美式服务形式主要体现在用餐时服务员将在厨房分配好并摆放在餐碟中的菜式分别上到每位客人面前,这对传统的中式围餐习惯(即菜式放在餐桌中间用餐的习惯)来说是完全的革新。这种美式服务形式在中餐中也称"各客"或"位上"。位上的服务形式是完全西式化的中餐服务形式,在实际中通常用于高档宴会。

英式服务形式在中餐的菜式服务中比较少见,通常多应用于汁酱的服务。比如客人点的鱼翅,需要配一碟醋(常用大红浙醋,醋的一种,色粉红),这种场合使用英式服务来为客人的鱼翅加醋,便使服务更加贴切。

法式服务形式在中餐中常应用于鱼翅、鲍鱼等高档菜品的服务中。比如在餐厅(或包间)内准备好带加热炉的餐车,将加工完成的鱼翅或鲍鱼从厨房取出后,在餐车上加热并调制汤汁,然后在客人面前淋到菜式上,既活跃了用餐的氛围,又能增加客人对菜式的感观体验。

上面的例子是美、英、法三种基本服务形式在中餐服务中的典型体现。在实际工作中还会碰到更多来源于西餐服务的细节。

### 【实训练习】

组织同学们到中餐实训室亲身操作,体验三种服务方式。

# 第三节　中餐服务的特点

### 【案例导入】

张先生和几个朋友去餐厅用餐,在点菜的时候张先生犹豫了很久不知道点什么好,最后随便点了几个。这些旁边的服务员小王全部看在眼里。小王上前道:"您很有眼光,您刚点的这道菜是我们的畅销菜,口味偏甜,我想您也一定比较喜欢甜一些的食品吧,我们还有一道菜,口味和您刚点的相似,但这道菜的主料是××,配料是××,也是我们店的畅销菜,我们这里的客人吃了都说很不错,您不妨也可以尝一尝。"张先生听了小王的介绍之后,微笑着对小王说:"那就来一份吧。"

现代中餐服务形式及其发展是适应社会进步和文明需求的产物,它与传统的中餐服务有着很大的区别。这些区别主要体现在下述几方面。

1. 现代中餐服务开始使用托盘

西餐服务中使用托盘的技巧是最先影响中餐服务的。在西餐服务中,在传递比托盘小的餐碟时,如果不使用托盘被认为是不规范的服务。现在,无论在国际化大酒店的中餐厅中,还是在一般餐饮场所,服务时无不使用托盘。

2. 餐巾的使用改变用餐礼仪

餐巾完全是从西方传入的舶来品,传统的中餐服务并不提供餐巾。从西方传入的餐巾在用来擦嘴的时候,只能用餐巾的一个角,轻轻地碰一下嘴角,将可能留在嘴边的一点汤汁沾到餐巾上,有些时候擦拭只是一种优雅的礼仪而已,这跟中餐的用餐氛围是完全不同的。应该说西餐服务很大程度上是一种宫廷和贵族餐饮文化的普及,而中餐则由于贵族餐饮文化的断层,延续下来的都是大众化的社会餐饮文化。这种文化的江湖味比较浓,大碗喝酒、大口吃肉的社会酒肆文化一直主导着传统的中餐饮食文化,这也是中餐厅和中餐酒家在20世纪70年代前一直未能进入国际性酒店行业的原因。

餐巾的使用,改变了人们用餐的文明礼仪。虽然很多人还是愿意接受将餐巾铺在膝盖上这样的西方用餐礼仪的,但在中餐服务中,人们似乎更愿意将餐巾压在餐碟底下。这大概是中餐的劝酒氛围造成的。在整个用餐过程中频频起身敬酒也是中餐的一大特色。

3. 上菜程序的重新规划

传统的中餐服务对上菜程序并没有明确的规定,而在现代中餐服务中,大多是按照冷菜、汤、热菜到甜品这样的顺序来上菜的,这完全是套用西餐的上菜顺序。可见,西餐对中餐的影响不仅在于餐饮文化和礼仪方面,还在于饮食科学方面。

4. 各种服务形式的结合

现代的中餐服务已经彻底吸收了英、美、法三种经典西餐服务形式,将它们融合在中餐的传统餐饮文化中。应该特别强调的是,现代中餐服务既有单一的英式服务(整个用餐过程只采用英式服务,即通常所说的围餐)、单一的美式服务(整个用餐过程只采用美式服务,即通常所说的"位上"或"各客")以及单一的法式服务(整个用餐过程只采用法式服务,也是通常所说的堂做),也有综合三种服务形式的宴会服务,这在现代西餐服务中是颇为少见的。

5. 分餐叉和转盘的使用

使用分餐叉分菜也是现代中餐服务的特点。分餐叉同样是从西餐服务中传入的,虽然我们不能说从使用公筷分餐到使用分餐叉是一种飞跃,但是这至少是接纳不同民族的餐饮文化最好的例子。转盘是什么时候发明的已经很难考证了。转盘的本来用处只是在用餐时方便用餐者拿取餐桌上的菜。现在转盘已经成为中餐服务和中餐圆桌摆台上的特色了。

现代中餐服务的这些特点,体现于中餐服务的形式及其发展。如果要从发展到今天的现代中餐服务本身来分析,其特点还会更多,这些我们会在以后的章节中逐步阐述。

**【实训练习】**

组织同学们到中餐实训室亲自操作,练习使用托盘、分餐叉和转盘,并模拟练习整个中餐服务流程。

# 第四节　中餐厅的组织机构与职责

**【案例导入】**

新入职的服务员小李最近一直被一件事困扰。在一次摆台的过程中,小李的领班看到小李的操作不规范,亲自示范给小李看,小李就照着领班的动作要领进行操作。过了一会儿,主管路过刚好看到小李在摆台,进来对小李说:"你这样摆台不对。"然后主管又示范了一次。结果领班过来检查的时候又说了小李几句:"你怎么搞的,我不是教过你了吗,怎么又弄错了?"小李很委屈地说:"刚才是主管让我这么做的。"领班又来了一句:"你是听我的,还是听他的?"

## 一、组织机构

中餐厅组织架构图如图 1-1 所示。

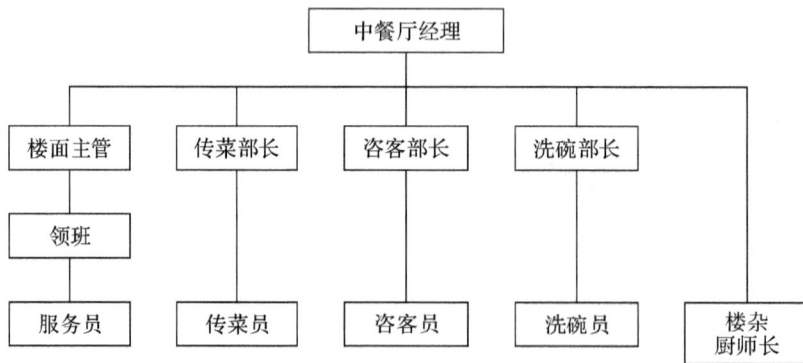

图 1-1　中餐厅组织架构图

中餐厅的组织机构,确立了中餐厅各部门之间、各成员之间的相互关系,目的是提供优质服务,达到经营目标。其功能是按照计划要求调动人力、物力,确保计划所要求的各项经营活动获得成功。

## 二、中餐厅主要岗位工作职责

### （一）中餐厅经理

1. 上下级关系

直接上级：餐饮部经理；直接下级：各楼面主管、厨师长。

2. 岗位职责

（1）协助餐饮部经理抓好餐厅及厨房的各项管理工作，执行餐饮部经理工作指令，并向餐饮部经理汇报工作。

（2）主持制定餐厅及厨房的各项规章制度，加强对餐厅领班、厨房厨师长及其他管理人员的检查和考核，不断完善餐厅服务及厨房菜点的质量管理。

（3）参与制订餐饮部的业务计划，审阅各类业务报表，根据季节和市场需求参与编写各类菜单。

（4）负责经营成本的分析和核算，坚持食品原料及酒水的日清日结。

（5）掌握重要宴会、大型宴会的具体情况，认真落实餐厅及厨房的各项工作。

（6）负责餐厅及厨房系统的清洁卫生和安全消防工作。督促餐厅领班、厨房厨师长及其他管理人员严格遵守有关规定和制度，定期组织检查和考核。

（7）参与部位的更新、改造，负责部位各类设备和财产管理。

（8）做好劳动力调配，对下属员工做到心中有数，密切联系餐厅领班、厨师长，根据每位员工的特长，合理安排岗位。

（9）参加餐饮部例会，汇报本部门运作状况，结合每天的任务与其他部门协商，召开本部门例会，安排每日任务，完成上传下达。

（10）合理安排人员班次，科学分工，定期对下属进行绩效评估，按奖惩制度实施奖惩。

（11）做好工作日志，做好工作计划和工作总结。

（12）负责收集、处理宾客对餐饮质量的意见和投诉，想方设法满足宾客的各种需求，提高餐饮服务质量。

（13）了解食品原料的进货渠道及价格，并核对进货及库存情况，采取降低成本、减少库存的有效措施。

（3）做好员工的思想政治工作，关心员工生活，抓好本部门的精神文明建设。

3. 素质要求

（1）有指挥控制和组织实施本部门工作、全面完成预算目标及成本核算的能力。

（2）有搞好本部门餐厅和厨房的沟通协作、提高服务质量、创新菜品、控制成本的能力。

（3）有组织领导接待 VIP 和安排准备大型宴会与会议的能力。

（4）爱护和关心员工，有激励和调动员工积极性的能力。

(5)掌握酒店日常英语。

**（二）楼面主管**

1.上下级关系

直接上级：中餐部经理；直接下级：中餐厅领班。

2.岗位职责

(1)巡视所管辖的各餐厅、宴会厅的营业及服务情况，指导、监督日常的经营活动，提出有关建议。

(2)检查各餐厅的卫生、摆台标准、所需物品，确保工作效率。

(3)参加每周楼面部的例会，提出合理化建议，听取工作安排。

(4)每周做好领班的排班表，监督制作员工排班表，编制员工出勤表，检查员工的出勤状况，检查员工的仪表及个人卫生、制服、头发、指甲、鞋子是否符合要求。

(5)重视下属员工的培训工作，定期组织员工学习技巧和技能，对员工进行酒店意识、推销意识的训练，定期检查并做好培训记录。

(6)加强对所管辖餐厅的财物管理，掌握和控制好物品的使用情况，减少费用开支和物品损耗。

(7)负责餐厅的清洁卫生工作，保持环境卫生，负责餐厅美化工作，抓好餐具、用具的清洁消毒工作。

(8)发展良好的客人关系，满足客人的各种合理要求，主动与客人沟通；处理客人的投诉，并立即采取行动予以解决，必要时报告中餐部经理。

(9)与有关部门密切联系和合作，向厨师长提出有关食品销售的建议，共同向客人提供优质餐饮服务。

(10)完成分管楼面经理交给的其他任务。

3.素质要求

(1)基本素质：具有强烈的事业心和责任感、高尚的职业道德、良好的纪律修养。

(2)熟悉楼面管理方面的知识。

(3)特殊要求：善于处理人际关系，对业务精益求精，有较强的事业心。受过相关的专业培训，有一定的组织、管理能力。

**（三）中餐厅领班**

1.上下级关系

直接上级：中餐厅主管；直接下级：餐厅服务员。

2.岗位职责

(1)协助中餐厅领班不断改进和完善工作标准和服务程序，并督导实施。

(2)召开班前例会，负责本班组服务员的工作任务分配，检查本班组对客人的服务情况。

（3）负责向经理和厨师长反馈客人对食品、服务的意见。

（4）对重要客人给予关注，负责处理餐厅里发生的问题和客人投诉，并及时向餐厅经理汇报。

（5）定期检查、清点、保管餐厅的设备、餐具、布草等物品，负责签署设备维修、物品领用等报告单。

（6）督促员工做好餐厅安全和清洁卫生工作，开餐前检查餐台摆台、清洁卫生、餐厅用品供应及设施设备的完好情况。

（7）协助经理做好对服务员的培训工作及对员工的考核工作。

（8）负责餐厅工作人员的调配、班次安排和员工的考勤、考核，保证在规定的营业时间内各服务点上都有岗、有人、有服务。

（9）坚持"让客人完全满意"的服务宗旨，加强服务现场管理，检查和督导餐厅员工的岗位业务培训。

（10）了解和掌握员工思想状况，做好思想政治工作，抓好班组文明建设。

3. 素质要求

（1）有独立工作和协助经理按照服务工作程序和质量要求做好餐厅的管理和服务工作的能力。

（2）有较强的语言表达能力及推销能力。

（3）基本掌握酒店日常英语，能用英语为客人提供服务。

**（四）迎宾**

1. 上下级关系

直接上级：餐厅领班。

2. 岗位职责

（1）服从领班的工作安排，掌握和了解每天的宴席预订、客人用餐和餐桌安排及当日特色菜点等情况。

（2）认真按照领位服务工作规程和质量要求，迎送接待进餐的客人。

（3）礼貌迎客，根据餐桌安排和座位情况引领客人到适当的座位上，并礼貌地将值台服务员介绍给客人。

（4）微笑送别客人，征求客人意见，与客道别。

（5）参加餐厅开餐前的准备和餐后结束工作。

3. 素质要求

（1）能按工作规程和质量标准要求独立进行工作。

（2）有较强的语言表达能力，语言清晰得体。

（3）形象气质佳。

(4)具备一定的英语听说能力。

### (五)中餐零点服务员

1.上下级关系

直接上级:中餐零点领班。

2.岗位职责

(1)服从领班的工作安排,向其负责并报告工作。

(2)按餐厅服务工作规程和质量要求,做好餐前准备、餐中服务和餐后结束工作。

(3)了解菜单上所有菜品及其简单的制作方式。

(4)掌握供餐菜单变化和厨房货源情况,主动介绍和推销各种菜肴及酒水。

(5)保持餐厅环境整洁,确保餐具、布件清洁完好,备齐各种物料用品。

(6)爱护餐厅设备财产和餐具物料,做好清洁保养工作。

3.素质要求

(1)能按工作规程和质量标准要求独立进行工作。

(2)有较强的推销能力,语言礼貌得体。

(3)有良好的人际关系处理能力,尊重领导,团结同事。

(4)一定的外语听说能力。

### (六)宴会厅服务员

1.上下级关系

直接上级:宴会厅领班。

2.岗位职责

(1)服从宴会领班的工作安排,掌握和了解每天宴席预订、客人用餐和餐桌安排及当日特色菜点的情况。

(2)按照宴会服务工作规程和质量要求为客人提供优质细致的服务。

(3)做到"六知三了解"。

(4)掌握菜单变化和厨房货源情况,主动介绍和推销各种菜肴及酒水。

(5)保持餐厅环境整洁,确保餐具、布件清洁完好,备齐各种物料用品。

(6)做好餐厅内餐具及物品交接,保证设施设备的正确使用及维护。

(7)严格按照服务程序及规程为客人提供服务。

(8)每餐结束后参加餐厅的整理清扫工作。

3.素质要求

(1)有良好的协调、沟通能力。

(2)讲究团队精神。

(3)有一定的英语听说能力。

## (七)中餐传菜员

**1.上下级关系**

直接上级:中餐领班。

**2.岗位职责**

(1)服从领班的工作安排,按照餐厅服务工作规程和质量要求做好传菜服务工作。

(2)参加餐厅开餐前的准备工作,做好餐厅环境和连接厨房通道的清洁工作,准备好传菜用具和各种调料。

(3)开餐期间主要负责点菜单和菜点的传递和输送工作,做到熟记餐桌台号,传递点菜单迅速,按客人要求掌握出菜次序和速度,上菜准确无误,传菜稳妥快捷。

(4)及时清理边台的餐具,做到轻拿轻放。

(5)每餐结束后参加餐厅的整理清洁工作。

**3.素质要求**

(1)能按工作规程和质量标准要求独立进行工作。

(2)具有一般的文字和口头表达能力。

## (八)文员

**1.岗位职责**

(1)根据上级指示做好各项文书工作;写工作总结、工作计划,记录整理主管上级布置的各项口头指示;草拟请示、报告;准备和复印有关文件。

(2)负责上级下发的各种文件的来往、收发、登记、整理、保管工作。

(3)负责每月汇总、核实本部门的员工考勤表报人力资源部,每月统计人数。

(4)负责部门每月内公用品的领取、发放以及员工岗位补助的发放,在中餐部经理与其他部门经理和员工之间做好联络、沟通工作。

(5)负责安排由经理主持的各种例会、会议工作,落实会议地点、时间和参加人员,做好会议记录并及时建档、存档。

(6)做好有关上传下达的工作,及时收集有关报表,做出分析结果,及时报送经理参考。

(7)协助联络经理与副经理的工作,协助做好卫生、安全优质服务的检查考核。

(8)负责组织登记各种业务培训技术比赛,接听电话,接待来访者,处理有关信函,安排会见时间,回答有关餐饮活动的各种咨询。

**2.素质要求**

(1)具有强烈的事业心和责任感、高尚的职业道德、良好的纪律修养。

(2)身体健康,仪表端庄大方,气质高雅,性格温和,情绪稳定。

(3)具备一定的外语听说读写能力。

(4)了解餐饮工作的基本程序和运作情况。

(5)熟练操作各种办公室自动化设备,通晓常用电脑应用软件。具有起草文件、报告、报表的能力。

### (九)行政总厨

1.岗位职责

(1)负责出品部的全面工作,每天定时到各生产部门巡视检查食品质量,密切联系各大厨,发现问题及时解决。经常和宴会部、餐厅保持密切联系,不断改进出品部的食品质量。

(2)负责组织和指挥烹饪工作,检查各种大型和重要宴会的货源以及技术力量的安排。控制食品质量和采购货源的请购计划,掌握成本核算,确保合理使用原材料,控制菜式的规格和数量,把好质量关,减少损耗,降低成本。

(3)定期修改菜牌及组织菜式创新小组研究推出新菜式,坚持先试菜后出售的原则,做到推陈出新。

(4)每周召开各生产部门的专题会议,听取各个厨房负责人的汇报,传达部务会议有关食品质量的精神,根据所收集的意见及时提出整改方法。

(5)健全食品质量的检查制度和食品质量事故的扣罚制度,视其责任大小及损失做出处理及整改。

(6)不断研究新菜式,试用新的餐饮原料及配料,使酒店的出品能走在市场的前列。

(7)定期开展厨师技术培训,组织厨师学习新技术和先进经验,定期或不定期地对厨师进行考核,评估厨师工作,对厨师的晋升调动提出意见。

(8)定期向中餐部经理、中餐厅负责人了解市场行情、竞争形势以及客人的意见,不断地发掘新产品。

(9)严格执行消防操作规程,严格执行《食品卫生法》,抓好整个出品部的"三防"工作。

2.素质要求

(1)具有强烈的事业心和责任感、高尚的职业道德、良好的纪律修养。

(2)受过专业训练,主要是厨房管理以及营养学方面的专业培训。

(3)具有高级烹饪师以上技术资格、厨师长工作经验和丰富的实际操作经验。

### (十)洗碗员

1.岗位职责

(1)餐具按"一冲、二洗、三漂浸、四消毒"的过程进行清洗。

(2)保证洗干净的餐具无水迹、无污迹。

(3)在洗碗间内严格区分已消毒的餐具和未消毒的餐具,并分类摆放在不同的盘内,放置在不同的位置。

(4)及时将已洗干净的餐具放回餐厅的餐具柜保存。

(5)洗碗间保持清洁卫生,每市要大搞卫生,并且将垃圾及时清走,保证洗碗间的干净卫生,无异味。

(6)加强个人卫生,做到勤洗手、勤剪指甲、勤洗澡、勤换衣服。

(7)对洗碗机进行清理及实行不定期的保养,以确保正常运转。

(8)配合工程部做好洗碗机的定期清洗保养工作。

2.素质要求

(1)具有高尚的职业道德,良好的纪律修养。

(2)能吃苦耐劳。

### (十一)财务

1.岗位职责

(1)服从主管的领导,完成指派的任务。

(2)负责对收款班的日常工作,包括对各楼层收款员的工作分工,监督全体收款员做好日常各项收款、数据登记和财务工作。

(3)配合酒店财务进行各类业务工作,提供准确可靠的数据依据。

(4)遵守职业道德,时刻保持高尚的职业情操,廉洁自爱,遵纪守法。

(5)保证数据资料的绝对保密,不得泄露任何与宾馆有关的数据资料情况。

(6)负责编制各收款班班次,做好种类考勤记录。

(7)遵守酒店的各项规章制度,保持团结协作。

2.工作规程

(1)服饰整洁,淡妆上岗,佩戴工号牌。

(2)开市前备好零钞,开市后不得擅自离开岗位,不准看书报,集中精神收款,做到态度和蔼、数目清楚,保证酒店的正常收入。

(3)熟练而正确地操作收款电脑,做到快捷准确,熟知中、外信用卡和支票的使用和填写的正确方法。

(4)收市结账时,要督促服务员对单签名,每市所收款项要清楚,往财务部送款时要两人同往。发现欠缺单据时,立即追查,并向上级报告。

(5)不得擅自套换外币,不得擅自补上短缺款项,应按规定如实反映,按标准规定开列账单收费。

(6)工作时间不得携带私人款项上岗。

(7)按规定填写有关报表,及时送出。

(8)负责搞好本岗位的环境卫生。

3.素质要求

(1)具有强烈的事业心和责任感,高尚的职业道德,认真、耐心、细致、周密。

(2)掌握前台收银的专业知识,熟练掌握电脑知识。

### (十二)管事部仓库保管员

**1.岗位职责**

(1)服从部门副经理的领导,完成指派的任务。

(2)负责对管事部的日常工作,包括对各储物仓库物品进出仓的管理,若有欠缺物品,及时申购,前往总仓库领入。

(3)对领入、借出物品进行登记,并输入电脑。提供有效的数据管理。

(4)保持各储物仓库物品整齐、分类摆放。

(5)对物料进行日常维护保养;检查各类物料是否完好,将损坏物品及时报修。

(6)定期进行物料盘点,保证账物相符、物物相符。

**2.工作规程**

(1)上班清点物料领入、借出情况,制订和填写物料申购单,交部门副经理审批。

(2)到总仓库领入所报物品。

(3)将领入物品分类摆放,保持储物仓库内各类物品干净无尘。

(4)清点各楼层储物仓库是否账物相符。

(5)根据有各楼层主管或领班签名的借单派发物料,清点归还物料数量及检查完好度。若有物品损坏,由使用楼层负责,报修后归还。对正常使用损耗物品,及时报修或报废,汇报部门副经理。

(6)下班前,搞好储物仓库内清洁卫生,检查各类电器是否已关好,填写防火安全记录表。

**3.素质要求**

(1)具有强烈的事业心和责任感,高尚的职业道德,良好的纪律修养。

(2)掌握基本清洁药剂的使用方法,掌握本岗位操作知识,具备爱店敬业的良好职业道德。

【实训练习】

组织同学们到中餐实训室分组进行模拟演练。

# 第五节　员工的职业道德与礼仪、礼貌修养

【案例导入】

孙经理从事酒店工作20年,从服务员开始一步一步做起,现在担任某五星级酒店总经理。在20年的工作经历当中,他不断提高自己的学历层次和综合素质,从一个初中毕业生上升为一个大学本科毕业生,并且还熟练掌握英语、日语,对人热情、周到、细致,受到顾客、

同事、上司的一致好评。

## 一、职业道德的含义与特点

### （一）职业道德的含义

职业道德是指从事一定职业的人，在职业活动的整个过程中必须遵循的行为规范和行为准则。职业道德的含义包括以下八个方面：

第一，职业道德是一种职业规范，受到社会的普遍认可。

第二，职业道德是长期以来自然形成的。

第三，职业道德没有确定形式，通常体现为观念、习惯、信念等。

第四，职业道德依靠文化、内心信念和习惯，通过员工的自律实现。

第五，职业道德大多没有实质性的约束力和强制力。

第六，职业道德的主要内容是对员工义务的要求。

第七，职业道德标准多元化，代表了不同企业可能具有不同的价值观。

第八，职业道德承载着企业文化和凝聚力，影响深远。

每个从业人员，不论是从事哪种职业，在职业活动中都要遵守道德。要理解职业道德需要掌握以下四点。

首先，在内容方面，职业道德总是要鲜明地表达职业义务、职业责任以及职业行为上的道德准则。它不是一般地反映社会道德和阶级道德的要求，而是要反映职业、行业以至产业特殊利益的要求；它不是在一般意义上的社会实践的基础上形成的，而是在特定的职业实践的基础上形成的，因而它往往表现为某一职业特有的道德传统和道德习惯，表现为从事某一职业的人们所特有的道德心理和道德品质，甚至造成从事不同职业的人们在道德品貌上的差异。

其次，在表现形式方面，职业道德往往比较具体、灵活、多样。它总是从本职业的交流活动的实际出发，采用制度、守则、公约、承诺、誓言、条例，以至标语、口号之类的形式，这些灵活的形式既易于为从业人员所接受和实行，也易于形成一种职业的道德习惯。

再次，从调节的范围来看，职业道德一方面是用来调节从业人员的内部关系，加强职业、行业内部人员的凝聚力；另一方面，它也用来调节从业人员与其服务对象之间的关系，用来塑造本职业从业人员的形象。

最后，从产生的效果来看，职业道德既能使一定的社会或阶级的道德原则和规范"职业化"，又能使个人道德品质"成熟化"。职业道德虽然是在特定的职业生活中形成的，但它绝不是离开阶级道德或社会道德而独立存在的道德类型。在阶级社会里，职业道德始终是在阶级道德和社会道德的制约和影响下存在和发展的。职业道德和阶级道德或社会道德之间的关系，就是一般与特殊、共性与个性之间的关系。任何一种形式的职业道德，都在不同程度上体现着阶级道德或社会道德的要求。同样,阶级道德或社会道德,在很大范围上都是通过具体的职业道德形式表现出来的。同时,职业道德主要表现在实际从事一定职业的人们的意识和行为中,是道德意识和道德行为成熟的阶段。职业道德与各种职业要求和职业生活结合,具有较强的稳定性和连续性,形成比较稳定的职业心理和职业习惯,以至于在很大程度上改变着人们在学校生活阶段和少年生活阶段所形成的品行,影响道德主体的道德风貌。

### (二)职业道德的特点

通过上述分析不难看出职业道德具有以下特点。

1. 职业道德具有适用范围的有限性

每种职业都担负着一种特定的职业责任和职业义务。各种职业由于职业责任和义务不同,从而形成各自特定的职业道德的具体规范。

2. 职业道德具有发展的历史继承性

由于职业具有不断发展和世代延续的特征,不仅其技术世代延续,其管理员工的方法、与服务对象打交道的方法,也有一定的历史继承性。如"有教无类","学而不厌,诲人不倦",从古至今始终是教师的职业道德。

3. 职业道德的表达形式多种多样

由于各种职业道德的要求都较为具体、细致,因此其表达形式多种多样。

4. 职业道德兼有强烈的纪律性

纪律也是一种行为规范,但它是介于法律和道德之间的一种特殊的规范。它既要求人们能自觉遵守,又带有一定的强制性。就前者而言,它具有道德色彩;就后者而言,又带有一定的法律色彩。就是说,一方面遵守纪律是一种美德,另一方面,遵守纪律又带有强制性,具有法令的要求,例如,工人必须执行操作规程和安全规定,军人要有严明的纪律,等等。因此,职业道德有时又以制度、章程、条例的形式表达,让从业人员认识到职业道德又具有纪律的规范性。

### (三)职业道德的社会作用

职业道德是社会道德体系的重要组成部分,它一方面具有社会道德的一般作用,另一方面它又具有自身的特殊作用,具体表现在以下方面。

1. 调节职业交往中从业人员内部以及从业人员与服务对象间的关系

职业道德的基本职能是调节职能。它一方面可以调节从业人员内部的关系,即运用职业道德规范约束职业内部人员的行为,促进职业内部人员的团结与合作。如职业道德规范要求各行各业的从业人员都要团结、互助、爱岗、敬业,齐心协力地为发展本行业、本职业服务。另一方面,职业道德又可以调节从业人员和服务对象之间的关系。如职业道德规定了制造产品的工人要怎样对用户负责,营销人员怎样对顾客负责,医生怎样对病人负责,教师怎样对学生负责,等等。

2.有助于维护和提高本行业的信誉

一个行业、一个企业的信誉,也就是它们的形象、信用和声誉,是指企业及其产品与服务在社会公众中的可信度。提高企业的信誉主要靠产品质量和服务质量,而从业人员职业道德水平高是产品质量和服务质量的有效保证。若从业人员职业道德水平不高,就很难生产出优质的产品和提供优质的服务。

3.促进本行业的发展

行业、企业的发展有赖于高的经济效益,而高的经济效益源于高的员工素质。员工素质主要包含知识、能力、责任心三个方面,其中责任心是最重要的。而职业道德水平高的从业人员的责任心是极强的,因此,职业道德能促进本行业的发展。

4.有助于提高全社会的道德水平

职业道德是整个社会道德的主要内容。职业道德一方面涉及每个从业者如何对待职业,如何对待工作,同时也是一个从业人员的生活态度、价值观念的表现,是一个人的道德意识、道德行为发展的成熟阶段,具有较强的稳定性和连续性。另一方面,职业道德也是一个职业集体,甚至一个行业全体人员的行为表现,如果每个行业、每个职业集体都具备优良的道德,那么其对整个社会道德水平的提高肯定会发挥重要作用。

## 二、酒店餐饮行业职业道德规范

1.热爱本职工作,遵守酒店规章制度和劳动纪律

遵守员工守则,维护酒店形象和声誉,不说有损于酒店利益的话,不做有损于酒店的事情,真正做到"团结拼搏,自强不息,店兴我荣,店衰我耻"。只有具备了正确的人生观和世界观,才能有崇高的理想和踏实的工作精神,才能有满腔热忱和服务精神。

2.树立稳固的专业思想

人们无论从事任何工作都是社会的需要,必须充分意识到餐厅服务对弘扬民族饮食文化的重要性,要热爱自己的专业,积极培养对本专业的浓厚兴趣,只有这样才能激励自己努力学习专业知识,奋发向上,开拓创新。

3.树立"客人至上"的服务观念

要有满腔的服务精神,使客人在酒店的一切活动都有宾至如归的感觉。

(1)主动服务

主动服务就是服务在客人开口之前。主动服务也意味着要求更强的感情投入,在服务过程中要真正从心里了解客人,关心他们,才能使自己的服务更有人情味,让客人倍感亲切,从中体会到餐厅的服务标准。

(2)热情服务

服务人员出于对自己从事的职业的肯定认识,对客人的心理有深切的理解,发自内心地

满腔热情地向客人提供良好的服务。服务中多表现为精神饱满、热情好客、动作迅速、满面春风。

(3)周到服务

周到服务是指在服务内容和项目上,细致入微,处处方便客人、体贴客人,千方百计帮助客人排忧解难,不但能做到共性规范服务,还能做好个性服务。客人来到酒店后,除了得到基本需求的满足外,还希望得到其他方面的满足,如个人癖好得到满足、隐私问题得到保护、人格得到尊重、特殊需求得到解决等等。客人这些深层次的要求,往往不是按标准程序操作的规范服务所能完全解决的,这需要针对客人的国籍、年龄、性别、职业、身份、性格等的不同,因人而异、力所能及地面向他们提供周到、优质的服务。这就是个性服务的内涵。个性服务有别于一般意义的服务。假如客人要求有超常规的服务,就以超常规的方式满足客人偶然的、个别的、特殊的合理需求。例如,法国里兹大酒店为了让一位客人吃到海胆,专门雇渔夫下海捕捞,并空运到巴黎。客人到餐厅消费的不仅仅是实物产品,更重要的是希望享受到轻松的氛围、惬意的回忆、体贴的照顾。这就要求餐厅能从客人的角度出发考虑问题,根据其不同需要提供针对性的服务,并注意细节方面的服务。要想达到周到服务的要求,首先要求以良好的服务规范作为前提和基础。个性服务源于规范服务,却又高于规范服务,两者互为依存、互相促进。个性服务和规范服务并重,更能显示出服务的周到性。

(4)耐心服务

耐心服务是指无论在任何情况下,都不急不躁,不厌烦,为客人提供优良的服务。服务再好也难免听到客人的各种抱怨,不能不予理睬一推了之,而应妥善处理,要耐心倾听,并区分具体情况分别对待。如何才能做到耐心呢?途径很多,但主要靠自我培养和锻炼,即养成良好的修养。

4.认真钻研技术,提高服务技巧和技术水平

树立强烈的学习愿望,不耻下问,虚心学习,干一行,爱一行,专一行,并把所学运用到自己的工作岗位上去,不断进步,提高服务质量。

5.要有廉洁奉公的优良品质

坚决维护企业的集体利益,不允许丧失立场私自同客人做交易,不索取小费,更不允许以小费的多少来决定服务态度和服务方式。对个别利用职权谋私的人和事或不符合规章的事要敢于坚持原则,大胆揭发。反对和抵制来自酒店或酒店外的不正之风。

6.以主人翁的态度对待本职工作

关心酒店的前途和发展,并为酒店的兴旺发达出主意、做贡献。在工作中处理好个人与集体的关系,处理好个人与上司、个人与同事之间的工作关系,互相尊重,互相协作,严于律己,宽以待人。

7.树立文明礼貌的职业风尚

文明礼貌是服务人员的自身素质的表现。文明礼貌可以满足宾客的心理需求。好的文

明礼貌修养可以弥补工作中的不足。如果你本身工作得很完美,再配以良好的文明礼貌,当然是锦上添花。

8.要有良好的纪律修养

严格的组织纪律是做好餐厅服务工作的需要和保证。餐厅服务人员要有严格的组织观念和集体意识。服从领导,服从分配,遵守餐厅的劳动纪律,严于律己,宽以待人,服务中不怠慢、不冲撞客人,提高服务质量,顺利完成餐厅接待任务,为酒店创造良好的经济效益和社会效益。

## 三、礼节、礼仪、礼貌的基本内容

中国是一个礼仪之邦,从古到今一直非常注意个人的道德修养教育,德可兴邦,德可养业。可见,道德与行业的关系是非常密切的。

特别是从事服务行业的从业人员,更要注重相关的学习,培育个人行业修养,培养行业意识,提高责任感,树立良好的道德风尚,成为一个敬业、乐业的从业人。

一名服务人员,如何才能做到遵守职业道德,培养和遵循职业道德意识,提高服务水平,德才兼备,人尽其财,物尽其用,尽最大可能发挥自己的能力,成为一个品行优秀的服务员呢?

在社会生活中,人们常常把是否讲礼貌作为一个国家和民族文明程度的标志。对个人而言,讲礼貌则是衡量其道德水准高低和有无教养的尺度。

酒店餐厅是社会文明的窗口,也是体现我国传统饮食文化的重要场所,礼仪、礼貌对于从事相关工作的人士来说至关重要。服务人员的礼节、礼仪和礼貌是无声的语言,体现了餐厅的档次、级别和服务水准。优良的服务态度和规范的礼仪、礼貌是经营成功的关键,它可为宾客带来舒适体面的服务体验,营造文明礼貌的社会气象。

员工的仪容、仪表、礼节、礼貌,直接影响到宾客的心理活动,最终影响到酒店的经济效益及声誉。因此,礼貌修养是酒店员工的必修课题。

礼节是人们在日常生活中,特别是交际场合中相互问候、致意、祝愿、慰问以及给予必要的协助与照料的惯用形式。礼节是礼貌的具体表现,如作揖、点头、致意、握手、拥抱、接吻、吻手、吻脚等都是礼节的各种形式。

礼仪是礼节的一种形式,是人们施礼的一种仪式。人们在社会活动中的一切行为、动作、表现,都是由一定的礼仪形式所反映出来的。

礼貌是人与人之间在接触交往中相互表示尊重和友好的行为,它体现了时代的风尚与人们的道德品质,体现了人们的文化层次和文明程度。礼貌是一个人在待人接物时的外在表现,这种表现是通过仪表、仪容、仪态以及语言和动作来体现的。

礼节、礼仪、礼貌在日常生活中通称为礼节、礼貌,在社会交际过程中主要表现在两个方面:一是语言方面的礼节礼貌;二是动作方面的礼貌。两者没有截然的界限,是统一的两个侧面,既可分别使用,又可结合使用。其思想核心是互相尊重,互相谦让,而不是虚伪的俗套。

在服务过程中,常见的礼节有称呼礼、问候礼、应答礼、操作礼、握手礼、举手注目礼、致意礼等。

1. 称呼礼

称呼礼是指日常服务中和客人打交道时所用的称谓。

(1)一般习惯称呼

在国际交往中,一般对男子称"先生",对已婚女子称"夫人",未婚女子统称"小姐",对不了解婚姻情况的女子可称"小姐",对戴结婚戒指和年纪稍大的可称"夫人",也可称"太太"。称呼前面冠以姓氏,以示亲切。

(2)按职位称呼

如果已知道对方的学位、军衔、职位,要在"先生"或"小姐"前冠以职衔,如"博士先生"、"议员小姐",或前面冠以姓氏。

2. 问候礼

问候礼是人与人见面时互相问候的一种礼节。

(1)初次见面的问候

常用的初次见面的问候有:"先生您好,欢迎光临!"或"先生您好,我是服务员,请问有什么吩咐吗?"等等。

(2)时间性问候

常用的时间性问候有:"早上好!""晚上好!"等。

(3)对不同类型客人的问候

有时候对不同类型的客人应该有特别的问候,例如,遇到体育代表团、文艺代表团时,除了一般性问候外,还要说一些中听的吉利话,如"祝贺你们在比赛中获胜!""祝你们演出成功!"等。

(4)节日性问候

在节日前或节日后,如圣诞节、国庆节、新年等,可问候"节日快乐!""新年快乐!"等。在客人过生日时,要问候"生日快乐!"

(5)其他问候礼

在客人身体欠安时,要给予关心,如"您身体好些了吗?""祝您早日康复!"等。

3. 应答礼

应答礼是指同客人交谈时的礼节。

(1)与客人交谈时,必须站姿端正,保持双眼望着客人。

(2)要了解对方身份,以便说话得体,不可谈忌讳的和涉及个人隐私的话题,要了解客人的消费心理。

（3）在听不清客人的话语时,要说:"对不起,请您慢些,再说一遍好吗?"对于回答不了的问题,应向客人致歉,不可置之不理,待查询确认后再作答。

（4）在回答客人的问题时,要做到语气婉转、语调柔和、口齿清晰、声音适中,在对话中要自动停下手中的工作。

（5）在同两个以上的人谈话时,不应只和一个客人说话而冷落他人,也不应插话或无故中断话题。

（6）对客人的要求,要迅速给出满意的答复。对于过分的或无理的要求要能沉住气,婉言拒绝,如"很抱歉,我无法满足您的要求"等,要表现出热情、有教养的风度。

（7）配合适当的手势,有助于增加语言的感染力。

4. 迎送礼

迎送礼是指服务员迎送客人时的礼节。

（1）客人来到酒店,接待人员（服务员）要主动向客人打招呼问好,笑脸相迎——"先生您好,欢迎光临。"在为客人服务的过程中,应按先主员、后随员,先女宾、后男宾的顺序进行服务。

（2）客人离店时,表示感谢或邀请——"谢谢光临,再见"或"先生请慢走,欢迎再次光临",并送客到大门。

（3）引领客人时,应走在客人左侧前两至三步,转弯时,五指并拢,掌心斜向上指示方向,上楼梯（电梯）时客人先上,下楼梯（电梯）时,客人先下。右为主宾,左为随员。前为主宾,后为随员,三人并行,中间主宾,右为次宾、左为随员。坐车时,女士先上,客人从右上,车内后排为主宾,前排为随员。

5. 操作礼

操作礼主要是指服务人员在日常工作中的礼节。

（1）服务人员在日常工作中要着装整洁,注意仪表,举止大方,态度亲切。工作期间不要大声喧哗,保持安静高雅的环境。

（2）进客人房间必须先敲门,或电话联系,经同意后方可进入。

（3）掌握服务技能的规范进行服务。

6. 握手礼

握手礼是人们在交往中最常见的一种礼节。

（1）与上司、女士、长辈、尊者握手时,应让他们主动,以示尊重。

（2）握手用右手,不可用左手。握手时应摘下帽子和手套。

（3）不便握手时,应声明并致歉。

（4）与男士握手力度要足,以示友好,与女士握手力度要轻,以示尊重。

（5）握手的正确姿态为双脚并拢,身体前趋,手掌四指并拢,拇指与其他四指成45°,握手时轻抖两三下。

7. 鞠躬礼

鞠躬礼一般是下级对上级、晚辈对长辈、服务员对客人以及朋友间见面的礼节。

(1)立正姿势,距受礼者 2～3 米,身体上部前倾 45°左右,礼毕恢复立正姿势,表示"您好"、"节日快乐"、"欢迎光临"等意思。

(2)迎客时要鞠躬 30°,送别时要鞠躬 45°,并双眼随鞠躬向下看,以示尊重。下级对上级行鞠躬礼越深越好(90°)。行一般的鞠躬礼则鞠躬 15°左右。

8. 接吻礼

接吻礼是西方的一种礼节。

(1)在西方接吻是上级对下级、长辈对晚辈、朋友之间或夫妻之间表示亲昵的一种礼节。一般多采用拥抱、吻脸或额头、贴面颊、吻手或吻唇等形式。

(2)在公共场所,彼此见面时,一般女子之间可以吻面颊,男子之间可以抱肩、拥抱,男女之间可以贴面颊,长辈可以吻辈的脸或额头,男子对尊贵的女宾往往只吻手背以示尊重。

9. 举手注目礼

举手注目礼是军人的礼节,军人在室内可行鞠躬礼,但在室外则必须行举手注目礼。行礼时,举右手,五指并直,中指与食指位于帽檐右侧,手掌微向外方,右上臂与肩齐高,身体立正,目视受礼者,对方答礼后礼毕。

10. 致意礼

点头、致意是同级或平辈之间的礼节。在公共场合或路上行走相遇时,在不打招呼的情况下,一般点头示意即可,距离较远可举手打招呼,与相识者在同一场合多次见面时,点头、微笑示意即可。

## 四、员工的礼貌修养

礼貌修养是专指一个人在待人接物方面的素质和能力。餐饮从业人员良好的礼貌修养是做好服务工作的前提,是企业对外形象在员工身上的具体表现。员工礼貌修养反映在人的气质、风度、仪表、姿态、举止、服饰、语言等多方面。

1. 讲究仪容仪表

衣冠、容貌整洁大方,做到尊重自己也尊重别人,是礼貌的前提和直观体现。

2. 举止大方得体

对待客人要态度端正和蔼,站立端正,精神饱满。交往中注意站、坐、走、服务的动作要符合常规。

3. 说话客气不越礼

交谈中神情矜持,言论有分寸,不随便插话攀谈。

4. 以礼相待

服务先女宾后男宾,先主宾后随员,照顾老幼。不当众争辩,进入客人房间先敲门,在女士房间里要保持半开房门。

5.遵时守约

失信、超时、违约有损个人人格,也是对人不礼貌的行为。

6.尊重他人

不给别人造成麻烦和不便,不随意打搅和干扰别人。不议论他人,尊重个人隐私和人格。

7.动作雅观

动作雅观能给人以美的感受,能避免失态而造成尴尬局面。

8.称呼得当

对应身份正确称呼,尽量能在称呼前冠以姓氏,以示尊重和亲切。

9.介绍见面

把年轻人介绍给长者,把身份低的人介绍身份高的人,把男士介绍给女士,注重见面礼节。

10.语言与交流

与客人交谈时,应保持 50cm 距离,端正站立,面带微笑,双眼注视客人,语言清晰简洁,注意礼貌和语言艺术。

## 五、员工的礼仪礼貌要求

1.仪容、仪表

仪容、仪表是指人的外表和容貌。讲究仪容、仪表,体现了对他人、对社会的尊重,表现出一个人的精神状态和文明程度,也表现了服务人员对工作的热情。仪表端庄,衣冠整洁,会给人以朝气蓬勃、热情整洁、可以信赖的感觉。

(1)统一穿着工作服,服装整洁,领带、领花挺直干净,系带端正,纽扣齐全,鞋袜整洁,工牌佩戴于左胸前。

(2)男员工要修饰边幅,头发要梳理整齐,头发两侧长度不盖过耳,后部不盖过领,不留胡须,不留长指甲。

(3)女员工要保持清雅淡妆,头发要梳理整齐,不留怪发型,前发不遮眼,后发不过肩,统一头饰,不留长指甲或涂甲油。

(4)班前不饮酒,不食异味食物,检查仪容仪表合格后方可进入营业区。当班时精神饱满,面带微笑,遵守职业道德,讲究礼节礼貌。

2.仪态

仪态是指人们在交际活动中的举止所表现出的姿态和风度。

(1)站姿

双脚张开成 V 字形,绷腿直腰,挺胸收腹,叠手后背,肩平领正,头正目平,面带微笑,平视前方。

（2）行态

挺胸、收腹、肩平、头正目平，女子走一字步，男子走平行步。脚步长度为右脚一步迈出，脚跟离左脚尖大约是一脚掌的长度。行走时自然摆臂，靠右行走，不可摇头晃脑，手舞足蹈，搂腰搭背，左顾右盼，大声言笑等。不得借故跑跳，因工作必须超越客人时，要礼貌致歉。路遇上司、客人时，要向右侧身停步问候。引领客人时，走在客人左侧前两三步，转弯或进出门时，指引客人先行，上下电梯时应主动开门，让客人先上或先下，上楼梯时客人在前，下梯时客人在后，楼梯扶手让给客人。

（3）坐态

入座轻缓，上身正直，重心垂直向下，双肩放松，双膝并拢，手自然放在膝上，双目平视，面带微笑，正对前方。

（4）笑容

精神饱满，表情自然，双唇自然合拢，两嘴角稍微向上，目视客人，笑得发自内心，有吸收和包容的感觉。

3.礼貌

（1）尊重上司，团结同事。

（2）尊重客人，主动服务。

（3）遵守规章制度，注重礼节礼貌。

# 六、礼貌服务

礼貌服务是出于对客人的尊重或友好，在服务中注重礼仪、礼节，讲究仪表、举止、语言，执行操作规范，是主动、热情、周到的服务体现，使客人精神上感受到服务。

1.四项服务规范

（1）要站立迎接客人，站立姿势要正确。

（2）要面带微笑，保持双眼注视客人。

（3）要主动向客人问好，并称呼客人姓氏。

（4）要预先察觉客人的需要，并主动帮助客人解决问题。

2.十大服务要诀

礼貌、笑容、尊敬、忠诚、责任、守时、主动、互助、效率和勤勉。

3.十二字服务方针

礼貌、微笑、仪容、仪表、热情、主动。

【实训练习】

查询餐饮方面的书籍，更详尽地了解中餐服务的发展及特点。

# 第二章　中餐的菜系

⭐ **学习目标**

1. 认识中国菜的特点
2. 了解中国菜系的形成和分类
3. 掌握八大菜系的形成和特点

## 第一节　八大菜系的形成和特点

中国菜在世界上有着独特的魅力，各地方的风味菜都在选料上非常讲究，制作精细，品种繁多，风味各异。所谓菜系，指在一定区域内由于地理环境、气候、物产、文化传统以及习俗等因素的影响，在饮食上形成的在烹饪体系和风味上各具特色并被人们认可的具有代表性和系统性的菜肴。中国菜系的形成及发展过程是不同地区饮食文化的积淀过程。人们常用"四大菜系"和"八大菜系"来代表我国各地的风味菜。在春秋战国开始就出现了南北两大风味菜系，到了唐代，经济文化的繁荣发展为饮食文化的发展奠定了深厚的基础。到了清代初期，鲁菜（包括京、津等北方地区的风味菜）、苏菜（包括江、浙、皖地区的风味菜）、粤菜（包括闽、台、潮、琼地区的风味菜）、川菜（包括湘、鄂、黔、滇地区的风味菜），已成为我国最有影响的地方菜系，后称"四大菜系"。随着饮食业的进一步发展，到了民国时期逐渐形成我国最有影响和代表性"八大菜系"，即粤菜、川菜、鲁菜、苏菜、浙菜、闽菜、湘菜、徽菜。

### 一、中国菜的特点

中国菜的特点很多，从烹饪文化和烹饪技法的角度与其他国家菜肴相比，中国菜更具有多彩多姿、精细雅致、和谐适中的特征。

1. 原料丰富，选料严谨

我国幅员辽阔，东西、南北跨度都比较大，还拥有很长的海岸线，物产丰富，在食材的选择上具有很大的灵活性。食材的选择关系到菜品的质量,所以中国菜在选料上要求非常严谨。食材的选择要适合时令,还必须区域适宜。

2.刀工讲究,刀法精细

中国菜对刀工非常讲究。刀工处理的工具主要是菜刀和砧板,可将原料切成块、片、丝、条、丁、段、球、泥、粒、末等多种形状。有些原料经厨师的刀工处理后可拼成栩栩如生的图案,并要求薄片如纸、细丝如线、粗细均匀、长短一致。这般精细的刀法、刀工不仅便于烹调入味,更增加了成菜的观赏性和艺术性。

3.调味讲究,注重口味多变

中国菜的调料非常多,调味品的不同是形成地方风味菜肴的主要原因之一。常用的调味品有酱油、豆豉、辣椒、胡椒、花椒、味精、茴香、生粉、醋、白糖、红糖、酒、生姜、蒜头、麻油等,不下几十种。各种调味技艺有上百种之多。中国菜在烹调的过程中能巧妙地运用不同的调味方法,形成不同的口味。

4.烹饪技法多样,注重火候

中国菜的烹饪技法变化多样,烹调手段有几十种之多,如炒、炸、爆、熘、煎、烹、烧、焖、煮、摊、涮等。火候是中餐烹饪技术的核心。准确把握菜肴烹饪时的火力大小与时间长短,可使原料的熟度恰到好处,避免夹生与过火,最终要达到"嫩而不生,透而不老,烂而不化"。火力可分为猛火、中火、慢火、微火。

5.注重拼配和造型

中国菜在烹饪上对主料要求严格切配,主料和副料要求在质量、颜色、形状、质地等方面互相协调,以求整体菜肴的口感、味道、形状、颜色俱佳。许多名菜都是烹调技术与造型艺术的结合。

## 二、中国菜系的形成背景

中国幅员辽阔,菜肴由于地理、习俗、气候、经济等原因而形成不同的地方风味。

1.民俗、宗教原因

不同地区、不同民族的崇拜习性会影响到当地居民对食料的选择和食用方法。加之我国民族众多,宗教信仰也不尽相同,这在很大程度上影响着我国的饮食文化。如回族不吃猪肉,而其他民族则以猪肉为主要肉食。蒙古、维吾尔和哈萨克等典型的游牧民族的饮食具有鲜明的食肉饮奶的特点。

2.地理、气候原因

饮食习惯对自然环境有着很强的选择性和适应性,各地食物资源的产出决定了当地饮食的主流。人们择食多是"靠山吃山,靠海食海",就地取材。例如,中国南方多产水产、家禽,人们喜食鱼、肉。东南沿海地区多海鲜,则长于以海产品做菜,人们嗜食鱼虾等生猛海鲜;而西北地区与海无缘,当地居民基本不吃海产鱼虾;中北地区的人们离不开牛羊奶酪;长江中下游地区则有"饭稻羹鱼"、时鲜蔬果、精细点心、风味小炒;北方多牛羊,常以牛羊肉做菜。

3.烹饪方法

烹饪的方法对菜系的形成有着重要的影响,各地的烹饪方法不同,形成了不同的菜肴特色。如山东菜、北京菜擅长爆、炒、烤、熘等;江苏菜擅长蒸、炖、焖、煨等;四川菜擅长烤、煸、炒等;广东菜擅长烤、焗、炒、炸等。

不同的地区具有自己的饮食文化特色。菜系的形成是多种因素共同作用的结果。不同菜系之间相互区别、相互借鉴、共同发展,最终形成了博大精深的中国饮食文化。可见,中国的美食,不仅味美、形美、丰富多彩,而且文化底蕴深厚,所以我国就有了"烹饪王国"这样的美誉。

## 三、八大菜系的形成及其特点

中国"八大菜系"在烹调技艺上各具特色,其菜肴之特色也各有千秋。虽然民间关于菜系之首的争论颇多,但多为义气之言,并无从考稽。

### (一)中国八大菜系之湘菜

1.菜系的形成

湖南位于长江中游,大部分在洞庭湖以南,故名湖南。湖南属于中亚热带地区,气候温和,四季分明,土地肥沃,雨水充沛,农、牧、副、渔发达。湘北是著名的洞庭湖平原,素称鱼米之乡。得天独厚的地理、气候条件使湖南物产极为丰富。湖南人民利用本地资源创造出了一系列的湖南名菜。其特色是油重色浓,讲求实惠,注重鲜香、酸辣、软嫩,尤以煨菜和腊菜著称。

2.湘菜的特点

湖南菜最大的特色一是辣、二是腊,故湖南菜也称辣味菜或腊味菜。湖南菜的食材里以辣味强烈而著名的朝天辣椒,全省各地均有出产,是制作辣味菜的主要原料。腊肉的制作历史悠久,在中国相传已有两千多年历史。其在湘菜中的代表菜有腊味合蒸、东安子鸡、酱汁肘子、麻辣子鸡、荷叶软蒸鱼、油辣冬笋尖、湘西酸肉等。长沙小吃是中国四大小吃之一,主要品种有糯米粽子、浏阳茴饼、浏阳豆豉、火宫殿臭豆腐、湘宾春卷等。

湖南菜又由湘江流域、洞庭湖区和湘西山区三种风味构成。

(1)湘江流域的菜

湘江流域的菜以长沙、衡阳、湘潭为中心,是湖南菜系的主要代表。它在制作上讲究精细,选料广泛,品种繁多,其特点是油重色浓,讲求实惠;在风味上注重香鲜、酸辣、软嫩,在制法上以煨、炖、腊、蒸、炒等著称。

（2）洞庭湖区的菜

洞庭湖区的人民擅长烹制河鲜、家禽和家畜，其菜品多用炖、烧、蒸、腊的制法，特点是芡大油厚、咸辣香软。

（3）湘西菜

湘西人民擅长制作山珍野味、烟熏腊肉和各种腌肉，口味侧重咸香酸辣，常以柴炭作燃料。其菜品有浓厚的山乡风味。像板栗烧菜心、湘西酸肉、炒血鸭等，皆为驰名的湘西佳肴。

## 小贴士

### 名菜典故——东安子鸡

东安子鸡是湖南的传统名菜。相传唐玄宗开元年间，有位客商赶路，来到一家路边小店用餐。当时店里菜已卖完，店主只好抓来两只活鸡，马上宰杀洗净，切成小块，加上葱、姜、辣椒等佐料，经旺火、热油略炒，加入盐、酒、醋焖烧后，浇上麻油出锅。此菜香味扑鼻，口感鲜嫩，客官吃后非常满意，事后到处宣扬，小店声名远播，各路食客都慕名到这家小店吃鸡，于是此菜逐渐出名。东安县令风闻此事，也亲临该店品尝，为之取名为"东安鸡"。自此东安子鸡广为流传，至今已有一千多年的历史，成为湖南最著名的菜肴之一。

## 小贴士

### 名菜典故——麻辣子鸡

麻辣子鸡以百年老店长沙玉东楼酒家的最负盛名。成菜色泽金黄，麻辣鲜香，深为人们所赞许，故民间有"麻辣子鸡汤爆肚，令人常忆玉东楼"诗句的传颂。后经长沙潇湘酒家的厨师精工细作，味更佳。于是民间又流传这样一首诗："外焦里嫩麻辣鸡，色泽金黄味道新，若问酒家何处好，潇湘胜过玉楼东。"湖南气候潮湿，易患风湿症，因而形成了爱吃辣椒、生姜的习惯。麻辣子鸡这道菜，充分体现湖南的地方特色。

资料来源：孙汉文、张仁庆编著的《中国名菜典故百例续编》。

## （二）中国八大菜系之闽菜

### 1.菜系的形成

闽菜是中国八大菜之一，其以福州菜和厦门菜为基础。后又融合了其他地方风味菜并逐渐形成福州、闽南、闽西三种流派。福建位于我国东南部，有着丰富的山珍、野味、水产资源，为闽菜制作提供了丰富的物产基础。闽菜在色、香、味、形俱佳的基础上，尤以香、味见长,具有清鲜、和醇、荤香、不腻的风格特色,以及汤路广泛的特点。

2.闽菜的特点

闽菜以盛行汤菜和擅长烹制山珍海味而著称,尤以清鲜、和醇、荤香、不腻的风味特色而独树一帜,以偏甜、偏淡、偏酸的"三偏"为特色,以汤菜居多,素有"百汤百味"之称。这主要与烹调的原材料多取自山珍海味有关。闽菜善用红糟为调料,有"糟香扑鼻"之感;巧用醋使菜肴酸甜爽口,味道保持清淡和原汁原味;并且以甜而不腻、酸而不峻、淡而不薄而享有盛名。闽菜的代表菜有佛跳墙、烧片糟鸭、太极明虾、小糟鸡丁、生炒黄螺片、炒西施舌。

## 小贴士

### 名菜典故——佛跳墙

"佛跳墙"之名的由来,在福州民间有三种传说。

说法一:佛跳墙原名"福寿全",光绪二十五年(1899年),福州官钱局一官员宴请福建布政使周莲。他为了巴结周莲,令内眷亲自主厨,用绍兴酒坛装鸡、鸭、羊肉、猪肚、鸽蛋及海产品等20多种原、辅料,煨制而成,取名福寿全。周莲尝后,赞不绝口。问及菜名,该官员说,这道菜取"吉祥如意、福寿双全"之意,名"福寿全"。后来,衙厨郑春发学了烹制此菜式的方法并加以改进,口味胜于先者。到郑春发开设"聚春园"菜馆时,即以这道菜轰动榕城。有一次,一批文人墨客来品尝这道菜,当"福寿全"上席启坛时,荤香四溢,其中一秀才心醉神迷,触发诗兴,当即曼声吟道:"坛启荤香飘四邻,佛闻弃禅跳墙来。"而且,在福州话中,"福寿全"与"佛跳墙"发音亦雷同。从此,引用诗句之意,"佛跳墙"便成了这道菜的正名,距今已有100多年的历史。

说法二:福建风俗,新媳妇出嫁后的第三天要亲自下厨露一手茶饭手艺,侍奉公婆,博取赏识。传说有一位富家女,娇生惯养,不习厨事,出嫁前夕愁苦不已。她母亲便把家里的山珍海味都拿出来做成各式菜肴,一一用荷叶包好,告诉她如何烹煮。谁知这位小姐竟把烧制方法忘光,情急之间就把所有的菜一股脑儿倒进一个绍酒坛子里,盖上荷叶,摞在灶头。第二天浓香飘出,合家连赞好菜,这就是"十八个菜一锅煮"的"佛跳墙"的由来了。

说法三:一群乞丐每天提着陶钵瓦罐四处讨饭,把讨来的各种残羹剩菜倒在一起烧煮,热气腾腾,香味四溢。和尚闻了,禁不住香味的引诱,跳墙而出,大快朵颐。有诗为证:"坛启荤香飘四邻,佛闻弃禅跳墙来。"

资料引用于靳建平:《"佛跳墙"的来历》,《肉类工业》,2013年第3期

### （三）中国八大菜系之徽菜

**1. 菜系的形成**

徽菜以沿江、沿淮、徽州三地区的地方菜为代表而构成。其特点是选料简朴、讲究火功、熏油重色、味道醇厚，维持原汁原味。山珍野味构成了徽菜主、佐料的独到之处。得天独厚的条件成为徽菜发展的有力的资源保障。此外，徽州非常重视风俗礼仪、时节活动，这在一定程度上促进了徽菜的形成和发展。徽菜主要有 200 多个品种，烹调方法上擅长烧、炖、蒸，而爆、炒菜少，重油、重色，重火功。

**2. 徽菜的特点**

徽菜的特点，一是就地取材，选料严谨，以鲜制胜。徽地盛产山珍野味，就地取材使菜肴的地方特色突出并保证鲜活。二是善用火候，功夫独特。徽菜之重火功是历来的优良传统，其独到之处集中体现在擅长烧、炖、熏、蒸类的功夫菜上。不同菜肴使用不同的控火技术是徽帮厨师造诣深浅的重要标志，也是徽菜能形成酥、嫩、香、鲜独特风格的基本手段。控火技术指根据不同原料的质地特点、成品菜的风味要求，分别采用大火、中火、小火烹调。三是善于烧炖，浓淡相宜。除爆、炒、熘、炸、烩、煮、烤、焖等技法各有千秋外，徽菜常用的烹饪技法约有 20 大类 50 余种，其中最能体现徽式特色的是滑烧、清炖和生熏法。四是注重天然，讲究食补，以食养身。徽菜继承了祖国医食同源的传统，讲究食补，这是徽菜的一大特色。

徽菜具有代表性的菜肴有火腿炖甲鱼、黄山炖鸽、清蒸石鸡、香菇盒、双爆串飞等。

### （四）中国八大菜系之浙菜

**1. 菜系的形成**

浙菜即浙江菜。浙江菜系由杭州、宁波、绍兴三个地方菜组成，其中杭州菜久负盛名。浙江菜具有浓厚的江南特色，历史悠久，源远流长，是我国著名的地方菜种。浙江位于东海之滨，北部水道成网，素称鱼米之乡；土地肥沃，山丘连绵，物产丰饶，饮食历史灿烂悠久。浙江人民利用这些富饶的自然资源，创制出许多深受人们喜食乐道的浙江名菜。

**2. 浙菜的特点**

浙江菜在选料上力求"细、特、鲜、嫩"。第一，选料精细，取物料的精细部分可以使菜品达到高雅上乘。第二，多用本地特产，菜肴具有明显的地方特色。第三，选料讲求时令、鲜活，菜品味道纯正。第四，追求鲜嫩，菜肴清鲜爽脆。烹调方法以南菜北烹见长，口味上以清鲜脆嫩为特色。此外，在调味上，浙江菜善用料酒、葱、姜、糖、醋等。浙江菜形态讲究精巧细腻，清秀雅丽。许多菜肴都富有美丽的传说，文化色彩浓郁是浙菜的一大特色。

浙菜的代表菜有西湖醋鱼、干炸响铃、雪菜黄鱼、东坡肉、清汤越鸡、元江鲈莼羹、叫花鸡、生爆鳝片、龙井虾仁、奉化摇蜡、南湖蟹粉等。

浙菜的风味包括杭州、宁波，温州、金华等地方的菜点特色。

（1）杭帮菜重视其原料的鲜、活、嫩，以鱼、虾、禽、畜、时令蔬菜为主，讲究刀工，口味清鲜，突出本味。其制作精细，变化多样，并喜欢以风景名胜来命名菜肴。烹调方法以爆、炒、烩、炸为主，清鲜爽脆。

（2）宁波菜咸鲜合一，以烹制海鲜见长，讲究鲜、嫩、软、滑，重原味，强调入味。烹调方法以炒、蒸、烧、炖、腌制见长，注重大汤大水，保持原汁原味。

（3）温州素以"东瓯名镇"著称，温州菜也称"瓯菜"。瓯菜以海鲜入馔为主，口味清鲜，淡而不薄，烹调讲究"二轻一重"，即轻油、轻芡、重刀工，自成一体，别具一格。

（4）金华菜是浙菜的重要组成部分。其烹调方法以烧、蒸、炖、煨、炸为主。金华火腿在国内具有较高的知名度。金华菜以火腿菜为核心，火腿菜的品种达300多道。火腿菜烹饪不宜红烧、干烧、卤烩，在调配料中忌用酱油、醋、茴香、桂皮等，也不宜挂糊、上浆，讲究保持火腿的独特色香味。

浙江点心中的团、糕、羹、面品种多，口味佳。

**小贴士**

### 名菜典故——东坡肉

东坡肉是杭州传统风味菜肴中的一朵奇葩，其以色泽红艳、汁浓味醇、肉酥烂而不碎、味香酥而不腻为特点。说起"东坡肉"，还流传着一段有趣的故事。北宋文学家苏东坡于元丰二年（公元1079年）因触犯了皇帝而被贬到黄州时常常亲自烧菜与友人"品味"。宋神宗驾崩后，苏东坡重新被起用。当他被调到杭州做官时，西湖已被葑草淹没了大半。他发动数万民工除葑田、疏湖港。用挖起来的泥堆筑的长堤，后来被称为苏公堤。老百姓为了赞颂苏东坡的功德，到了春节时就给苏东坡送猪肉，以表示自己的心意。苏东坡收到了猪肉，就让家人把肉切成方块，用自家的烹调方法烧制，连酒一起按照民工花名册送给每家每户。但家人在烧制时，把"连酒一起送"领会成"连酒一起烧"。然而，这样烧制出来的红烧肉，更加香酥味美，食者盛赞之。此后这样烹制的猪肉被人们命名为"东坡肉。"

### （五）中国八大菜系之苏菜

#### 1.菜系的形成

苏菜即江苏菜系。江苏菜系在烹饪学术上一般称为"苏菜"，而在一般餐馆中，则常被称为"淮扬菜"。淮扬菜由金陵、徐海、淮扬和苏南四种风味组成，是宫廷第二大菜系。江苏东濒大海、西拥洪泽、南临太湖，长江横贯于中部，运河纵流于南北，境内有蛛网般的港汊，串珠似的淀泊，加以寒暖适宜，土壤肥沃，素有"鱼米之乡"之称。"春有刀鲚夏有鲥，秋有肥鸭冬有蔬",一年四季,水产禽蔬鱼贯上市,这些富饶的物产为江苏菜系的形成提供了优越的物质条件。

#### 2.苏菜的特点

苏菜系选料讲究,刀工精细,口味偏甜,造型讲究,特色鲜明。由于江浙地区气候潮湿,又靠近沿海,所以往往会在菜中增加糖分,以去除湿气。苏菜很少放辣椒,因为吃辣椒容易上火。因此,江浙菜系是以偏甜为主。苏菜用料以水鲜为主,刀工精细,注重火候,擅长炖、烟、焖、糯,追求本味,清鲜本和,咸甜醇正。江苏菜的代表菜有软兜长鱼、枪虎尾、水晶看蹄、拆烩大鱼头、清蒸鲥鱼、野鸭菜饭、银芽鸡丝、鸡汤煮千丝、清炖蟹粉狮子头、双皮刀鱼等。

(1)徐海风味

以徐州菜为代表,流行于徐海和河南地区,与山东菜系的孔府风味较近。徐海菜鲜咸适度,习尚五辛、五味兼崇,清而不淡,浓而不浊。其菜无论取料于何物,均注意"食疗、食补"作用。

(2)淮扬风味

淮扬风味以扬州、淮安菜为代表,主要流行于以大运河为主,南至镇江,北至洪泽湖、淮河一带,东至沿海地区。淮扬风味选料严谨,讲究鲜活,主料突出,刀工精细,擅长炖、焖、烧、烤,重视调汤,讲究原汁原味,并精于造型,瓜果雕刻栩栩如生。其口味咸淡适中,南北皆宜,并可烹制"全鳝席"。

(3)金陵风味

金陵风味又称京苏菜,是指以南京为中心的地方风味。京苏菜主要流行于以南京为中心,一直延伸到江西九江的地区。京苏菜兼取四方之美,适应八方之需,烹调擅长炖、焖、叉、烤,特别讲究七滋七味,即酸、甜、苦、辣、咸、香、臭,鲜、烂、酥、嫩、脆、浓、肥。京苏菜以善制鸭馔而出名,素有"金陵鸭馔甲天下"的美誉。

(4)苏南风味

苏南风味以苏州菜为代表,主要流行于苏、锡、常和上海地区,和浙菜、安徽菜系中的皖南、沿江风味相近。有专家认为苏南风味应当属于浙菜。苏南风味与浙菜的最大的区别是苏南风味偏甜。苏南风味中的上海菜受到浙江的影响比较大。苏南风味擅长炖、焖、煨、焐,注重保持原汁原味,花色精细,时令时鲜,甜咸适中,酥烂可口,清新腴美。苏州小吃是中国四大小吃之一,是品种最多的小吃,主要有卤汁豆腐干、松子糖、玫瑰瓜子、苏式月饼、虾子酱油、枣泥麻饼、猪油年糕、小笼馒头、苏州汤包、桃源红烧羊肉、藏书白切羊肉、奥灶面等。

### (六)中国八大菜系之鲁菜

#### 1.菜系的形成

鲁菜即山东菜系,由齐鲁、胶辽、孔府三种风味组成,以孔府风味为龙头。山东位于黄河下游,地处胶东半岛,延伸于渤海与黄海之间。全省气候适宜,物产丰富,沿海一带盛产海产品、内地的家畜、家禽以及菜、果、淡水鱼等品种繁多，分布很广。山东的历代厨师利用丰富的物产创造了较高的烹饪技术，发展完善了鲁菜。

2.鲁菜的特点

济南菜在烹调手法上擅长爆、烧、炒、炸，菜品突出清、鲜、脆、嫩。济南的传统菜素以善用清汤、奶汤著称。胶东菜以烹制各种海鲜菜驰名，擅长爆、炸、扒、蒸，口味以鲜为主，偏重清淡，注意保持主料的鲜味。山东菜总的特点在于注重突出菜肴的原味，内地以咸鲜为主，沿海以鲜咸为特色。山东菜的代表菜有蟹黄海参、白汁裙边、干炸赤鳞鱼、山东蒸丸、九转大肠、福山烧鸡、清蒸加吉鱼、醋椒鳜鱼、奶汤蒲菜、红烧海螺等。

（1）齐鲁风味

齐鲁风味以济南菜为代表，在山东北部、天津、河北盛行。齐鲁菜以清香、鲜嫩、味纯著称，一菜一味，百菜不重。尤重制汤，清汤、奶汤的使用及熬制都有严格规定，菜品以清鲜脆嫩著称。用高汤调制是济南菜的一大特色。德州菜也是齐鲁风味中重要的一支，代表菜有德州脱骨扒鸡。

（2）胶辽风味

胶辽风味亦称胶东风味，以烟台福山菜为代表，流行于胶东、辽东等地。胶辽菜起源于福山、烟台、青岛，以烹饪海鲜见长，口味以鲜嫩为主，偏重清淡，讲究花色。

（3）孔府风味

孔府风味以曲阜菜为代表。流行于山东西南部和河南地区，和江苏菜系的徐州风味较近。孔府菜有"食不厌精，脍不厌细"的特色，其用料之精广、筵席之丰盛堪与过去皇朝宫迁御膳相比。其和江苏菜系中的淮扬风味并称为"国菜"。

**小贴士**

**名菜典故——九转大肠**

相传，清代光绪年间，济南九华林酒楼店主将猪大肠洗涮后，加香料和开水煮至软酥取出，切成段后，加酱油、糖、香料等制成又香又肥的红烧大肠，闻名于世。后来在制作上又有所改进，将洗净的大肠入开水煮熟后，入油锅炸，再加入调味和香料烹制，此菜味道更鲜美。文人雅士根据其制作精细如道家"九炼金丹"一般，将其取名为"九转大肠"。

资料来源：百度百科

### （七）中国八大菜系之粤菜

**1. 菜系的形成**

粤菜即广东菜,由广府、客家、潮汕三种风味组成,且以广府风味为代表。在中国大部分地区都有粤菜馆,世界各国的中菜馆多数是以经营粤菜为主。粤菜是国内民间第二大菜系,地位仅次于川菜。广东地处东南沿海地区,气候温和,物产丰富。广州又是历史悠久的通商口岸城市,吸取了各种外来的烹饪原料和烹饪技艺,使粤菜日渐完善。

**2. 粤菜的特点**

粤菜食谱绚丽多姿,风味清淡,菜肴新颖奇异,并以其用料广而杂著称。据粗略估计,粤菜的用料达数千种,举凡各地菜系用的家养禽畜、水泽鱼虾,粤菜无不用之。粤菜无论是烹饪海鲜、河鲜还是普通的炒菜、点心,都注重原料的新鲜、多样,善用烧、煲、炒、炸、清蒸、白灼等多种工艺,以期最大限度地挖掘原料的最吸引人之处。粤菜讲究火候,制出的菜肴注重色、香、味、形。善用鲜活原料为粤菜的一大特色,特别是潮州菜在海鲜的使用上更为广泛。

广东人还特别重视用汤水药材滋补,煲汤历史悠久。滋补汤水亦为粤菜的一大特色。广东人之所以喜欢喝汤,也是与当地湿热的气候有关。滋补汤水天气湿热时能润肺除燥,天气转凉时则能滋补养身。

（1）广府风味

广府风味以广州菜为代表,注重质和味,口味比较清淡,力求清中求鲜、淡中求美,而且随季节时令的变化而变化,夏秋偏重清淡,冬春偏重浓郁。食味讲究清、鲜、嫩、爽、滑、香,调味遍及酸、甜、苦、辣、咸,可谓五滋六味。

（2）客家风味

客家风味又称东江风味,以惠州菜为代表,接近闽西风味。客家菜下油重,口味偏咸,酱料简单,但主料突出,喜用三鸟、畜肉,很少配用菜蔬,河鲜海产也不多。

（3）潮汕风味

潮汕风味以潮州菜为代表,主要流行于潮汕地区,接近闽南风味。潮汕菜以烹调海鲜见长,刀工精细,口味偏重香、浓、鲜、甜,喜用鱼露、沙茶酱、梅羔酱、姜酒等调味品,甜菜较多,款式百种以上。潮州菜的另一特点是喜摆十二款,上菜次序又喜头、尾甜菜,下半席上咸点心。潮州菜的代表品种有烧雁鹅、豆酱鸡、护国菜、什锦乌石参、葱姜炒蟹、干炸虾枣等,都是潮州特色名菜。

小贴士

### 名菜典故——白云猪手

相传古时候,白云山上有一座寺庙,寺庙后有一股清泉,那泉水甘甜,长流不息。寺庙中有个小和尚,调皮又馋嘴,从小喜欢吃猪肉。出家后,他先打杂为和尚煮饭。有一天,他趁师父外出,偷偷到集市上买了些最便宜的猪手。正准备下锅煮食,突然,师父回来了。小和尚慌忙将猪手扔到寺庙后的清泉坑里。第二天,有一樵夫上山砍柴,路过山溪,发现了盛放了猪手的瓦坛。这些猪手不但没有腐臭,而且更白净了。樵夫将猪手带回家放在锅里,再添些糖和白醋一起煲。熟后拿来一尝,这些猪手不肥不腻、又爽又甜,美味可口。不久这种烹制猪手之法在镇上流传开来。因为烹饪方法来源于白云山麓,人们就称其为白云猪手。白云猪手传到民间,人们如法炮制。

资料来源于孙汉文、张仁庆编著的《中国名菜典故百例续编》。

### (八)中国八大菜系之川菜

**1.菜系形成**

川菜即四川菜系,分为以川西成都的乐山为中心的上河帮、川东重庆为中心的下河帮、川南自贡为中心的小河帮。四川沃野千里,物产丰富,为川菜制作提供了丰富的原料。川菜在秦末汉初就已初具规模,唐宋时发展迅速,明清时已富有名气。现今川菜馆遍布世界。

**2.川菜的特点**

川菜注重调味,味型多样,调味品复杂多样,有特点,以多层次、递增式调味方法见长。川菜讲究川料川味,主要突出麻、辣、香、鲜、油大、味厚,重用"三椒"(辣椒、花椒、胡椒)和鲜姜,素以"好辛辣"著称。调味方法有干烧、鱼香、怪味、椒麻、红油、姜汁、糖醋、荔枝、蒜泥等复合味型,不同的配比,变化出各种味型,形成了川菜的特殊风味,享有"一菜一格,百菜百味"的美誉,各式菜点无不脍炙人口。

川菜讲求用料精细准确,严格以传统经典菜谱为主,其味温和,绵香悠长,所以在国际上一直享有"食在中国,味在四川"的美誉。川菜的代表菜很多,从高级筵席的"三蒸九扣"到大众便餐、民间小吃、家常风味等,菜品繁多,花式新颖,做工精细。川菜中具有代表性的六大名菜是鱼香肉丝、宫保鸡丁、夫妻肺片、麻婆豆腐、回锅肉、东坡肘子。

**(1)上河帮**

上河帮也就是以成都和乐山为核心的蓉派菜系,其特点是小吃,以亲民为主,比较清淡,传统菜品较多。川菜中所有高档的精品菜基本上都集中在这个派别里。上河帮口味比较温和,中规中矩,流传下来的经典很多,如开水白菜、麻婆豆腐、宫保鸡丁、夫妻肺片、蚂蚁上树、蒜泥白肉、芙蓉鸡片等。

上河帮的小吃也非常丰富,如四川泡菜系列、凉粉、川北米粉、红薯粉、锅盔、豆花、面食、青城山老腊肉、川式香肠、蛋烘糕、银鱼烘蛋、叶儿粑、黄粑、丁丁糖、三大炮、泡椒凤爪、冒菜、盐边牛肉、冷锅串串、盐包蛋、棒棒鸡、百味鸡、青椒鸡、九味鸡、钵钵鸡、盐水鸭、夫妻肺片、樟茶鸭、怪味兔头、红星兔丁、陈皮兔丁,以创始人姓氏命名的赖汤圆、龙抄手、钟水饺、吴抄手、老麻抄手、蒋排骨、韩包子、温府豆汤饭、老妈蹄花等。

(2)小河帮

小河帮也称盐帮菜,以自贡和内江菜为主。其特点是大气、怪异、高端。古代盐业的发展造就一个菜系,被称为"盐帮菜"、"盐商菜",其正是以井河(釜溪河)饮食风味为代表的"小河帮系"。小河帮同时也是水煮技法的发源地,自古就有水煮牛肉的吃法。盐帮菜善用椒姜和水煮。

(3)下河帮

下河帮以重庆为中心,其特点是家常菜,亲民,比较麻辣,多创新。下河帮川菜大方、粗犷,以花样翻新迅速、用料大胆、不拘泥于材料而著称,俗称江湖菜。下河帮的代表菜有毛血旺、辣子鸡丁、水煮鱼等。

**小贴士**

### 名菜典故——麻婆豆腐

麻婆豆腐是四川传统名菜,始创于清同治初年。当时成都北郊万福桥有一个陈兴盛饭铺,主厨掌灶的是店主陈春富之妻陈刘氏。她烹制的豆腐,用鲜豆腐、牛肉末、辣椒、花椒、豆瓣酱等烧制而成,麻、辣、烫、嫩,味美可口,十分受人欢迎,人们越吃越上瘾,名声渐渐传开。因她脸上有几颗麻子,故这道菜传称为麻婆豆腐。

# 第二节　中国地方特色菜系

中国烹饪技术可谓源远流长,随着国家经济快速发展,人民的生活水平逐渐提高,国人对物质文明和精神文明的追求也日益强烈,民众对烹调技艺的要求也在不断提升。中国地域广大,各地的物产条件催生出各具地域特色的菜品烹制原料,而各地不同的风土民情、口味喜好和烹饪技法,更成就了多种多样、风味迥异的地方特色菜品。这些菜品已成为镶嵌在中华饮食文化长链上的颗颗明珠。

除了八大菜系,各个地方风味菜中著名的有数千种,它们选料考究,制作精细,品种繁多,风味各异,讲究色、香、味、形、器俱佳的协调统一。这些名菜大都有其各自发展的历史,不仅体现了精湛的传统技艺,还有种种优美动人的传说或典故,成为我国饮食文化的一个重要组成部分。

## 一、北京菜

北京是我国首都,是全国的政治、经济、文化中心。千百年来全国各地、各民族的美味佳肴在此相互影响、融合与升华。北京菜也称"京帮菜",其以北方菜为基础,兼收各地风味,并继承了明、清两代宫廷菜肴的精华,形成了独特而又丰富多彩的北京风味。

北京菜的特点是集全国烹饪技术之精华,在选料上讲究,调味多变,火候严谨,讲究时令,注重佐膳。在烹饪方法上主要采用爆、溜、扒、烤、涮等,特别是"爆"法,变化多样。口味以咸、甜、酸、辣、糟香、酱香为特色。擅长烹制羊肉菜肴,如涮羊肉等。其代表菜有北京烤鸭、烤肉、糊肘、菜包鸡、涮羊肉、手抓羊肉、葱爆羊肉、三不粘、醋椒桂鱼、糟熘鱼片等。

## 二、上海菜

上海菜即沪菜,是我国的主要地方风味菜之一。上海菜以当地本帮菜为基础,吸收十余个帮口的长处并融汇西菜风味而成。上海菜具有许多与众不同的特点,口味注重原汁原味,讲究清淡而多层次,质感鲜明,款式新颖精致。其烹调方法原来是烧、蒸、煨、窝、炒并重,现代逐渐发展为以烧、生煸、滑炒、蒸为主,其中以生煸、滑炒为最多,特别善烹四季河鲜。如今,上海菜在烹饪方法上更是讲究选料新鲜、制作讲究、火候严谨、清淡爽口、咸鲜适中、风味独特等特点。上海菜的主要名菜有青鱼下巴甩水、生煸草头、白斩鸡、鸡骨酱、虾子大乌参、松江鲈鱼等。

## 三、天津菜

天津菜,简称"津菜"。其凭借天津地区的物产,历经几百年的发展,逐步完善成一个涵盖汉民菜、清真菜、素菜、家乡地方特色菜的民间风味体系。从地理上看,天津是中国北方最大的沿海开放城市,素有"渤海明珠"之称。优越的地理位置使天津河海干鲜、野山货资源丰富。得益于地利,博采众长,独具特色的津菜可归纳为四大特点:擅长调鲜、讲究时令、精于调味、独特技法。

天津菜系最出名的有三类菜,即四大扒、八大碗、冬令四珍。四大扒一般是酒席的配菜。所谓"四扒"多为熟料,加上卤汁,放入勺内用小火烤透,入味至酥烂,挂芡,用津菜独特技法"大翻勺"将菜品翻过来,外形依然整齐美观,如扒整鸡、扒肉条、扒肘子。八大碗是以"津菜"中有代表性的八种菜品为一组,分别不同组合,任顾客随意挑选。每桌坐上八个人,上八道菜,都用清一色的大海碗,非常具有乡村气息。冬令四珍是指铁雀、银鱼、紫蟹、韭黄。

## 四、豫菜

豫菜,即河南菜系。豫菜经过长期发展,在北宋年间就形成了"宫廷菜"、"官府菜"、"市肆菜"、"寺庵菜"、"民间菜"五大完整体系。历经几千年的发展,豫菜形成了"五味调和,质味适中,南北咸宜"的特色,也被称为"天下之正味"。

豫菜的特色是选料严谨、刀工精细、讲究制汤、质味适中。豫菜的烹调方法有 50 余种,扒、烧、炸、熘、爆、炒、炝别有特色。豫菜的代表菜有糖醋软熘鱼焙面、煎扣青鱼头尾、炸紫酥肉、大葱烧海鲜、牡丹燕菜,炸八块、清汤鲍鱼、葱扒羊肉、南阳黄牛肉。

## 五、黔菜

黔菜又称贵州菜,由贵阳菜、黔北菜和少数民族菜等组成。贵州菜主要属于川菜系列,但贵州菜又有自己独特的风味。四川菜主要是麻辣型,云南菜为甜辣型,而贵州菜主要以鲜辣、酸辣为主要特色。辣、麻、酸是黔菜很突出的风味。贵州菜在烹调方法上主要有爆、炒、蒸、煮、炖、烧、烤、煎等技法。在烹调上还因为有独特的腌渍、酿、酱等著名原辅料而更具独特风味。黔菜的代表菜有酸汤鱼、盐酸干烧鱼、八宝团鱼、酸菜小豆汤、竹筒烤鱼、花溪牛肉粉、阳明凤翅、金钱肉、辣子酱、爆竹鱼等。

## 六、滇菜

滇菜也称云南菜,是独具云南特色的菜肴。云南菜深受自然环境的影响,加上云南与缅甸、老挝、越南和印度诸国相连,且有许多少数民族,因此云南的饮食文化具有丰富多元的特色,尤其在食物的材料、菜式、加工方法、饮食习惯和酒水饮料等方面,表现出明显的多元性与丰富性。

滇南地区气候温和,雨量充沛,自然资源丰富。滇菜的特点是:第一,讲究鲜嫩。由于云南常年蔬菜不断,做素菜或用于点缀,体现清淡淳朴、鲜嫩回甜的风味,讲究滋养。第二,酸辣为主。因为云南的地理位置与四川相近,所以在味道上也倾向偏酸辣,微麻,讲究原汁原味。第三,技法多样。滇菜的烹饪技法既有汉族的蒸、炸、熘、卤、氽、炖,使其具有酥嫩、鲜醇、清爽、浓香的特点,又有少数民族的烤、舂、焐、腌等,使其具有浓郁的地方风味。滇菜较有特色的菜肴是三七汽锅鸡、虫草汽锅鸡、曲靖羊肉火锅、菠萝饭、辣炒野生菌等。

## 七、鄂菜

鄂菜亦称湖北菜,主要以江汉平原为中心,由荆沙、襄阳、鄂州和汉沔等地方菜发展而成,其中以武汉菜为代表。湖北位于我国长江中游、洞庭湖以北,气候温和,物产富饶,水网纵横,湖泊密布,有着"鱼米之乡"之称,为湖北菜的发展提供了有利的物质条件。

湖北菜的特点是汁浓、芡稠、口重、味纯,富有民间特色。烹法以蒸、煨、烧、炒见长。武汉菜吸取了湖北各地和外地的一些风味菜点的长处,善于创新,品种较多,注重刀工火候,讲究色味造型,尤其是煨汤技术有独到之处。荆沙菜以烹制淡水鱼鲜见长,更以各种蒸菜(如"沔阳三蒸")最具特色,用芡薄、味清纯,善于保持原味。鄂州菜擅长烧、炒,用油稍宽,火功恰当,汁浓口重,味道偏咸,富有乡村风味。湖北的小吃点心品种多,风味特殊。湖北地方代表菜有清蒸武昌鱼、网衣鳜鱼、鱼糕丸子、清炖鱼粉蒸肉、蒸珍珠丸子、蒸白肉、烧三合、三鲜酥肉、散烩八宝、黄焖甲鱼、红烧野鸭等。

## 八、赣菜

赣菜即江西菜。江西的饮食兼有蜀、湘、鄂、皖、浙、粤风味,在多种风味的基础上形成了自己的特色。赣菜是由南昌、鄱阳湖区和赣南地区的菜系构成。这三地菜肴的共同特色是味浓、油重、主料突出、注意保持"原汁原味"。赣菜在烹饪技法上用料丰富、制作精细、注重火候,以烧、焖、炖、蒸、炒为主。江西人嗜辣成性,不亚于湖南、四川人。与川菜的麻辣、湘菜的辛辣、鄂菜的酸辣不同,赣菜的辣是香辣、鲜辣,辣味适中。2013年江西评选出"游客最喜爱的十大赣菜",包括鄱湖胖鱼头、四星望月、藜蒿炒腊肉、庐山石鸡、余干辣椒炒肉、萍乡烟熏肉、莲花血鸭、老表土鸡汤、永和豆腐、井冈烟笋。

## 九、新疆菜

新疆菜既具有清真菜的特性,又融入了中国西北菜系味重香浓的烹饪特点。新疆饮食文化中最耀眼的明珠当属少数民族的饮食文化,也就是清真餐饮。新疆是位于我国西部的一个多民族聚居的省份,面积无垠,地域辽阔。它地处内陆,为典型的大陆性气候,夏季炎热。正是特殊的环境因素,使得新疆的饮食文化缺少海产品,但牛羊菜颇多。新疆菜以清真菜系为主,大多吃牛羊肉,多采用爆、烤、涮、烧、酱、扒、蒸的制作方法,著名的佳肴有烤全羊、大盘鸡、馕包肉、手抓羊肉等,口味偏酸辣。

## 十、东北菜

东北历史文化悠久,东北人多为山东移民的后代,当年的移民为东北带来了深厚的齐鲁文化。鲁菜的文化、满族的饮食文化、俄罗斯的饮食文化三种文化的交融,形成了具有特色的东北饮食文化。"朴实中有着秀气,粗狂中藏着精华"是对东北菜的形象描述。东北菜相比其他菜系在刀工、选料、菜名等方面都很家常,菜肴呈现出朴实的特点。但是在菜的烹调上呈现出一菜多味、咸甜明显、色鲜味浓、酥烂香脆的特点,这也是东北菜经久不衰的原因。东北菜的代表菜有白肉血肠、锅包肉、东北乱炖、溜肉段、地三鲜、猪肉炖粉条、小鸡炖榛蘑、扒熊掌、拔丝地瓜、酱骨架,杀猪菜等。酸菜和用蔬菜蘸大酱的蘸酱菜也是东北饮食区别于其他菜系的一大特点。

## 十一、台湾菜

台湾位于北回归线附近,暖湿的气候使台湾有着丰富的新鲜蔬果,而四面临海的位置使其海资源丰富,原材料更加鲜美。得天独厚的自然环境,再加上各式美食文化的融合,而发展出了台湾人地道的美食。

台湾人中闽南人居多,所以闽菜也成为是台湾最主要的饮食类型。俗话说"台菜、闽菜一家亲",说的是台湾菜在烹调上具有闽南色彩,烹饪风格也传承了闽菜"汤汤水水、精于调味"的特色,因此羹汤类料理向来是台式宴席的主角之一。由于台湾四面环海,养殖、近海和远洋渔业都相当发达,肥美新鲜的鱼、虾、蟹等海鲜料理自然也成为台湾菜的招牌之一。台湾菜以清爽不腻、色鲜味美著称。台湾菜与粤菜也有着相近的地方,同样讲究食补,可以说是一种健康的饮食类型。台湾民间常以"四神汤"(淮山、芡实、莲子与茯苓)作滋补饮料,是著名的滋补饮食。同时,台湾美食闻名国内外的还有著名的台湾小吃,代表性的有蚵仔煎、生炒花枝、海产粥、大饼包小饼、万峦猪脚、大肠蚵仔面线、甜不辣、台南但仔面、鱿鱼羹等。

**【思考题】**

1.中国菜有哪些特点?

2.简述中国菜系形成的背景。

3.简述中国八大菜系的形成和特点。

# 第三章　菜单的设计

顾客进入餐厅,准备享用一顿美味珍馐之前,必须先进行"点菜"这道程序。绝大多数的中高档餐厅不可能将实物一一展示,厨师也不可能亲自逐一介绍菜肴的烹制特点,因此,一份制作精美、内容翔实的菜单,便非常必要。它既是用于餐饮经营者和顾客之间沟通信息的印刷品,也是餐饮产品清单,更是餐饮服务系统运行过程中最重要的部分之一。

## 第一节　菜单的基本知识

### 一、菜单的常见分类

菜单需依据餐厅的特点、性质、风格与经营思路来编写,由此建立相对固定的供餐模式,不论是哪一类菜单,基本上都可归纳为零点、套餐、特色餐饮三大类型。

1. 零点菜单

零点菜单就是将各类菜肴按照风味或类型(如汤、凉菜、素菜、荤菜、主食等)进行组合排列归类,形成一定数量和品种的菜单。其特点是:

(1)零点菜单是餐饮企业最常见、最常用的一类菜单。

(2)菜品种类丰富,风味突出,依每道菜的大、中、小分量分别明码标价,供客人自由选择。

(3)零点菜单的设计及制作相对较为精美。

(4)零点菜单的菜价通常比其他类型的菜单要贵一些。

零点菜单也有不同的划分。以外在形式划分,有固定菜单和可变菜单;以用途来划分,有餐厅内菜单和餐厅外菜单;以餐别来划分,有早餐(早茶)菜单、正餐菜单、酒水单等。

2.套餐菜单

套餐菜单也称为订餐菜单、合菜菜单,是指把顾客一顿饭所需的菜肴、主食、饮料等餐饮种类按照一定规律组合在一起,包价出售。其特点是:

(1)套餐菜单帮助顾客组合起一份丰富的餐食,通常还包含最受欢迎的招牌菜,以减少客人点餐时因不甚熟悉而造成的麻烦,也方便经营者购买原料及制作。

(2)套餐菜单通常以组合形式出现,经济实惠、物美价廉。

(3)套餐菜单是餐饮行业一种有效的促销方式,根据不同的顾客群体、口味喜好、节假因素推出不同风味的套餐,由此增加饭店的收入和知名度。

套餐菜单根据其品质或顾客群体的不同,也有多种分类,如豪华套餐、经济套餐,儿童套餐、老人套餐、团体套餐,情人节套餐、中秋节套餐等,供客人自由选择。

3.特色餐饮菜单

餐饮企业为能在激烈的餐饮市场竞争中占领先机,除了传统的餐饮制作及出售方式以外,还发展出了多种个性化的、富有特色的餐饮经营形式,而且越来越占据市场的大部分份额,如快餐店、外卖餐厅、烧烤吧、自助餐厅、特色火锅店、茶水吧、咖啡厅等。这些类型多样的餐饮经营形式发展出了极具个性的特色餐饮菜单,既包含传统菜单的元素,又反映出自身经营的产品的特色。其特点是:

(1)个性明显、不拘一格。

(2)档次多样,便于客人选择。

(3)突出烹制专长、具有代表性。

## 二、菜单的作用

菜单是餐饮企业经营产品和经营理念的反映,是饮食产品销售种类和价格的一览表,对餐饮服务的成效有着重要的作用。

1.菜单是餐饮促销的重要手段

一份精心编制的、蕴含主题的菜单,能使顾客感到赏心悦目,并能让顾客感受餐饮企业的产品设计思路和主题氛围,引起顾客的食欲,促使顾客欣然解囊,乐于多点几道菜肴。此外,菜单可以作为桥梁,引导顾客尝试招牌菜、特色菜及高利润菜,对产品品牌的宣传和销售有着积极的作用。

2.菜单是餐饮企业把控服务质量、产品价格及成本的重要工具

餐饮企业管理者定期根据菜单检查企业的产品生产和服务流程,了解产品的受关注程度和顾客喜好变化,并进行综合评估,协助企业进行餐饮新品种的开发和推广,并改善菜肴的促

销方式和定价方法,增加企业的利润。

3.菜单是餐饮企业制定经营方针、购进餐饮设备和原材料的重要依据之一

餐饮企业的经营方针必须反映在菜单这一重要的对客服务载体上,才能更好地让顾客了解自己。而且主要原料的采购、食品的烹调制作以及餐饮服务,这些工作内容都得以菜单为依据。同时,餐饮企业必须根据菜单的菜肴种类和制作方法,选择合适的餐饮设备和工具,购进合适的原材料。

4.菜单是餐饮企业宣传自身的重要载体

制作精美考究的菜单不仅是客人点菜的依据,也是绝好的企业宣传册,甚至是一份艺术品,它不但可以烘托用餐气氛,更能反映餐厅的格调,使客人对菜单内所列的美味佳肴留下深刻的第一视觉印象,让客人更好地记住菜肴的名称和特色,带给客人美好的用餐体验。

5.菜单是沟通餐饮经营者与顾客的桥梁

顾客通过菜单来点选自己所喜爱的菜品,而餐饮服务人员通过菜单来推荐餐厅的特色菜和招牌菜,双方之间的交流由菜单开始,拉开餐饮服务的序幕,促进双方良好的沟通互动。

## 三、菜单的内容

菜单的基本功能就是给顾客展示餐厅能为他们提供哪些菜肴以及这些菜肴的价格。除此之外,为了赋予菜单其他更多的功能,还可以通过精美图片向顾客展示菜肴的最终形态,并给菜肴取名,进一步说明菜肴的制作原料、烹制方法、盛用器皿、食用方法以及风味特色,更可以由菜肴引申营造相应的文化意境,帮助顾客对餐饮产品进行认知理解并长久记忆。所以一份制作精美完备的菜单,至少应具备菜单封面、菜名、说明文字、价格、重点推荐的特色菜及相应信息告知等六大部分。

### (一)菜单封面

封面是菜单的门面,也是餐饮企业的门面,是顾客第一眼获得的印象,设计精妙的菜单封面往往是餐饮企业的醒目标志,因此相当重要。

1.封面的图案

菜单封面设计包含了餐饮企业的标志和经营特色,给顾客最直接的联想,一看封面即可知道餐饮产品的风格。例如,中式餐厅,封面体现出更多的传统元素;西式餐厅,菜单封面体现出更多的西方文化色彩;茶餐厅,封面则体现出更多的静谧休闲的特点。

2.封面的色彩

菜单封面的色彩应与餐厅环境相匹配,色系搭配,色调协调,让顾客感受餐厅及用餐主题的整体性。例如:中式宴会餐厅菜单封面经常使用大红色系来体现团聚祥和,西餐厅菜单封面常使用冷色调来体现私密安静,快餐厅菜单封面常使用多种色彩搭配来吸引顾客,凸显菜品。

### (二)菜名

菜名是顾客对菜肴直接记忆并口口相传的文字符号,特别是顾客常常会通过菜名来判别该菜肴的味道、外观及用料,并对此寄予厚望,希望菜肴能名副其实,享受一顿美餐。

**1. 菜名要真实**

菜肴的名称和其品质应相一致,这是菜名的最基本要求。在此基础上进行美化,提升意境,但不能过于夸张,甚至离谱。留有适度想象空间的菜名给顾客以期许,相反故弄玄虚的菜名会"吓住"顾客,不被接受。

**2. 名实要相符**

菜名体现出来的食材、图片体现出来的样式与最终的成品应一致,尽管做不到绝对一致,但不可短斤缺两,差异过大。例如:菜单上体现出来的基本食材是马鲛鱼,餐厅就不能擅自改用其他品种的鱼来烹制菜肴;菜单体现出来的基本食材是新鲜果蔬,餐厅就不能提供冷冻或罐头食品。

**3. 文字要正确**

菜名的撰写须符合正确的通行文字形式,错字、白字会让顾客对餐饮产品的质量产生怀疑,尤其是西餐厅,必须特别注意避免将菜单中的字母文字搞错,避免拼写错误。有些餐厅使用鲜见的字体或者不易理解的词组,应加以说明,并名质相符,必要时餐饮服务人员应口头加以说明。

**4. 文字要易读**

菜品的名字应顺畅、朗朗上口,不给顾客生涩、难以发音表述的感觉,否则会使顾客怀疑菜品的口味。无论餐厅提供的是中文还是外文的菜单,应该让顾客方便阅读,尤其是外文菜单,除了要有顺畅的中文说明,最好也能提供外文原文加以对照,以示负责。

### (三)价格

菜单上必须明确列出每道菜的价格。一是让顾客在餐饮产品和价值两者之间进行衡量,是否值得选用此道菜肴;二是让顾客在点菜时,考量自己的消费预算,以免发生不愉快的窘境;三是价格是餐饮企业收取费用的依据,因此价格的确定在参照成本、经营费用、税收等一系列的因素进行拟定的同时,还必须符合国家价格法律规范的规定。

### (四)说明文字

菜单中的某些菜肴或是餐厅招牌菜,或是烹制程序繁杂,或是极富价值和特色,仅看菜名无法体会此菜肴的精髓,则可以通过文字进行叙述,帮助顾客更多地了解该菜肴。

**1. 菜肴烹制程序和烹制手法**

某些菜肴必须以独特的烹调方法制作完成,应该让客人明白其特殊的制作过程。

**2. 主要用料**

要注明主要食材的规格及使用部位,如肉类要注明是哪个部位哪种成色的肉。

3.调味用品

有些顾客对某类调味用品不喜欢或不适合,因此必须在菜单上加以说明使用何种调味品,如是否使用辣椒或特殊的佐料。

4.菜肴分量

顾客可依自己的食量大小,选择合适的用餐分量,以免造成不足或浪费的情形。

5.文化意境

有些具有文化底蕴或悠久历史的菜肴,有必要用明了的文字进行叙述,增强顾客的认同感,提升菜品的档次。

### (五)招牌菜、特色菜说明

菜单上应对餐厅的招牌菜或特色菜另作介绍,才能突出此道菜肴的含金量,增加销售量。

1.菜肴必须独有

招牌菜必须是该餐厅独特的菜肴,或选料独有,或口味独有,或烹制方法独有,这道菜的主要目的是使餐厅出名,众所皆知。

2.菜肴价格应适中

招牌菜的价格不能和普通菜肴一样,应保证其有较高的利润,既然是招牌菜,顾客心理上会认同其为价值较高的菜肴,但不能太贵,必须让绝大多数顾客皆能一饱口福,便于广为宣传。

### (六)相应信息告知

每张菜单都应该提供一些充分且必要的信息给顾客。这些信息包括餐厅的名称、地址、电话号码、营业时间、服务费及最低消费额等项目。

1.餐厅的名称

通常将餐厅的名字置于菜单的封面,以加深客人对餐厅的印象,期许客人再次莅临消费。

2.餐厅的地址

一般将餐厅的地址列在菜单的封底下方,让顾客明白餐厅的地理位置,有时还会将周边的相关建筑物一同标示出来。

3.电话号码

通常和餐厅的地址合并列出,方便顾客订餐或洽谈其他事宜。

4.营业时间

餐厅的营业时间常列在封面或封底,提醒客人注意餐厅的供餐时间。

5.服务费

如果餐厅必须对顾客加收服务费用,应该在菜单的内页上注明。例如在菜单里写上:

"所有项目均按定价再加收××成的服务费"。

### 6.最低消费额

最低消费额一般由餐厅自行订立,没有一定的标准,但必须符合行业规则并明示给顾客。

# 第二节  菜品的选择

菜单的基本内容是菜品,菜单里面呈现的菜品应能够满足市场需求,为餐饮企业带来利润。任何一个餐饮企业的菜单均不能一成不变,须按照市场走向、原材料价格、消费者兴趣等各种内外部环境的变化而变化,适时推陈出新,引领餐饮时尚,这是菜品选择的成功之道。

## 一、菜品选择的影响因素

### 1.市场需求

市场需求是影响菜品选择的首要因素之一。首先,市场需求总量决定了菜品选择的空间和菜品销售的数量。其次,市场需求的基本构成决定了菜品的组合和菜品特色。新的菜品要考虑到不同顾客的饮食习惯,并在此基础上进行合理的改进,才能做到满足大部分顾客的饮食需求。再次,市场需求的发展变化决定了菜品选择的灵活性和菜品的创新。顾客的口味总是不断变化的,如不同季节对时令菜消费需求的变化,不同区域对特色菜消费需求的变化,以及一些新的消费趋势下对诸如保健菜品、食疗菜品、绿色菜品消费需求的变化,这些在很大程度上决定了菜品选择必须具有灵活性,要不断创新菜品。

### 2.预期利润

当市场需求明确后,菜品选择就必须考虑预期利润了。一般情况下,菜品的预期利润就取决于对菜品原材料成本、加工成本的有效控制。因此,菜品加工的成本因素以及能否获取理想的预期利润,也就成为选择菜品的关键性因素了。一方面,餐饮企业只有在所选择的菜品有合适的预期利润时才能够确保经营的推进,特别是在市场竞争激烈时能够形成有利的价格空间和竞争优势。另一方面,菜品选择时如果不考虑合理的预期利润,则容易导致经营中各项服务水平降低和服务项目减少,甚至为节约成本而忽略产品质量。

### 3.技术水平

首先,菜品选择必定受到烹制技术的约束。菜品的定型,必须从原材料采购、粗精加工、烹饪等环节的操作要求出发,做到原料、辅料的选配、制作工艺及服务的整体衔接,逐步实现菜品质量的稳定成熟。其次,菜品选择也会受菜品加工和创新技术人才的约束。任何一种菜品都必须通过厨师的加工制作才能销售并满足消费需求。菜品选择必须与餐饮企业的烹任技术力量以及服务设施、服务人员的素质相适应,充分考虑厨师的技艺及创新人才状况,发挥自己的技术优势,才能体现特色,独创名牌。最后,菜品选择必然要受到外部政策的约束。在菜品选择时,既要考虑原材料来源是否符合国家相关法律规范的要求,如国家法律保护的某些名贵动植物、明令禁止的某些食品添加剂或不安全食品,又要考虑菜品在加工过程中和消费时对自然生态环境的影响。

## 二、菜单分析

进行菜品选择前,需要对菜单进行分析。菜单分析就是对菜单上各种菜品的销售情况进行调查,首先分析哪些菜品顾客最欢迎,用顾客欢迎指数来表示,其次分析哪些菜盈利最大(一般来说价格越高的菜毛利额越大),以菜品的销售额指数来表示。

菜单上通常将相类似的菜归为一类,同类菜品之间存在替代性,即顾客为了做到菜品的搭配,经常是不过多地重复选择同类菜品,如选择了松鼠鱼,就很少再选择酸菜鱼;选择了铁板牛柳,就很少再选择铁板腰花。所以在分析菜单时,先要将菜单的菜品按不同类别归类,对具有替代性的同类菜品进行分析(如表 3-1 所示)。

表 3-1 5 种煲类菜品的各项评价指标      单位:元

| 菜品 | 销售额（元） | 价格（元） | 销售份数 | 销售数百分比（%） | 顾客欢迎指数[①] | 销售额百分比（%） | 销售额指数[②] | 结论 |
|---|---|---|---|---|---|---|---|---|
| 豆腐煲 | 360 | 12 | 30 | 13 | 0.65 | 6.5 | 0.3 | 不畅销利润低 |
| 鱼煲 | 900 | 15 | 60 | 26 | 1.3 | 16.1 | 0.8 | 畅销利润低 |
| 三鲜丸子煲 | 480 | 24 | 20 | 9 | 0.45 | 8.6 | 0.4 | 不畅销利润低 |
| 野生菌鸡汤煲 | 2400 | 30 | 80 | 35 | 1.75 | 43 | 2.2 | 畅销利润高 |
| 药参滋补煲 | 1440 | 36 | 40 | 17 | 0.85 | 25.8 | 1.3 | 不畅销利润高 |
| 总计 | 5580 | | 230 | 平均 20 | 平均 1 | 平均 20 | | |

注:①顾客欢迎指数＝某类菜销售数百分比／同类各菜平均应销售数百分比(同类各菜平均应销售数百分比＝100%／该类菜品总数)。②销售额指数＝某类菜销售额百分比／同类各菜平均应销售额百分比。

从表 3-1 中可以看出,顾客欢迎指数超过 1 说明是顾客喜欢的菜,超过得越多,越受欢迎。同时,仅分析菜品的顾客欢迎指数还不够,还要对菜品的盈利进行分析。畅销、利润高的菜既受顾客欢迎又有盈利,是餐厅的盈利项目,在计划菜品时应该保留。畅销、利润低的菜,一般可用于薄利多销的促销餐饮项目中,如果盈利不是太低而顾客又较欢迎,可以保留,使之起到吸引顾客到餐厅就餐的作用,顾客进了餐厅就还会点别的菜,所以这样的畅销菜有时甚至赔一点也值得。但盈利很低而又十分畅销的菜也可能会转移顾客的注意力,挤掉那些盈利大的菜品的生意,因此这些菜明显地影响盈利高的菜品的销售,就应果断的取消这些菜。不畅销、利润高的菜可用来迎合一些愿意支付高价的客人,高价菜利润大,如果不是太不畅销的话可以保留,但是如果销售量太小,会使菜单失去吸引力,以在较长时间内销售量一直很小的菜应该取消。

## 三、菜品选择的原则

### 1. 需求导向原则

任何餐饮企业都不会具备同时满足所有消费者需求的能力与条件,这就要求坚持以需求为导向,认真研究和深入分析消费者需求,把握消费需求的变化发展规律,并以此指导菜品选择。

### 2. 创造特色原则

日趋激烈的餐饮竞争,要求企业的餐饮产品区别于其他餐饮企业,树立起鲜明独特的形象。这就要求充分认识餐饮经营规律,在菜品选择上尽量反映本店特色,体现制作技艺,创造餐饮经营菜品的特色。

### 3. 成本核算原则

菜品选择必须充分掌握各种原料的供应情况,尽量使用容易取得的、供应充足的食品原料和配料。还要充分考虑发挥企业菜品加工的设施设备等资源,有利于节约成本。

### 4. 定期更换原则

为了使顾客保持对菜单的兴趣,菜单上的品种应经常更换,这对老顾客、回头客尤为重要。菜品更换应根据季节变换补充一些新鲜的时令菜,换掉一些落市的菜品,尽量补上新产品。所谓新产品有3种:一是过去不存在的产品;二是过去虽有但又经过改进的菜;三是曾有但被遗忘而又重新出售的产品。餐饮工作人员要注意学习其他餐厅的新式菜品,加以改进,补充到自己的菜单里面。

### 5. 便利服务原则

菜品选择必须能为餐饮服务提供便利。现代餐饮服务要求体现规范和效率。选择的菜品必须在菜名、菜品制作、菜品营销推广、菜品消费服务等相关设备、器具等方面统筹安排,有助于以菜品为核心建立系统化的高效的餐饮服务体系。

### 6. 技术适应原则

在计划菜品时,必须考虑本餐厅的厨师有什么特长,选择能够发挥其特长而不选其力不能及的菜。同时,还需考虑厨师烹制技术的适应过程。针对对新技术适应能力强的厨师可计划安排一些难度系数大的新菜品。

# 第三节 菜单的定价及策略

菜单的价格直接影响顾客的购买行为，从而决定餐厅的客源。另外，菜单价格的高低还决定了菜单产品的成本结构和企业的成本控制，所以，菜单的定价对企业的经营效益有着非常深远的影响。

## 一、菜单定价的依据

一道菜的完成，通常由餐饮材料成本、营业费用、财务费用、营业税金和经营利润等五个项目构成。

1. 餐饮材料成本

餐饮产品一定要经过购买原始材料这道手续，还要将材料加工后，才能进行生产。食品饮料的材料成本是餐饮产品价格中最主要的组成部分，所占的比例相当大。例如购进的鱼、肉、家禽、水果、蔬菜、粮食、米、油、盐、酱、醋等原材料、调味配料及各种酒水等，这些购进材料的成本称为营业成本，是经营餐厅最基本的部分。以目前一般的情况分析，餐厅的层次水准与食物材料成本率呈反向变动，即餐厅层次越高，食物材料成本率就越低，也即利润就越高。

2. 营业费用

菜单产品在定价时，应考虑营业费用。所谓营业费用即经营一家餐厅所需的一切支出费用(上述餐饮材料成本除外)，其通常包括：

(1)劳务费，包括员工的薪水、津贴、职务奖金、加班费及顾问报酬费等。

(2)折旧费，包括一切资产设备的折旧费用。

(3)维修费，指保养及维护一切设备所用的材料和费用。

(4)水电费，包括一切水费及电费。

(5)燃料费，指餐厅使用煤气或其他燃料的费用。

(6)洗涤费，指餐厅对于餐巾、桌布及员工服装送洗的支出费用。

(7)广告费，指为了推销餐厅饮食产品所支出的广告费用。

(8)办公用品费，指日常办公所需的用品费用支出。

(9)各式餐具费。餐厅需要花费部分经费购买碗盘、杯子、汤筷及其他器皿。

(10)其他杂项支出，如邮费、书报费、交际应酬费、运费等。

营业费用中最重要的应属劳务费用，常涉及员工的薪资、员工的福利、员工的服装及员工餐费等四项。

### 3.财务费用

财务费用包括银行费用及贷款利息。企业难免因经营需要而向银行贷款,那么就要依照规定支付相应的利息,因此,在制定菜单价格时,应把这项费用也估计在内。

### 4.营业税费

餐饮产品的定价除了营业成本和营业费用外,还要包括企业应承担的税金和其他收费,大致有营业税、所得税、教育附加费等,其中营业税是餐饮企业税收中最重要的部分。

### 5.经营利润

绝大部分餐饮企业均以营利为主要目的,期待能获得最大利润。然而,这并不是指在制定菜单价格时,另外加上非常大的利润所得到的售价就是最好的。高利润固然是好,但同时也要顾及客人的接受程度和其他各种因素。一般而言,根据调查而呈现的是价格会与销售量成反比,因此在确定预期利润税时需要考虑到多方面的因素。

## 二、影响菜单定价的因素

餐饮产品的构成因素包括食物原料及其他各种外在因素。因此,在制定价格的时候,应将材料成本、人事费用、场地租金等有形成本计算在内。总的来说,影响菜单的定价因素,可以归纳为以下四项。

### 1.成本和费用因素

成本和费用是确定菜单价格的两个重要因素,所以应该重视餐饮成本和费用的特性,注意成本和费用变动的市场因素,以及探索降低成本和费用的方法,使菜单价格更具竞争优势。

餐饮成本和费用具有两个特性。第一个特性是固定成本低,而变动成本高;另一个特性是不可控制成本低,而可控制成本高。

(1)固定成本,指随着产品销售数量的变动,而其总量不变的成本,如折旧费、修理费及劳务费用等,即使销售数量受到变化,其总量仍保持不变。

(2)变动成本,指总额随着产品销售数量的增加而呈现正比递增的成本,如食物材料成本、水电费、燃料费、营业用品所需费用等,其中一部分随销售数量变动而产生变化。

(3)不可控制成本,指食物材料成本及营业费用中的折旧和修理费,是企业没有办法控制的。

(4)可控制成本,企业可针对采购、验收、储存等环节进行优化,将这部分成本控制在一定程度。

### 2.同业竞争因素

餐饮业的市场竞争非常激烈,从业者常面临在同一地区内有同等级或相似产品存在的巨大挑战,这种情形充分显现了餐饮业产品生产技术较简单、可替代性高、容易模仿等特性。因此,餐饮业者必须分析餐厅菜色的竞争态势,研究菜单产品所处的地位,所谓"知己知彼,百战百胜",如此才能在极具竞争的环境下生存并战胜同行。

3.顾客心理因素

按照价格心理学的理论,企业可以通过数字策略的运用,来增强顾客对产品的购买欲望。最常见的例子便是百货商店的商品标价,常以 99 元的标价方式呈现,比定价百元的整数更令人心动。所以善用顾客的心理状态,常是制胜的最佳秘密武器。在评估顾客的心理因素时,应注意顾客对产品的支付能力及顾客对菜肴的接受程度,并分析顾客的用餐目的及其他因素。

(1)考虑顾客对产品的支付能力。

(2)评估顾客对菜肴及附加价值的接受程度。如餐饮产品价格与品质高低的关系,付高额金钱以追求体面和隆重。

(3)分析顾客外出用餐的频率。如经常外出用餐者,多不愿意支付过高的价格;长期出差而住宿者,对餐饮产品的消费能力一般不作要求。

(4)顾客的付款方式。如以信用卡付款者,由于不直接付现,故对价格的敏感度较低,所以针对此类顾客,不必过分强调"物美价廉";住宿于饭店内并在该饭店的餐厅内用餐而签账者,因强调享受饭店的用餐气氛和舒适环境,所以愿意付出较高的代价以换取美好的一餐。

4.其他因素

餐饮食物的价格策略与其他产品一样,都要受到社会上各种不可控因素的影响,而产生或多或少的变化。如经济发展或者衰退、自然灾害、社会异常现象等。

## 三、常见的定价策略

定价策略对于所有企业的经营来说都是非常重要的。不懂得定价就不懂得经营。制定科学的定价策略是实现企业盈利的关键。

### (一)以成本为基础的定价策略

这种定价策略是依据餐饮成本来制定销售策略。常用的方法有成本加成定价法和目标收益率定价法。

成本加成定价法是按餐饮产品单位成本加上一定比例的利润来制定产品价格的方法。大多数企业是按成本利润率来确定所加利润的大小的,即

价格＝单位成本＋单位成本×成本利润率＝单位成本(1＋成本利润率)

目标收益率定价法是在成本的基础上,按照目标收益率的高低来计算价格的方法,即

价格＝(总成本＋目标利润)/预计销售量

目标收益率定价法的优点是可以保证企业既定目标利润的实现。这种方法一般是用于

在市场上具有一定影响力、市场占有率较高或具有垄断性质的企业。其缺点是只从卖方的利益出发，没有考虑竞争因素和市场需求的情况。

### （二）以需求为基础的定价策略

这种定价策略是根据顾客对餐饮产品价值的需求程度和认知水准来确定售价，常用的有主观印象定价法和需求差异定价法。

主观印象定价法是企业以顾客对产品价值的主观印象和理解度为定价依据，运用各种营销策略手段，影响顾客对产品价值的认知，形成对企业有利的价值观念，再根据顾客心目中的价值来制定价格的方法。

运用这种方法，企业如果过高地估计顾客的主观印象，其价格就可能过高，难以达到应有的销量；反之，若企业低估了顾客的主观印象，其定价就可能低于应有水平，使企业收入减少。因此，企业首先必须通过广泛的市场调研，了解顾客的需求偏好，根据产品的质量、档次、品牌、服务等要素，判定顾客对餐饮产品的理解价值，制定初始价格。然后，在初始价格下，预测可能的销量，分析目标成本和销售收入。在比较成本与收入、销量与价格的基础上，确定该定价方案的可行性，并制定最终价格。

需求差异定价法，又称差别定价法，是指根据销售的对象、时间、地点的不同而产生的需求差异，对相同的产品采用不同价格的定价方法。即顾客在消费产品时所预料的、情愿付出的价格与市场实际价格之间的差额使企业的盈利达到最大化。通常情况下，一个顾客实际付出的价格，不会高于他愿意支付的价格，这样，对同一商品，不同顾客愿意支付的价格是不同的。所以经营者应针对这种需求差异，采用多种价格，实现顾客的不同满足感，从而尽可能多地获取企业的利润。

### （三）餐饮新产品的定价策略

#### 1. 市场暴利价格策略

这种策略指餐饮企业在开发新产品时，将价格定得较高，以牟取暴利。当别的竞争者也推出同样产品而顾客开始拒绝高价时再降价。市场暴利价格政策往往在经历一段时间后要逐步降价。这项价格政策适用于开发需要投资量大、菜品独特性大、竞争者难以模仿的新产品，而且目标顾客对价格敏感度要小。采取这种政策能在短期内获取尽可能大的利润，尽快收回投资资本。但是，由于这种价格政策能使企业获取暴利，因而会很快吸引竞争者，产生激烈的竞争，从而导致餐厅菜品价格下降。

#### 2. 市场渗透价格策略

市场渗透价格策略是指餐厅在新产品一开发时将价格定得较低，目的是为了使新产品迅速地被顾客接受，能迅速打开和扩大市场，尽早在市场上取得领先地位。餐饮企业由于获利低而能有效地防止竞争对手挤入市场，使自己长期占领市场。市场渗透策略适用于菜品竞争性大而且容易模仿，但目标顾客需要的价格弹性大的新菜品。

3.短期优惠价格策略

许多餐饮企业在开发新菜品时,暂时降低价格使新菜品迅速投入市场,为顾客所了解。短期优惠价格与市场渗透价格策略不同,该策略是在菜品的推广阶段结束后就提高价格。

### (四)餐饮折扣的优惠策略

1.折扣优惠策略

折扣定价策略完全是利用顾客乐于享受各种优惠待遇的心理需求而制定的。在实际操作中,折扣定价策略包含了真实折扣和虚假折扣两种形式。真实折扣是经营者在原有菜肴价格的基础上给消费者实在的优惠比例,使客人在购买此菜肴时比原来便宜。而虚假的折扣是经营者用打折来吸引消费者,先提价再折扣,保持折扣后的价格水平与原来核定的真实价格水平基本相当。由于消费者对此并不知情,所以无论真实折扣还是虚假折扣,都具有一定的吸引力,当然虚假折扣的前提是不违背国家关于《反不正当竞争法》的规定。

在具体的运用中,餐饮企业还实行一次性折扣和累计性折扣两种方式。比如:凡一次性消费500元以上给予5%的折扣优惠、1000元以上给予10%的折扣优惠、2000元以上给予15%的折扣优惠。再如:每预订12桌600元以上的婚宴,将只收取11桌的费用。这就是一次性折扣。而累计性折扣如:凡累计消费1000元以上给予5%的折扣优惠、2000元以上给予10%的折扣优惠。再如:凡累计消费次数3次以上给予5%的折扣优惠、累计消费次数5次以上给予10%的折扣优惠、累计消费次数10次后可免费就餐一次(金额300元以内)。

其实折扣的方法很多,远不止这些手段,实际操作中还可以采用回赠优惠券、免去餐费零头、发放实物礼品、赠送菜肴、免费享受特价菜等做法来吸引顾客。

2.清淡时段优惠定价策略

时段定价策略是根据顾客就餐的不同季节、日期、时间等采取不同层次的优惠价格策略,包含的内容主要有季节优惠、周末优惠、时间优惠等。比如以一天的不同时段为单位进行的优惠酬宾活动,例如:

中午自助餐(上午11:00至下午3:00):××款菜品任选,成人33元、儿童25元;

下午茶自助餐(下午2:00至下午5:00):所有点心任选,成人20元、儿童15元;

晚上自助餐(晚上6:00至晚上12:00):××款菜品任选,成人68元、儿童48元;

夜宵自助餐(晚上9:00至深夜1:00):××款菜品任选,成人58元、儿童38元。

再如:以周末时段进行的优惠酬宾。

××大酒店由6月3日起,逢星期五、六、日,晚上9:30到午夜12:00,中餐厅供应丰富中式夜宵自助餐,每位只需98元(原价118元)。另可特价20元享用××牌啤酒3罐。

时段性优惠一般多用于生意较好的餐厅,这种做法既可以将餐厅的利用率大大地提高,将顾客分流,使较冷清的时间段被充分利用,同时又能调节菜式结构,保证每日菜肴新鲜而优质。

**3.常客优惠定价策略**

餐厅应该好好把握住老顾客、回头客,可运用累积数量的方法,吸引顾客继续上门。折扣的幅度可视常客光顾的次数和消费数额而定。

**4.地点优惠定价策略**

地点定价策略是一种按地点定价的优惠策略,也叫分价消费,即把包厢和大堂的消费价格分开,店堂与外卖的消费价格分开。

这种定价策略是经营者考虑到顾客的消费能力及消费的环境而采取的手段,因此把大堂与包厢的消费价格分开。例如:大堂往往是饭店的一块"鸡肋"——不设够不上档次,会失去婚宴这块市场;设了,多数时候没生意。如果用大排档的消费价格去经营大堂,容易赢得更多的大众顾客,而用星级饭店的消费价格去经营包厢,则能争夺高档的消费群。由于目前多数饭店的高档消费者注重消费的私密性,无所谓价格的贵贱,重要的是包厢消费是否具备优质的服务和典雅的环境。

**5.团体优惠定价策略**

同样采用"以量定价"的方法。销售的数量多将会降低单位餐饮成本,故有降低价格的空间。

### (五)以竞争为中心的定价策略

此法需要密切注意及追随竞争者的价格,而不是单纯考虑成本及需求与定价之间的关联。使用时可先考虑需求与成本后,再与竞争者的价格比较,在此基础上制定出自己的价格。

**1.追随同行业策略**

餐饮市场是一种既定的市场,市场的供求关系在动态中趋于平衡,因此,在供与求之间,有一个相对较稳定的价格结构。这一价格结构是集体智慧的结晶,大多数企业都有利可图,同时,也是顾客可以接受的。例如同是一盘"沸腾鱼",大家都卖16元,你就没有必要去卖14元,因为消费者认为16元的价格比较合适。如果你要卖18元,消费者就会认为你的"沸腾鱼"贵而不去消费。只有那些具有特色、不可替代的产品,才可能以高价出售。因此,对于一般的餐饮企业只能随行就市,人家卖多少钱我也卖多少钱,这是一种最简单的定价策略,只要将同行的菜价作为自己的定价标准就可以了。这种定价策略经营起来风险小,但缺乏竞争力度。一般小型独立餐厅选用此法较多,它们因无足够的资金与技术力量,而以市场上同类产品的价格为定价的依据,跟随竞争者定价。其优点是过程简单,顾客已经接受,不需较多的人力,与同行关系协调;缺点是缺少新意,竞争者较多。

**2.追随高定价策略**

使用此方法的餐饮产品应以品质来取胜,适合讲究服务的高级餐厅,如七星级酒店、高档的餐饮会所等。

### 3.同质低价策略

这实际上是薄利多销的策略。该策略下的餐饮产品仍需维持一定的品质,否则将缺少竞争力,慢慢会被市场淘汰。

# 第四节　菜单的制作

## 一、菜单制作的目标

良好的菜单设计制作,除了要满足客人的需求之外,更要让餐厅产生最大的经济效益。因此,菜单制作必须满足下列条件。

1.具有广告性

菜单是餐厅装饰的一部分,代表着餐厅的气质与格调,同时具有广告的作用。

2.具有号召力

通过设计精美的菜单,来引起客人品尝美味佳肴的欲望。

3.具有宣传效果

菜单是餐厅最重要的商品目录,更是无言的推销人员。

4.内容简要明了

菜单内容要简单明确,不可对客人点菜造成困扰,以免影响菜肴的销售能力。

5.应随季节而变化

菜单上各类食品组合,既要能保持菜肴的特性,也要随季节变化而作调整。

6.分类要依序排列

菜肴分类要有次序,并能展现菜单结构的整体性。

7.要保持整洁美观

保持菜单的干净与美观,有助于形成良好的就餐氛围。

## 二、菜单的格式

菜单的规格和样式大小应能达到顾客点菜所需的视觉效果。除了满足顾客视觉艺术上的需求外,经营者对于菜单尺寸的大小、插页的多少及纸张的折叠选择等,也不可掉以轻心。

### (一)尺寸大小

餐厅对于菜单尺寸的大小应谨慎选择,以免对顾客造成不必要的麻烦与困扰。

1.尺寸适中

菜单如果尺寸太大,会让客人拿起来不舒适;如果尺寸太小,会造成篇幅不够或显得拥挤。

2.尺寸标准

一般来讲,菜单最理想尺寸为 23cm×30cm。

3.其他尺寸

下列尺寸应用范围十分广泛。

小型:15cm×27cm 或 15.5cm×24cm。

中型:16.5cm×28cm 或 17cm×35cm。

大型:19cm×40cm。

## (二)插页张数

餐厅可利用插页或其他辅助文字来促销特定的食物及饮料,借此刺激产品的销售量。但应注意两点:

1.插页不宜过多

插页页数如果太多,会使客人眼花缭乱,阅读不方便,还会增加点菜时间。

2.插页不宜过少

插页页数如果太少,会造成菜单分类不清,不易阅读。

## (三)纸张折叠

菜单经由折叠后会显得美观,并达到使成客人阅读方便的目的。

菜单折叠后要保持一定的空白,一般以底部留白最为理想。

# 三、菜单封面

封面是菜单最重要的门面,尽量使其色彩丰富又漂亮实惠。

## (一)封面成本

套印在封面上的颜色种类愈多,封面的成本就愈高。

1.低成本封面

(1)方法:最节省的封面设计是在有色底纸上再套印上一种颜色,如白色或淡色底纸上套印黑色、蓝色或红色。

(2)目的:降低成本。

2.高成本封面

(1)方法:在有色底纸上套印两色、三色或四色。

(2)目的:形成鲜艳丰富的图样。

## （二）封面图案

菜单封面的图案必须符合餐厅经营的特色和风格，使顾客通过封面的图样便能了解餐厅的特性与服务方式。例如：

(1)古典式餐厅，菜单封面上的艺术装饰要反映出古典色彩。

(2)俱乐部餐厅，菜单封面应具有时代色彩，最好能展现当代流行风格。

(3)主题性餐厅，菜单封面应强调餐厅的主要特色。

(4)连锁经营性餐厅，菜单封面应该放置餐厅的一贯服务标记，借此得到顾客的肯定与支持。

## （三）封面色彩

封面的设计必须具有吸引力，这样才易引起顾客的关注，所以善用色彩是制胜的主要利器。

1.色调和谐

菜单封面的色彩要与餐厅的室内装潢相互辉映、互相调和。

2.色系相近

菜单置于餐桌上并分散在客人的手中，其色彩要跟餐厅环境的整体感觉相近，自成一个体系。

3.色系相反

亦可使用强烈的对比色系，使其相映成趣，增添不同的风格。

## （四）封面维护

为了协助顾客点菜，菜单的使用频率很高，容易造成毁损和破坏，常常要更换新的菜单，致使餐厅的营业费用增加。做好各种维护工作，可以有效保护菜单，降低餐厅成本。

1.维护方法

将菜单封面加以特殊处理，例如采用书套或覆膜等方式，维护封面的整洁，使水和油渍不易留下痕迹，且四周不易卷曲。

2.慎选材质

选择合适的纸质作为菜单封面用纸，以确保整体的美观与耐用。

3.菜单存放

菜单的存放位置应保持清净干燥，才能延长菜单的使用年限。

4.人人有责

服务人员和客人的手与菜单接触最频繁，应尽量避免沾上水渍和油污，否则再精美的菜单，一旦弄脏了便会失去其价值。

## 四、菜单文字

菜单必须借文字向顾客传递信息。一份具有详尽文字介绍的菜单,会让人产生往下翻阅的冲动,进而达成促销的目的。菜单的文字部分主要分为下列三类。

1. 食品名称

餐厅内每项菜品的名称应该清楚明确,才能达到双向沟通的效果。

(1)菜品名称应该一目了然。

(2)菜品命名要确切。

(3)菜品名称应该清楚,让客人明白易懂。

(4)不同的菜品名称会引起人们不同的联想。

2. 叙述性介绍

对于掌厨的厨师或餐饮负责人而言,所有菜单上的名称可说是一目了然,但对顾客来说,除非他已学过这些不常使用的专业词句,否则就需要有人从旁解说,因此菜单上的介绍性文字是不可避免的。

(1)叙述性的文字介绍可以帮助顾客了解菜单内容。

(2)文字介绍通常可增加菜品的趣味性。

(3)文字叙述有助于提高菜品的销售价值。

(4)叙述性介绍能激发人们对菜品的想象。

(5)作为文字介绍的词语必须贴切、合宜。

3. 餐厅本身的宣传

餐厅可以借由菜单上文字的陈述,达到自我宣传的目的,比如可以宣传优质的服务和精湛的烹调技术等。

(1)餐厅可将菜单与地方特色相结合,借此建立优良的形象。

(2)餐厅可借由菜单上文字的陈述,进一步宣扬餐厅的特色名菜。

(3)餐厅可在菜单内陈述自身的历史和服务性质,传递良好的口碑与品质。

(4)餐厅装潢应与菜单的设计相互辉映,起到扩大知名度的功用。

(5)餐厅也可利用特殊的地理位置促销美食佳肴。

## 五、菜单字体选择

菜单的首要任务是做餐厅服务人员与顾客间的沟通桥梁,所以字体选择的主要原则就是要能达成这种沟通作用。一般而言,字体选择必须注意以下几点。

1. 字体尺寸

(1)菜单上的字体一定要够大且醒目明确。

(2)可同时采用大写和小写字体,以强调某些特殊的部分。

2.字体样式

菜单的标题和次标题应有所区别,可用不同字体。浅色纸张宜用黑色字体或彩色字体。

3.字体风格

(1)字体的风格应与餐厅整体气氛相吻合。

(2)按照餐厅的供餐性质,编排合适的菜单字体。

(3)慎用古怪字体和花哨字体。

# 六、菜单用纸的选择

设计菜单时,必须选择合适的纸质,因为纸张品质的好坏与文字编排、美工装饰一样,会影响菜单设计质量的优劣。

## (一)菜单用纸的种类

目前市面上所见到的菜单,主要采用的纸张类型有下列四种。

1.特种纸

(1)色泽:特种纸有各式各样的颜色。

(2)质地:质地粗糙或光滑。

(3)成本:特种纸的成本非常昂贵。

(4)效果:菜单显得典雅有价值。

(5)用途:高级饭店常选用此种纸张来印制菜单。

2.凸版纸

(1)材质:即新闻报纸的用纸。

(2)成本:凸版纸的成本低廉。

(3)用途:印制在凸版纸上的菜单仅限于使用一次。

3.铜版纸

(1)型号:铜版纸可以分为各种不同的型号。

(2)质地:较厚的铜版纸称为铜西卡。

(3)成本:铜版纸的成本比凸版纸高。

(4)效果:覆膜后的铜版纸非常光滑,显得格外精致。

4.模造纸

(1)型号:模造纸亦可分为各种不同的型号。

(2)质地:质地较薄,最常用来印制信纸。

(3)成本:模造纸的成本廉价。

(4)效果:使用模造纸所印制的菜单不耐用。

(5)用途:因模造纸过于单薄,所以可制作广告单邮寄给消费者。

## (二)每日更换的菜单

(1)纸张磅数轻薄

菜单若是每日更换,则可选用较薄的轻磅纸,如普通的模造纸、铜版纸。

(2)菜单不必覆膜

每日更换的菜单,不需要覆膜,客人用完即可丢弃。例如麦当劳的菜单置于餐盘上客人用餐完毕后就可以做即时处理。

(3)纪念性的菜单

纪念性菜单亦可使用轻薄型的纸张,如宴会菜单常被客人带走以资留念。

(4)不必考虑污渍

每日更换的菜单无须考虑纸张是否容易遭受油污或水渍。

(5)不必顾虑破损

每日更换的菜单没有拉破撕裂问题,可以随时补充或报废。

## (三)长期使用的菜单

(1)纸张磅数厚重

菜单若是长期使用,则应选用磅数较厚的纸张,如高级的铜版纸或特种纸。

(2)菜单可以覆膜

纸张要厚并覆膜,才能经得起客人多次周转传递,进而达到反复使用的目的。

(3)污渍不易沾上

经过覆膜的菜单具有防水耐污的特性,即使沾上污渍,只要用湿布一擦即可去除。

(4)纸质交叉使用

作为长期使用的菜单,其制作费用高昂,为降低成本,菜单不必完全印在同一种纸质上。封面可采用较厚的防水铜版纸,内页选用较薄的模造纸,插页使用价格低廉的一般用纸,因为插页的更换频率最高。

【思考题】

1.菜单有哪些基本内容?

2.对同类菜品如何进行分析?

3.影响菜品定价的因素有哪些?试举例说明

4.菜单的封面该如何维护?

5.菜单制作中该如何选择纸张?

# 第四章　中餐服务程序及服务质量标准

**学习目标**

1. 了解并熟练掌握中餐零点服务程序的各个环节

2. 能够熟练操作完整的零点服务程序

3. 了解并熟练掌握中餐宴会服务程序的各个环节

4. 能够熟练操作完整的宴会服务程序

5. 了解和掌握早茶服务程序的要点

现代中餐服务形式,最具代表性的主要有三种,即零点服务、宴会服务和早茶服务,下面我们就这三种服务形式的程序加以阐述。

## 第一节　中餐零点服务程序

**【案例导入】**

许先生带着客户到北京某星级饭店的餐厅去吃烤鸭。这里的北京烤鸭很有名气,客人坐满了餐厅。由于没有预订,服务员将许先生引至一处空闲的桌子。入座后,许先生马上点菜。他一下就为 8 个人点了 3 只烤鸭、十几个菜,其中有一道清蒸鱼。由于忙碌,服务员忘了问客人要多大的鱼,就通知厨师去加工。不一会儿,一道道菜就陆续上桌了。客人们喝着酒水,品尝着鲜美的菜肴和烤鸭,颇为惬意。吃到最后,桌上仍有不少菜,但大家却已酒足饭饱。突然,同桌的小康想起还有一道清蒸鱼没有上桌,就忙催服务员快上。

鱼端上来了,大家都吃了一惊。好大的一条鱼啊,足有 3 斤重,这怎么吃得下呢?"小姐,谁让你做这么大一条鱼啊? 我们根本吃不下。"许先生用手推了推眼镜说道。"可您也没说要多大的呀?"服务员反问道。"你们在点菜时应该问清客人要多大的鱼,加工前还应让我们看一看。这条鱼太大,我们不要了,请退掉。"许先生毫不退让。"先生,实在对不起。如果这鱼您不要的话,餐厅要扣我的钱的,请您务必包涵。"服务员的口气软了下来。"这个菜的钱我们不能付,不行就去找你们经理来。"小康插话道。最后,服务员只好无奈地将鱼撤掉,并汇报领班,将鱼款划掉。

现代中餐服务的零点服务程序是在西餐零点服务程序的基础上加以发展,优化而成的。通常把顾客来到餐厅才临时点菜就餐的服务方式称为零点服务,也称为点菜服务、零餐服务、散席服务和散座服务。零点服务的随机性很强,顾客的需求也不尽相同,做好零点服务工作对酒店企业有非常重要的意义。

## 一、零点餐厅服务的特点及要求

### 1.随点随吃

每一个酒店零点餐厅的营业时间都比较长,顾客到达时间交错,就餐时间不统一,从营业开始到结束,任何顾客都可以随意进出,随意点餐。因此,服务员应根据顾客到达的次序及具体情况来安排餐桌,提供服务。在整个服务时间内,服务员要自始至终精神饱满、热情而又耐心地接待每一位顾客。

### 2.顾客各异

零点服务的对象根据自己不同的要求点菜。他们有着不同的就餐习惯、不同的口味爱好和不同的用餐需求。对于他们的消费需求心理,服务员事先一无所知,要使得每位顾客得到满意的服务,服务员应善于观察顾客的举止、语言,捕捉信息,根据顾客的需求心理提供服务。

### 3.多台多档

零点服务一般要求一个服务员服务多个餐台,每一餐台的顾客也不是同一时间来的,称之为"多台多档"。服务员要有较全面的服务知识和服务技巧,要眼观六路、耳听八方,做到接一、安二、招三、顾四,即接待第一批,安排第二批,招呼第三批,也要照顾到第四批。

### 4.付款

顾客在用餐完毕后才根据菜点和酒水的实际耗用数额进行结账,由一个人一次性付清账款。针对这一特点,一方面,服务员要有推销意识,要掌握适当的时机,以诱人的描述性语言向顾客推荐各式菜点、酒水,使宾客不仅能品尝到美味佳肴,同时也十分乐意掏钱付账。另一方面,当菜点上齐后,服务员应尽快结清账单,避免漏单,适时结账收款,并要注意付款方式,还要防止个别客人逃单。

## 二、零点服务程序

### 1.问候客人

礼貌服务一直被认为是服务行业最基本的要求,而微笑服务则又是礼貌服务最基本的表现。当客人出现在餐厅门口时,无论他(她)是否是来用餐的,都要及时礼貌地问候,这不仅代表了餐厅的形象和服务水准,而且是增加与客人的交流、得到客人信息最好的机会。

问候客人的程序如下:

(1)在客人来到餐厅门口时,迎上前去问候。

(2)以适当的语调问候客人:"××先生/女士(职位),您好(各位好),欢迎光临!"问候时应面带微笑。

(3)询问客人是否有预订,如"请问您有没有预订⋯⋯"

(4)如果客人已有预订,检查并核对客人预订记录及用餐人数,如"是××先生/女士订的×位⋯⋯"

(5)如果客人没有预订,则需询问客人用餐人数以及客人对餐桌的位置选择,比如,"请问您几位? 您喜欢吸烟区还是非吸烟区? 您喜欢靠窗还是⋯⋯"

注意,应事先清楚地了解餐厅内座位的状况,如哪些座位已有预订,吸烟区和非吸烟区的座位中有哪些是没有预订的,等等。

(6)问候客人时先问候走在前面的客人,同时兼顾问候其他客人。问候客人的工作通常由餐厅的迎宾员或是经理来负责。因为迎宾员掌握着客人的预订资料,这样更方便下一步的服务程序。

2.引领入座

当与客人核对了预订情况后,迎宾员应立即将客人引领至预先安排好的座位。如果客人没有预订,则应立即根据预订情况检查空余的餐桌是否符合客人的要求。

引领入座的程序如下:

(1)在客人确认是否有预约后带领客人步入餐厅。

(2)记住客人预订的位置或是按照客人要求安排的位置。

(3)引领客人时应走在客人前面,并保持3~4步的距离。

(4)注意引领时不要走得太快,要不时回头,保持侧身前行,确保与客人之间的距离。

(5)用左手或右手前伸,五指并拢来示意餐桌的方向,同时说"这边请⋯⋯"

(6)走到餐桌边,一边为客人拉出椅子,一边询问客人"这边可以吗?"以确认客人对餐桌是否满意。

(7)注意拉开椅子时应用双手握椅背,轻轻地向后拉开,至大约离桌边 20cm 左右的距离,以便让客人有足够的空间将腿伸入。

(8)示意并说"您请坐"。

(9)当客人完全站在餐桌前面,待客人弯腰的同时,用双手扶椅背,同时用单脚抵住椅腿慢慢向前推,使客人坐下的时候刚好将座椅推入。

(10)如果客人穿着大衣,要询问客人是否要将衣物挂起(在厅房中)或是存放到衣帽间。

(11)存放到衣帽间的衣物要提醒客人取出贵重物品,并在存放后将取衣牌交给客人。

引领入座的工作通常也是由迎宾员和餐厅经理负责的。通常引领客人到座位的几十秒钟是一个沟通和抢时间的好机会,一方面可以通过与客人的寒暄了解客人的需求情况,另一方面可以通知迎接的服务员和厨房及时做好准备。现在许多餐厅都会给迎宾员和餐厅各区域的负责人配备即时通话的对讲机,这样可以让迎宾员在引领客人时将客人的重要信息(如桌号和人数)传达给接待的服务员并及时通知厨房。

3. 上茶

茶水服务是中餐服务特别注重的一项内容。因为在中餐服务中,当客人来到时奉上一杯清香的茶是对客人的尊敬和礼貌,同时更是中华民族的待客之道。有些餐厅在客人入座后奉上的第一杯茶是免费的。一些高档餐厅因为提供高品质的茶叶则要收茶费,有按每位客人收费的,也有的按每壶茶来收费。茶水的服务程序如下:

(1)按客人所点的茶的品种拿取适量茶叶。

(2)将茶叶放入茶壶内,加入开水沏至茶壶的八成满。

(3)注意不要将水加得太满,否则服务员倒茶时茶水容易洒漏。而且不易斟倒。准备一个骨碟,在骨碟上垫上一块折叠成方形的餐巾,将茶壶放在餐巾上。

(5)用托盘将茶水托至服务台,然后左手托骨碟同时拇指扣住骨碟上的餐巾,右手握茶壶把在客人的右手边斟茶。

(6)注意斟茶时茶壶嘴不能碰到茶杯,应离开茶杯口约 1~2cm,也不宜太高,否则茶水会溅出。

(7)斟完茶后将热水添至八成满,将茶壶放在垫有餐巾的骨碟上,茶壶把应与客人呈45°,方便客人自己取用。斟茶实际上是有一定技巧的,斟茶时动作应迅速,否则茶水很容易沿壶嘴滴漏出来。

有许多地方风俗很注重茶壶嘴的朝向,很多人不喜欢见到茶壶嘴对着自己,这一点在服务斟茶时应特别注意。

4. 呈递菜单及饮料单

当客人入座、上完茶以后,便应该给客人呈送菜单了。在许多餐厅,上茶和送菜单几乎是在同一时间进行的。通常上茶由负责餐桌服务的员工负责,菜单则由迎宾员负责呈递。呈递菜单时应注意以下事项:

(1)呈递菜单前应保证菜单的清洁。

(2)拿菜单/饮料单时,用左手将菜单/饮料单夹在前臂。

(3)一桌客人通常要准备两本菜单。

(4)用右手从上方将菜单/饮料单打开,翻到第一页。

(5)从客人右边双手递上菜单,并说:"先生/女士,这是我们的菜单/饮料单。"

（6）向客人介绍餐厅特别推广的和特色菜肴，比如："先生/女士，这是我们的厨师精选/特别推广的菜肴。"

（7）呈递菜单时注意要先给女士。

（8）告知客人："先生/女士，我很快会回来为你们点餐。"致意后离开。有时为了避免菜单的遗失，将菜单的管理交给负责每个服务区的服务员来承担，这时服务程序便要做出相应的修改，即呈递菜单的工作将由服务员来完成。

5. 铺餐巾

为客人铺设餐巾，几乎与呈递菜单是同时进行的，一般会由呈递菜单的服务员（迎宾员）来完成。

铺餐巾的程序如下：

（1）站在客人座位后面的右边，右脚在前，稍跨入客人位子的中间。

（2）用右手从客人的右边拿起餐巾，用左手拿餐巾的一角，轻轻抖动餐巾使之自然垂下。

（3）然后用右手拿餐巾的对角，将餐巾对折成三角形。双手交叉，右手前伸，左手靠自己腹部，将餐巾轻铺在客人双膝上，餐巾三角形的边朝向客人，同时提醒客人"对不起，打扰一下……"

（5）注意铺餐巾时不要与客人发生不必要的接触。

许多中餐服务中，客人不愿意将餐巾铺在膝盖上，而是把它压在餐碟或是展示盘下面。主要原因是在中餐的用餐习惯中，喜欢站立敬酒，因此将餐巾铺在膝盖上便不太方便，而每次起身都要服务员重新整理餐巾也是很麻烦的工作。

6. 毛巾服务

毛巾在中餐服务中也称为香巾或小毛巾。一般的中餐在用餐过程中至少需要提供两道毛巾服务。一道是在客人入座以后呈送，以表示尊敬和欢迎。另一道则是在客人用完主食以后、结账之前呈送。一些高档的餐厅要求提供三道毛巾服务，除了上面所说的两道，另一道会在上汤菜（或鱼翅）之后呈送。因为传统意义上如果客人要在宴会上致辞通常会在这个时候安排。

毛巾服务的程序为：

（1）从毛巾箱内取出预先准备好的毛巾。

（2）将毛巾整齐地排放在托盘或是专用的毛巾篮里。

（3）用专用的毛巾夹夹取毛巾递给客人。通常毛巾从客人的左边递给客人，递上毛巾时应说"请用毛巾"。

（4）递毛巾时可以直接递到客人面前，如果客人不方便接，则应该将毛巾放在预先摆放在餐桌上的毛巾碟上。一般来说，现在给客人递送毛巾更多的是表示敬意，毛巾已经渐渐失去了原来擦脸的用途。许多餐厅会在夏天的时候向客人提供冰毛巾，而在冬天时则提供热毛巾,这是非常温馨的做法。

### 7.撤换餐具及摆台

在中餐的零点服务中,每张餐桌一般都按照餐厅的规定有预先固定的摆台方式。通常这会根据餐厅的接待状况来定。方桌(90cm×90cm)或是小圆桌(直径1m或1.2m)会摆放4个餐位,直径1.5m的圆桌则会摆放1~8个餐位,直径1.8m的标准圆桌则会摆放10个餐位。对于接受客人预订而预先安排的餐桌,可以按照预订人数进行调整,根据客人预订人数预先摆设,而对于未能事先预订的客人或是在客人到达用餐时临时增加或减少用餐人数时,就要求服务人员迅速做出反应,调整摆台和餐位数。

撤换或增加餐位的程序为:

(1)得到增加或减少用餐人数的信息后,首先增加或撤走餐椅,并将餐椅位置等距离排放整齐。

(2)如果是小方桌,撤位时可以不撤走餐椅。如果增加人数太多而餐桌太挤,可以建议客人换到另一个较大的餐桌。

(3)将餐椅均衡调整完毕后,准备需要增加的全套餐具。

(4)将需要增加的餐具放在最次要的餐位边,然后顺次挪移其他已摆放的餐具至正对餐椅的位置。同样,如果是撤位,也是从最次要的餐位开始撤走餐具。注意不要从主人、主陪和主宾、副宾的位置撤、加餐具。

(5)收餐位时要将酱油碟放在翅碗内。再将翅碗和筷架放在骨碟上,同时将筷子、勺子全套一起收走。添加餐位也一样,不必和西餐服务那样每件用具逐一摆放。

### 8.餐前小吃

餐前小吃在是中餐零点服务中常见的。提供餐前小吃服务的主要目的是让客人在用餐之前吃一些开胃食品,同时缓解等待上菜时的焦虑心情。

餐前小吃在口味上不能太重,要偏重于增加食欲而不能破坏味觉。餐前小吃通常在开餐前由厨房准备好交给备餐间负责打理。备餐间的员工在做准备工作时将这些开胃小菜逐份放入碟中(通常使用4.5英寸的圆碟),在客人入座后,在上茶的同时上到餐桌上。服务餐前小吃需要注意客人的就餐人数。对于有6~8人同时用餐的一张圆桌,一份餐前小吃肯定是不够的,所以餐厅一般都会规定在这种情况下应该上两份餐前小吃。

餐前小吃在端上餐桌时应摆放在餐桌的中央。如果是6~8人的圆桌则应对称地摆放在转盘的两边。

### 9.点饮料及饮料服务

中国的酒文化相当丰富,但其文化内涵不在于酒本身,而主要在于饮酒的习俗和礼节。这不同于西方的酒文化。在西餐的用餐过程中,既有开胃酒、餐后甜酒,又有配合不同口味菜式的佐餐葡萄酒。一般中餐的酒水(含酒精饮料或不含酒精饮料)在整个用餐过程中比较统一,通常是按每个人习惯选择一款软饮料和一款含酒精饮料,较少的情况下会同时选用几种不同种类的含酒精饮料。中餐常用的软饮料有含汽碳酸饮料(如可乐、雪碧)、果汁类饮料(如橙汁、西瓜汁、密瓜汁等鲜榨的或冰镇的果汁)、乳品类饮料(如酸奶、复合型乳品等)和矿泉水等。常用的含酒精饮料有白酒类(如茅台、五粮液)、黄酒类(如加饭酒、花雕)、葡萄酒类(如红葡萄酒、白葡萄酒)和啤酒等。

点饮料和服务饮料的程序为:

(1)呈递饮料单两三分钟后,回到客人餐桌边,询问客人是否可以点饮料。

(2)帮助客人点酒水,向客人作一些酒水的介绍。

(3)询问客人是否需要含酒精的饮料。

(4)依次记录下客人所点的饮料。

(5)重复客人所点的内容,并向客人致谢,示意后离开餐桌。

(6)将所点饮料内容输入点单机。

(7)到酒吧拿取客人所点的饮料,并依次放在托盘上。

(8)使用托盘将饮料托至客人餐桌边,注意用左手托盘,托盘应稍离开餐桌。

(9)依次将饮料斟入客人的饮料杯,斟酒时应将酒瓶的标签朝向客人。

(10)如果客人点了除啤酒以外的其他含酒精的饮料,则需要准备相应的白酒杯、加饭酒杯或是葡萄酒杯,点饮料时,可以先用点单记录下客人所点的饮料内容,然后再输入点菜系统。现在许多餐厅已经很少使用原始的手写入厨单的点单形式了。一些设备先进的餐厅会采用手掌式点单系统,在客人点单的同时直接输入点单内容,十分便捷。

10.点菜及上菜

对餐厅服务员来说,应该对餐厅的菜单内容、特点和基本知识了如指掌,同时必须清楚当天缺售和新推出的菜品,否则在点菜时便无法回答客人所提出的问题。

一个好的服务员会把握客人点菜的菜量,同时可以向客人建议一些餐厅的特色菜肴,使客人能有一个愉快的用餐经历。提醒客人某道菜烹饪时间会较长,或是告知客人某个菜的份量较多,这些都会获得客人的好感。

点菜及上菜的程序为:

(1)确认客人准备点菜后,走向客人的桌子前,准备好点菜本。

(2)引导客人先点冷菜,再点热菜和汤,主食可以在上菜以后再点,甜品则可以在客人用完餐后再点。

(3)点完冷菜后可以先将冷菜单送入厨房,让厨房先做准备。

(4)注意客人所点菜品的份量,如果太多要提醒客人。

(5)提醒客人注意菜品的搭配,一般来说一席菜中不要重复同样的原料。

(6)记下客人对菜品的特别要求(如不要辣)。

（7）重复客人所点的菜品，确保点单准确无误。

（8）向客人说明特别的菜品，比如菜品的烹饪时间较长等。

（9）客人点菜完毕后，向客人致谢并收回菜单，示意后离开餐桌。

（10）将客人所点菜品传入厨房（包括特别要求）。

（11）上菜时应先上冷菜，再上炒菜，然后是汤和其他热菜。

（12）上菜时应双手托菜，放上餐桌时报出菜名，如"宫保鸡丁，请慢用"。

（13）注意应选择从最次要的客人旁边上菜，不要从小孩旁边或越过小孩上菜。

（14）注意上菜时应将所配碟花的正面朝向主宾。

（15）上菜后应询问客人是否需要分菜，如果客人示意不需要分菜，则至少应该为客人分汤。

（16）核对每一道菜是否是客人所点的菜式。

（17）上完菜后应通知客人"您的菜已经上齐了"。

点完菜后，需要询问客人上菜的时间，这也是中餐服务中不同于西餐服务的地方，因为中餐的菜肴上桌后是由用餐者共同食用的。如果客人点完菜后还需要等其他的客人，则应该在送入厨房的信息中注明"叫菜"，意思即为等待服务员通知以后再上菜。

注意上菜时必须先上冷菜，这看起来是十分简单的要求，但在许多餐厅中未必能够做到，这是因为冷菜的准备时间较长，而最容易做的肯定是炒蔬菜，所以许多餐厅会在上菜的时候先上蔬菜，这就暴露了餐厅管理是存在问题的。

11.倒酱油、醋和撤筷套

客人点完菜后，在上菜之前，要为客人倒酱油或是醋。在传统的餐厅中一般只服务倒酱油，随着人们饮食习惯的健康化发展，多样化的选择成为一种趋势。

有些餐厅会在客人入座后不久便服务倒酱油或醋，我们建议还是在客人点完餐后再进行这道程序，因为这样客人就可以根据自己所点的菜品来选择是需要酱油还是醋了，当然也有的餐厅直接使用双格的调料碟，同时提供酱油和醋，这是更为人性化的服务。

倒酱油和醋的程序为：

（1）用托盘托酱油壶及醋壶至客人餐桌旁。

（2）在客人的右边，用右手示意"请问您是要酱油还是醋……"

（3）待客人确认后，拿起酱油碟放在托盘上，倒入酱油或醋

（4）倒酱油或醋时用右手拿起酱油（醋）壶，右手食指扣住壶盖，以免壶盖摔下或发出不必要的声音。

（5）注意不要倒得太多，一般盖过碟底少许即可。

（6）倒完酱油或醋后，用右手拇指及食指扣住酱油碟放回桌面原来位置处。

（7）依次服务下一位客人。

撤筷套的程序为：

(1)行至客人的右边。

(2)用右手拇指、食指及中指(食指及中指并排)拿起筷子,并转交至左手手心。

(3)左手握拳状轻夹筷套两边,使筷子从筷套口滑出三分之一。

(4)右手按住筷子下端,再用拇指、食指及中指扣住放回桌面筷架上。

**12.换骨碟**

对于不需要分菜的用餐过程,服务员应时刻关注客人用餐时使用的餐碟(骨碟)是否需要更换。一般来说,我们要求客人使用的骨碟应该时刻保持干净,不应留有残渣。

更换骨碟的程序为：

(1)取干净的铺有垫布的托盘。

(2)按照客人用餐的人数,从服务台取相应数量的骨碟放在托盘上。

(3)左手托盘,引至客人餐桌边,用右手从客人的右边撤走桌面上的骨碟,同时说"对不起,帮您换一下骨碟"。

(4)将撤下的骨碟放在托盘的一侧,然后从码放的骨碟中取一个干净的骨碟放回到餐桌上客人的面前。

(5)依次服务下一位客人,撤下骨碟时,可以将骨碟中的残渣倒在第一个骨碟中,而将其他撤下的骨碟码放起来。

**13.点主食**

服务员按照客人点菜的要求上菜以后,需要观察客人所点菜肴的搭配情况,询问客人是否需要相应的主食

中餐常用的主食包括米饭类(白米饭、炒饭、汤饭等)、粥类、粉类(如荷粉、米粉)、面食类(如面条、包子、馒头)、点心类(如糕点)等。

主食的搭配,可以根据客人所点的菜来决定。一般来说一席菜中已经有汤的,则不宜再推荐像汤面、粥类这样的主食,而菜式比较油腻的则可以推荐较清淡的主食。如果客人所点的菜比较容易下饭则白米饭会更适合用来做主食,当然这完全取决于客人的个人喜好。

一般来说,上第一道热菜的时候就应该询问客人是否要点主食了。有些客人会在用餐过半的时候才点主食,这时服务员要特别注意主食的烹饪时间,白米饭、粥类主食当然没有问题,而像需要煎、炸、烤的主食就应事先向客人说明烹饪的时间。

通常白米饭是按照每人份的饭碗出品的。在高档的餐厅是不会用大品锅来盛白米饭的。注意白米饭上桌时服务员不能碰到碗边,而应用拇指和中指、食指扣住碗身递至客人面前。

炒饭、面条、粉类等主食上桌时,报完菜名应询问客人是否需要分菜(饭)。一般情况下主食是必须提供分餐服务的。

如果客人点的是点心类的主食,服务员应事先提醒客人每份点心的数量,以免数量与用餐人数不符。

点主食的服务方法及程序与点菜方法基本相同。

14. 撤台

客人用完餐后,服务员应及时上前清理餐桌上的空碟和碗筷。用完的菜肴可以不必等到整个用餐过程结束才来清理,而应该及时将空碟撤离餐桌。

如果是人数较多的宴席,特别是像 10 人左右的零点服务。客人点菜数量较多时,菜肴上到餐桌上无法同时摆放时,服务员可以建议客人撤下吃剩的菜肴而换成小碟盛载,这样就能在餐桌(转盘)上留下较多的空间摆放所上的菜肴。

有些地方的风俗是喜欢见到餐桌上的菜肴重叠堆放,以表示主人的盛情款待,这在现代饮食习惯中已经越来越少见了,崇尚科学饮食、环保饮食已经成为中餐饮食文化的新内涵。

撤台时应首先询问客人是否已经用完餐,只有在客人示意的情况下才可以撤去菜肴和餐具。撤台的程序为:

(1)得到客人的同意,先将空的餐碟撤离餐桌。

(2)在撤下第一碟菜前询问客人是否要将剩余的菜打包,如果客人要打包剩菜,则根据客人的示意撤下需要打包的菜式先行打包。然后,逐步撤下其他菜碟。

(3)撤完餐碟后开始撤去客人面前的餐具。拿一个托盘,左手托盘,在客人的右边,用右手撤下骨碟,然后撤下酱油碟和翅碗。撤酱油碟时要用右手拇指和食指拿起酱油碟,然后将酱油碟放在翅碗内一起撤下,这样可以避免酱油碟中的酱油洒在客人身上。

(4)再撤下筷子和勺子、筷架。撤下筷子时用右手拇指、食指先拿起筷子,递入右手掌心,用其余三指扣住筷子,再用同样的方法收起银勺,最后拿起筷架。

(5)将撤下的器具分类摆在托盘上。

(6)依次撤去下一位客人的餐具。

(7)撤台时不必撤走餐桌上的酒杯,除非客人示意或是杯子已经空了。

15. 换茶

撤去所有餐具之后,应该重新为客人换一轮热茶。换热茶是对客人的尊重。很多时候在用餐完毕时客人的茶已经凉了,有些餐厅甚至在服务程序中明确规定当客人开始用餐时便要将客人入座时刚点的茶水撤掉,待用完餐后再上。

换茶的程序为:

(1)拿起茶壶,感觉茶壶内茶水还剩下多少。

(2)询问客人:"帮您换壶热茶好吗?"

(3)客人示意同意后将茶壶拿走。

(4)行至茶水间打开茶壶检查茶水的浓度,如果茶水够浓,可以倒掉一半茶水再重新添加热水。如果茶壶内茶水不多了,就可以直接在茶壶中加入热水。

(5)加完水后,再从服务台取与用餐人数相应的茶杯和茶底碟。

(6)行至客人餐桌边,从客人右边将茶杯收起。

(7)从托盘上取一套新茶杯放在客人面前,为客人斟茶并说"请用茶"。

(8)依次服务下一位客人。

(9)注意:如果客人人数太多,无法使用托盘依次服务所有客人的话。可以将茶杯成套放在托盘上,先在服务台上倒好热茶,然后直接将热茶端给客人,同时收回餐桌上原来的茶杯。

16. 点甜品及上甜品和水果

上完热茶,服务员可以向客人推荐餐厅的特色甜品,也有许多餐厅的甜品和水果都是赠送的。常见的甜品有糕点类(如美点双辉)、糖水类(如红豆沙、西米露)、西点类(如西式蛋糕、冰激凌)等。

点甜品的程序和点菜程序相同。上甜品时一般不需要像西餐那样先摆放餐具,因为中餐的甜品相对简单一些,有时也可能要用到筷子或叉子(用来吃蛋糕或是水果),筷子或叉子一般放在客人的右手边。

即使是许多小型餐厅也不会上整个的水果,一般水果的出品都是切好摆盘的,有的餐厅在上水果时会跟上一些牙签,表示"用牙签来吃水果"。我们不赞成这样的做法,吃水果应该使用甜品叉。

17. 上毛巾

上完甜品和水果以后,应该再上一道毛巾,这道毛巾方便客人在用完餐后擦手和嘴。有时用餐(宴会)的整个过程因为饮酒而比较热闹,上毛巾可以帮助客人醒酒。

18. 结账

完成整个服务程序后,便可以等待客人示意结账。在这段时间,服务员应该花点时间核对一下上菜内容和账单内容是否符合,避免结账时出现问题而引起客人的投诉。

通常在客人没有叫结账前,服务员不应该将账单递给客人。也有些特别繁忙的餐厅,会将打印好的账单预先摆放在客人的餐桌上,这在较大的酒店中较为少见,一般只有在早餐的时候才会将账单预先摆放在客人的餐桌上,因为这样能节约客人早餐的用餐时间。

结账时的服务程序如下:

(1)上完水果后,随时留意客人是否要结账。

(2)当客人示意结账时,点头微笑回应客人,表示已知道他们要结账。

(3)到收银台,报出桌号,拿到账单。

(4)检查账单上的桌号、内容及总金额是否正确。

(5)把账单放入账单夹内或放在银质托盘内,在账单夹内要有供客人签字的笔。

(6)走到客人面前,双手打开账单夹,用手示意账单的总金额,注意不能读出声来。

(7)如果客人以现金支付,则应按如下程序操作:

· 检查收到的现金数。

· 在账单的左下角写上收到的金额,并与客人核实。

· 把账单和现金放入账单夹并交给收银员来处理。

· 检查核对收银员交回的找零金额,并把它放在客人收据的上面。

· 将零钱交还给客人,交还零钱时应将账单夹打开出示给客人或直接放在客人面前。有的餐厅使用零钱袋的做法将找零和单据一起放在零钱袋中交还客人。

· 向客人表示感谢。

(8)如果客人使用挂房账的方法结账(表示客人为住店客人,此次餐厅的账将和客房的账一起在饭店的总服务台结账),则应按如下程序操作:

· 将笔递给客人。

· 请客人填写姓名、房号并签字。

· 感谢客人。

· 使用餐厅电脑系统确认客人的姓名和房号,然后交给收银台。

(9)如果客人使用支付信用卡的方法结账,则应按如下程序操作:

· 双手从客人手中接过信用卡,检查有效期。

· 把账单和信用卡放入账单夹,交给收银员处理。

· 收银员将信用卡插在 POS 机中核实有效。

· 请客人在 POS 机上输入密码。

· 从收银员处拿回信用卡、账单和信用卡账单联。

· 走向客人,打开账单夹,把笔递给客人,让他在信用卡账单联和账单上签名。

· 检查签名。

· 将信用卡账单联中客人保存的一联撕下,和客人的收据叠在一起,双手把信用卡、客户联和收据递给客人。

· 向客人表示感谢。

19.送客

客人结完账后,可以等待客人起立离开座位,客人离开餐厅时的最后印象就如同走进餐厅时的第一印象一样重要。

服务员送客时应该热情、友好和真诚。不要让客人感到服务员收了钱以后便可以不用照顾客人了。服务员应尽量帮助客人拉开餐椅,拿起私人物品或是帮客人叫出租车。

送客服务的程序为:

(1)在客人结账以后,时刻注意客人是否有离开餐厅的迹象。

(2)如果不能确认客人是否已结账,则应小心检查客人是否已经结账。

（3）当客人示意要起身时，及时上前为客人拉开椅子。

（4）拉椅子时动作应轻，不要碰到客人。

（5）向客人表示感谢，说："谢谢您，很高兴您来这里用餐，希望您再次光临。"

（6）如果可能，为客人拿起私人物品，帮助客人披上外套。

（7）迅速扫视台面四周，看客人是否有遗留下任何物品。

（8）陪同客人走向出口，再次表示感谢，同时说："谢谢您，再见。"或："希望您度过一个愉快的夜晚。"

送客的这几十秒钟的时间可用来与客人进行沟通，询问客人对用餐经历的感觉、对菜式的评价以及对服务的意见和建议。

**【实训练习】**

1.根据中餐零点服务流程，进行分解模拟操作练习，并由模拟客人在练习中指出服务人员存在的问题。

2.练习贯穿整个服务流程的服务程序，使用模拟客人的方法反复练习，并由模拟客人指出服务员在练习中存在的问题。

# 第二节　中餐宴会服务程序

**【案例导入】**

一家老小，三世同堂，聚在一家酒店给老人过七十大寿，甚喜甚欢。接近宴会结束时，餐厅经理领着众多员工推出生日蛋糕，齐唱生日快乐歌，客人很是感动。老人吹灭蜡烛，请员工小王来帮忙分一下蛋糕。小王用器具把蛋糕上的巧克力老寿星造型轻轻取下，置放到过生日的老人面前，说："祝您寿比南山，福如东海！"然后熟练地把蛋糕分送给每一位客人。老人凝视着眼前的寿星造型，激动地直夸小王会干事儿。老人满意，一家人也就满意了。

所谓中餐宴会服务，是指客人预先安排好菜单，并提供分菜服务或是分餐服务的中餐服务形式。

分菜服务是指厨房将烹饪完成的菜肴盛装在餐碟中，由服务员在客人面前（餐桌上或餐桌边）分派到骨碟或碗中，再分别依次上到客人面前的服务形式，这一服务形式是传统英式服务与法式服务的结合。

分餐服务是指厨房烹饪完成每道菜肴以后，直接将菜肴分派至按每人份量准备的餐碟中，服务员在上菜时只需将菜端至餐厅，直接按顺序上菜即可，这一服务形式类似于传统的美式服务。

中餐宴会服务程序和零点服务程序有着许多相似的地方,主要区别在于宴会服务程序是基于已经预先安排好菜单的前提下进行的,所以在服务过程中省略了点菜等零点程序。

中餐宴会的服务程序如下。

## 一、宴会前准备

1.班前例会

(1)准时参加楼面经理主持召开的班前例会。

(2)接受仪容仪表的检查,符合仪容仪表的要求规范。

(3)认真听取和记录当餐宴会的内容、要求,接受分配的工作任务,做到"八知"、"三了解"。"八知"即知宴会台数、人数,知开餐时间,知宴会菜品,知上菜程序,知主人身份,知宴请对象,知结账方式,知优惠内容。"三了解"即了解宾客的风俗习惯,了解宾客的生活忌讳,了解顾客的特殊要求。

2.打扫卫生

按照打扫店堂的程序搞好室内外清洁卫生,符合店堂卫生规范。

3.餐厅设施设备的检查

(1)检查照明、空调、音响等设备是否正常完好,能否有效使用。

(2)宴会餐台、餐椅、备餐柜是否完好,且符合宴会的要求。

(3)若发现问题,及时通知工程部加紧维修并跟踪检查,确保宴会举办前达到要求。

4.备好跟料、餐用具、酒水等

(1)根据特殊菜品要求配好跟料和器皿。熟知粤菜的跟料知识,掌握菜品的配器以及配器的使用方法。

(2)备好各类餐用具,保证品质齐全、数量充足、清洁卫生。

(3)根据宾客要求准备好各种酒水。对宾客自带的酒水,当面检查清点,存放好,专人负责,统一分配,保证完好、无破损、数字准确。

## 二、宴会布局

1.台型设计

根据餐厅的大小、形状、宴会规模、设备条件、客人要求做台型设计,尽量做到美观、合理、符合并满足宴会要求。

2.台型布局

根据台型设计图将桌子整齐排列成型,桌与桌的距离松紧适度,以方便客人就餐和服务员服务为宜。布局合理,美观整齐,做到桌布折缝一条线、桌腿椅子面一条线、瓶花台号一条线。

3.设计主桌

(1)主桌的位置应面向会场的主门,居显著位置且能纵观全局。在主桌上要突出主位。

(2)主人、主宾的入席、退席通道避免为主通道。

(3)主桌的台布、餐椅、餐具、花草装饰与其他桌有区别。

4.布置美化现场

按预定内容和标准布置美化宴会会场,调试好音响、麦克风等。主席台背景、会场氛围、灯光符合宴会要求。

5.设置工作台

根据宴会所需合理设置服务工作台。

## 三、宴会摆台

1.摆台规格

宴会规格的高低决定了摆台的规格。一般宴会摆5件头素台面,另每桌配5个白酒杯。高级宴会或普通宴会客人饮白酒、红酒、饮料时应摆8件头素台面。摆台规格应与宴会的档次、标准一致。

2.摆台

(1)按设计好的台型图摆好餐桌。

(2)按铺台布的方法铺底布,面布四周下垂,均匀股缝朝上。

(3)按照10人位台要求的"三三二二"方法摆放餐椅,即上下方各三张,左右各两张。

(4)摆转圈上转盘,转盘中心与餐台在同一圆心上。

(5)按规范摆餐具、杯具、用具及附件,符合5件头或8件头素台面标准。

(6)摆公筷、公勺两套,分别摆在正、副主人的前方转盘上,筷头、勺柄朝右。

(7)摆菜单,将宴会菜单摆在主人餐具前方,封面朝向转盘。有条件的话应每桌摆一张,最少保证主人桌、主宾桌上各有两套菜单。

(8)主桌摆上花盆。依台型图摆上台号卡。

## 四、开餐前准备

1.备餐用具

按宴会所需备好餐具、用具,整齐摆放在工作台上,做到洁净、卫生、分类摆放。

2.备小毛巾

按规定形状折叠好小毛巾存放于毛巾车或毛巾柜内消毒,做到温度适中、量足够。

3.摆酒水

按客人要求将酒水统一摆放在桌子上或工作台上,做到统一对称,商标朝向来宾。

4．空调、灯光

（1）提前 60 分钟开启空调，使室内温度适宜。

（2）提前 30 分钟开启宴会厅所有灯光并检查灯具。

5．检查落实

（1）楼面经理提前 1 小时对宴会的各项准备工作及要求进行例行检查，各项准备须达到宴会要求的标准，确保宴会任务圆满完成。

（2）提前 30 分钟进行最后检查，对不符合要求的立即改进弥补。

6．上凉菜

（1）提前 30 分钟上凉菜。上菜不重、不漏，看面朝向客人。

（2）上菜时注意荤素、味型、颜色的搭配，并做好检查。

## 五、迎接客人

1．站岗迎客

所有准备工作结束，确认开餐前 30 分钟进入工作状态，迎宾员站在大门口，服务员站在指定位置面向宴会厅门口准备迎接客人。迎宾时要精神饱满、站姿规范、提前进入状态。

2．热情问候

客人到时，迎宾员应热情礼貌地问候，把客人引进宴会厅或专用的休息厅休息。迎宾时要微笑、热情、使用敬语。

## 六、带客入座

1．迎客入座

客人至宴会厅，服务员行 35° 鞠躬礼，并说“欢迎光临！”按宴会规定座次图把客人引入席。

2．拉椅让座

拉椅背用手示意客人入座，左膝抵椅背往里送，至客人舒服为好。拉椅顺序：女士、重要客人、一般客人、主人。

3．存放衣物

接过客人衣物，挂在椅背上，征得客人同意后使用椅套将客人的衣服、包套住，并提示客人：“请保管好自己的随身物品！”靠近通道附近、上菜位的座位必须使用椅套。

4．送巾敬茶

送上小毛巾，敬奉茶水，按先主宾、后主人，再顺时针方向从每位客人的右侧进行。要求操作规范，使用礼貌用语“请用巾”、“请用茶”。

## 七、落巾抽筷

1. 落巾

逐位取口布扣,侧身向后解口布铺在客人膝盖上。要求动作规范,口布扣、筷套及时存放归位。

2. 抽筷

为客人抽取筷套,递上热毛巾。

## 八、宴会仪式

1. 仪式前准备

了解客人举办宴会仪式的时间、顺序、内容,确定服务项目,并做好相应准备。当宾主开始致辞时,通知暂停上菜,关掉背景音乐,服务员肃立一旁或适当位置,用托盘准备好 1～2 杯甜酒等。

2. 宴会仪式

当客人到齐,征得主人同意后开始举行仪式。

## 九、询斟酒水

1. 斟预备酒

在大型宴会上,应征得主人同意提前 10 分钟斟预备酒。一般若有 3 种酒时,按白酒→红酒→啤酒→饮料顺序斟满。

用手示意询问客人喝什么酒,一定要保证客人在祝酒干杯时杯中有酒。

2. 斟酒顺序

斟酒按先主宾后主人再顺时针方向进行。当主桌或在高级宴会上每桌有 2 名服务员时,可由 1 名服务员从主宾,另 1 名服务员从副主宾开始按顺时针方向斟。酒水放置托盘中,商标朝向客人,右腿朝前站于两个客人桌椅之间,左脚在后,脚尖着地,呈后蹲姿势。左手持盘,右手持瓶,依序从每位客人的右边斟酒。斟酒量应均匀,白酒八分满,红葡萄酒根据客人要求八分或五分满,白葡萄酒六分满,啤酒、饮料、黄酒斟八分满。要求动作规范,斟酒时符合礼仪,不滴不洒。

## 十、招呼开席

1. 撤鲜花、台号

将主桌的花盆和其他桌的瓶花、台号撤走放置于落台或在规定地方摆放整齐。

**2. 转单入厨**

楼面经理就出菜席数开单入厨,通知厨房走菜,出菜时间在主人宣布宴会开始后,要求能保质保量按时上菜。

## 十一、上菜分菜

**1. 按序上菜**

按先冷后热、先荤后素、先咸后甜、先优质后一般的原则上菜。

**2. 规范上菜**

上菜先撤盘,调整台面,腾出上菜的位置,双手端盘,将菜上至转台,并转至主宾、主人处,退后半步报菜名并介绍其特点或典故趣闻。上菜应符合礼仪。上带盖的菜汤时,上桌后应先征得客人的同意再将盖撤下。

上菜位置,大型宴会一般在副主宾右边的第一或第二位客人之间。要求侧身上菜、撤盘,使用礼貌用语,注意不要在主人、主宾身边上菜,以免影响客人就餐。介绍菜肴时要生动简洁,声音清晰响亮。

**3. 出菜节奏**

熟知菜品的烹制方法和过程,结合客人就餐的快慢,掌握好上菜节奏,既不能造成空台又不能堆积过多。若菜品太多可采取大盘换小盘和指导品尝加以解决。以主桌为准,全场统一出菜,每道菜的间隔时间一般为 4~5 分钟。

**4. 分菜、派菜**

根据宴会规格和客人要求进行分菜、派菜,并提供相应的服务。派送菜品应从客人的右手边,并按先主宾后主人再顺时针方向进行,掌握好分菜件数,份量均匀,汤不流失,分后留少许在盘中让客人自取。

## 十二、席间服务

**1. 撤换餐具**

分菜后,应先撤换与装菜相同的碗、盘、碟,再行派送菜点。撤餐具时如果发现里面还有菜品,应礼貌征询客人是否还要用,再做处理。上甜食时应撤换全部小餐具。应注意客人的用餐习惯,如果客人将筷子放在骨碟上,骨碟换后应将筷子还原。每吃完一道菜换一次骨碟,随时保持客人前面的小餐具与摆台数量基本一致。多余的餐具经客人同意后方可撤走。操作时动作熟练,手法干净,随时保持餐台清洁卫生。

**2. 续斟酒水**

随时注意观察每位客人的酒杯,当客人干杯或杯中酒只剩下三分之一时应及时添加,记住每位客人所饮酒水,征询后再添加。

3.勤换烟灰缸

若客人抽烟,应主动点烟,留意点烟时火不要太高,以免烧伤客人。要注意添加和撤换烟灰缸,烟灰缸内有2个烟头时就应及时更换。换烟灰缸时使用干净的烟灰缸盖住脏的烟灰缸一起撤至托盘内,再把干净的烟灰缸放置餐台上。

4.勤换毛巾

做到客到递巾,上汤羹、炒饭后递巾,上虾蟹等手抓菜后递巾。用过的毛巾及时收回。上毛巾应使用毛巾盘,以避免弄湿台面。

5.服务中做到三轻、四勤

"三轻"即走路轻、说话轻、动作轻。

"四勤"即眼勤、口勤、手勤、脚勤,随时观察用餐情况,掌握客人用餐需求。

6.餐中敬酒

宴会中,如果主人起身离开座位去敬酒,应帮助拉椅,并将其口布的一角压在骨碟下托着酒跟在主人身后,以便为客人续酒。所斟酒水应是符合客人要求的品种。

7.敬送水果

清理台面,换餐具,送上时令水果,上水果叉或牙签等。

8.上毛巾、热茶

客人餐毕,送上一道热毛巾,再上一道热茶请用巾、请喝茶。

## 十三、结账签单

1.清点酒水

请主办人一起分类清点酒水、香烟的使用及剩余数量,对剩余的做退酒处理。必须集中分类清点,并让客人确认签字,用过的空瓶、罐集中存放,以利于清点。

2.银台打单

所有的账单和宴席预订单一同拿到银台汇总打单,将账单放至收银夹,请客人结账买单,实际出菜桌数应双方确认签字,优惠事项、收费标准,按宴会预订单规定执行,账单确认不错不漏,找补清楚。

3.银台收款

递上客人意见簿征求客人意见,银台收款或请客人签单,应保持礼貌。

## 十四、敬语送客

1.拉椅

宴会结束,客人站起准备离席,服务员主动拉椅,留出退席的通道,使用礼貌用语,如"请各位带好你们的随身物品"、"请慢走"、"欢迎再次光临"。

2.提示

取椅套,提醒客人带好物品,帮助客人穿外衣。

3.送客

将客人送至宴会厅门口,热情送客并向客人致谢。

## 十五、收尾工作

1.关闭电器设备

关闭空调、音响及部分照明设备,只需所留照明能满足收尾即可。

2.收舞台、撤饰品

撤主席台背景及饰物,撤离物品放置规定地点,摆放规范。

3.收台

按规范收台,顺序为:围椅、收布草、收玻璃器皿、收茶具、分类收大小餐具、收金属器皿,玻璃器皿使用杯筐,所有收台物品应分类进行集中清洗。

4.清理现场

撤临时工作台,打扫店堂,清出酒瓶等杂物,清洗、擦拭、存放餐用具,归还借用物品,摆台整理桌椅,恢复餐厅原状。收尾工作规范,不能当着客人的面打扫店堂、擦拭餐具。

【实训练习】

1.根据中餐宴会服务流程,进行分解模拟操作练习,并由模拟客人在练习中指出服务人员存在的问题。

2.练习贯穿整个服务流程的服务程序,使用模拟客人的方法反复练习,并由模拟客人指出服务员在练习中存在的问题。

# 第三节　中餐的早茶服务程序

【案例导入】

张华等三人一起去喝早茶,因为人多,服务员忙个不停。张华三人边喝边聊,过一会张华就要喊服务员过来倒茶,三番五次之后,张华三人显得不高兴,也没有了喝茶的兴致,匆匆地结账走人。

中餐的早茶是粤菜的专利。历来广东一带都有喝早茶的习惯,所谓早茶并不是喝茶的概念,而是包括粥类、点心甚至一些小炒或是主食在内的丰盛的早餐。所以我们把早茶又称为粤式(或广式)早茶,粤语方言中又称为"饮茶"。

## 一、早茶的点心种类

说到早茶,首先必须了解的是广式点心。点心是对早茶各种项目的统称,常见的点心种类有以下几种。

1.咸点类

虾饺、烧卖、叉烧包、肠粉、豉汁排骨、凤爪、小笼包、萝卜糕、咸水角、煎粉果、锅贴。

2.甜点类

莲蓉包、蛋挞、叉烧酥、杏仁豆腐、马蹄糕、炸鲜奶、冰布丁、千层糕。

3.粥类

皮蛋粥、鱼片粥、艇仔粥、猪肝粥、牛肉粥。

4.粉面饭类

扬州炒饭、福建炒饭、炒面、汤面、雪菜火鸭汤米粉、干炒牛荷粉。

## 二、早茶服务中的推车点菜

早茶服务中除了采用菜单形式点菜外,另一种十分传统也是最具早茶服务特色的形式便是使用推车的服务形式。这种推车根据出品的点心种类不同也分为不同的种类,包括有蒸车、煎车、粥车、冷餐车等几大类。

蒸车是采用热水加热,以热蒸汽保湿的形式将点心笼放在点心车内。煎车是使用煤气罐加热,可以在现场为客人煎制点心(如锅贴、萝卜丝糕等)。粥车则是将粥放在方形容器中置于热水中保温,在客人面前现场服务。冷餐车可以摆放一些烤、焗类的点心。

使用点心车服务时,厨房要预先准备大量的点心放在各种推车上,当客人入座上菜后,服务员则将推车推至客人餐桌边,向客人介绍各款点心,客人可以随意取用。

客人取用点心车上的点心时,服务员需要在预先放置在餐桌上的点心卡(式样见表4-1)上盖上印章。餐厅通常会根据各款点心的价值将点心分为特点、大点、中点、小点等几类。特点最贵,小点最便宜。当客人取用点心后,服务员就根据客人取用的点心种类在相应的特、大、中、小类点心卡上盖上印章。所有特点为统一价格,相应地所有大点、中点及小点的价格也分别为统一价格。

表 4-1　点心卡

| 台号 | 日期 | | | |
|------|------|---|---|---|
| 特点 | | | | |
| 大小 | | | | |
| 中点 | | | | |
| 小点 | | | | |

### 三、中餐早茶服务的流程

中餐早茶的服务程序与零点服务程序有很多相似的地方,包括服务中的操作细节。这里我们仅介绍中餐早茶服务的流程,见图 4-1。

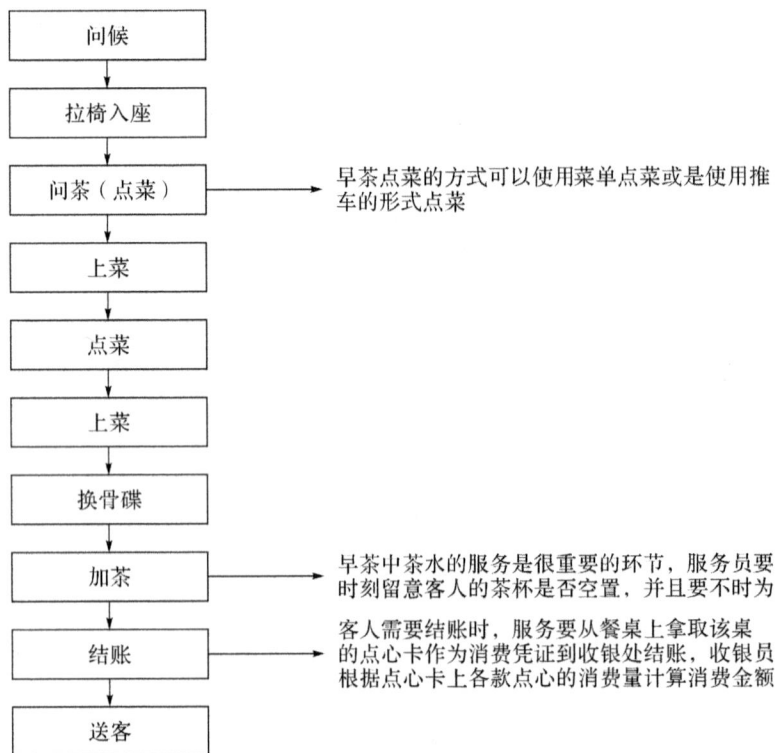

图 4-1　早茶服务流程及说明

早茶点菜的方式可以使用菜单点菜或是使用推车的形式点菜

早茶中茶水的服务是很重要的环节,服务员要时刻留意客人的茶杯是否空置,并且要不时为

客人需要结账时,服务要从餐桌上拿取该桌的点心卡作为消费凭证到收银处结账,收银员根据点心卡上各款点心的消费量计算消费金额

【实训练习】

1.根据中餐早茶服务流程,进行分解模拟操作练习,并由模拟客人在练习中指出服务人员存在的问题。

2.练习贯穿整个服务流程的服务程序,采用模拟客人的方法反复练习,并由模拟客人指出服务员在练习中存在的问题。

# 第四节　中餐厅服务质量标准

"吃"是中国人的一大特色,人们对于吃什么、如何吃、在哪里吃是十分讲究的,这也在无形中为我们的餐厅制订了一个服务标准——必须尽量满足客人的需要。

## 一、餐厅楼面服务质量标准

(1)餐厅设领班、服务、传菜岗,并保持有岗、有人、有服务,服务规范,程序完善。上岗的服务人员要做到仪容端正,仪表整洁,符合员工工作的相关规定。

(2)开好营业前的班前会,做好上岗前检查,明确分工,了解当班的宴会、冷餐会、会议及日常营业情况。

(3)需要用英语接待、服务外宾的,要注意风俗差异及礼貌礼节。

(4)各式中餐宴会、零点铺台按各式铺台规范,台椅横竖对齐或成图案形,铺台前要洗净双手,避免污染餐具。

(5)中餐菜单、酒单应外形美观、质地优良、印刷清晰、中英文对照,保持其干净无污渍。菜单、酒单上的品种应有 95%～98% 能保证供应。

(6)严格执行使用托盘服务,保持托盘无油腻。

(7)严格执行报菜名制度,上每一道菜都要向客人报菜名。

(8)为点菜客人倒第一杯酒,餐间服务要按工作流程及质量标准做好斟酒、分菜、换盘等服务。

(9)在客人就餐过程中,坚持四勤服务,即"嘴勤、手勤、眼勤、脚勤",及时提供服务。

(10)按中西不同餐式的上菜顺序上菜,传菜无差错。

(11)第一道菜出菜距点菜时间不超过 15 分钟。

(12)桌上烟灰缸内的烟头不超过 3 个,烟灰缸按操作流程规定更换。

(13)设立无烟区,桌上有标志。

(14)上菜、上汤、上饭时指头不触及食物,汤水不外溢。

(15)收银用收银夹,请客人核对账单,收款后向客人道谢。

(16)在客人用餐结束时,主动征求意见,送行道谢,欢迎再次光临。

(17)餐厅内设宾客意见征求表,并对填写过的及时收回。

(18)保持餐厅走廊过道、存衣处等公共场所的干净整洁,无浮尘,无污渍。

(19)保持清洁卫生,门窗光亮,地毯、地板、墙面、天花板无积灰,无四害,无蜘蛛网。

(20)保持花木盆景的清洁,无垃圾、烟蒂,无枯叶。

(21)保持餐厅内各种艺术挂件完好,挂放端正,无浮灰,无污迹。

(22)保持餐桌、椅子、工作台、转盘的清洁,工作台内物品分类摆放、摆放整齐。

(23)保持餐具、水杯、酒杯的清洁完好,所有餐具、水杯、酒杯必须严格消毒,无手纹、无水渍、无缺口、无裂痕。

(24)保持调味器皿的清洁完好,无脏渍、无缺口,内装调料需保证调料不变质、不发霉。

(25)保持台号、菜单的清洁完好,无污渍,无油腻,无破损,无涂改。

(26)保持台布、口布的清洁完好,熨烫平整,无污渍,无破洞。

(27)保持工作间、工作车的干净清洁,无油腻,无垃圾,工作间内物品摆放整齐,随手关门。

(28)保持餐厅内的桌椅、转盘、用具的完好有效,餐厅内的冰箱、空调、电话机以及所有照明设备均完好有效。

(29)各类宴会、酒会、冷餐会要求准备充分,台型摆设装饰美观,菜肴品种丰富适量,按服务规程提供优质服务。

(30)会议服务根据出席人数准备充足茶水,配备记录纸和笔,纸张要求干净无破痕,笔要求好用,会议用扩音设备完好有效。

(31)做好每餐结束的收尾工作,桌椅归位,台面铺设复原,无遗留垃圾,地面保持清洁。

(32)除 24 小时营业的餐厅外,一般餐厅的午餐在 14:30 前、晚餐在 22:00(冬天可在 21:30)前都需接受点菜。

(33)各餐厅建立起物资月报制度,每月做好清点工作,控制餐具、布草等的散失和损坏。

(34)具有一定的消防意识,熟悉灭火装置及使用方法,并保证灭火装置的有效性。

(35)对客人的投诉和意见,要认真对待,及时处理,而且要记录在案,以备培训时作为资料,保证餐厅不再发生类似情况。

(36)遵守员工工作的相关规定和酒店规定的各项规章制度,不私收小费和客人馈赠的礼品,对待客人遗留的物品,要按照相关规定及时处理。

(37)做好班次交接工作,对本班次未完成而需交代到下一班次完成的工作,一定要有交接记录,保证班次的连贯性。

(38)餐厅经理及餐厅主管坚持在服务现场进行管理和督导,每天有工作考核记录。

## 二、厨房工作质量标准

(1)在规定的岗位上和工作时间内,必须有岗、有人、有服务。

(2)上岗应按规定着装,服装、鞋帽整齐干净统一,不留长发和指甲,厨帽罩住头发,不戴首饰,个人卫生符合食品卫生要求。

(3)严格执行《食品卫生法》,切实把好食品原料质量关以及操作卫生和储藏保洁关,防止污染,确保食品安全,无差错、事故。

(4)存放食品的冰箱做到"四分开"(鱼肉分开、荤素分开、生熟分开、成品和半成品分开),并有专人管理,定期清理打扫,冰箱内整洁干净,隔顿、隔夜食品做到回锅蒸煮。

(5)保持厨房的整洁卫生,工作区、台面以及各种用具和食品加工机械干净清洁,调料缸一定要加盖。

(6)中西厨冷盘间和点心加工间要做到"三白"(白衣、白帽、白口罩)、"三专"(专间、专人、专用具)、"三严"(严格检查进货、严格分开生熟食品、严格消毒各种用具)、"三不入"(未洗好的生食品不准入内、非有关人员不准入内,私人物品不准带入),专间内备有"三水"(消毒水、洗涤水、清水)。

(7)落实安全措施,厨房内不得存放有害、有毒和易燃物品。有完好的灭火装置,每个工作人员都熟悉灭火装置的使用方法和放置的位置。使用各种电器设备时严格执行安全操作要求。开油锅时,操作人员坚持做到人不离锅,严防油锅起火。营业结束后,认真检查水、电、燃油和各种机械设备及刀具的使用保管情况,保证安全。

(8)厨房内的设施、设备及各种物资账目清楚,有专人负责保养及打扫卫生。各种设施设备及各类炊具、刀具、用具完好有效,若有损坏,及时报修。

(9)领料、验收和发货手续完备,做到领料签单、验收按质按量、进发货按票,做到货物票单相符,日清日结,账物清楚。

(10)合理使用各种原料,做到物尽其用,最大限度地减少损耗和浪费。

(11)做好成本核算,严格控制成本和当日毛利率,做到按定额标准投料,主料过秤,各种原料领取数量和实际耗用数量以及出产的成品数量均有记录,每日核算准确无误。

(12)严格执行厨房生产操作规程和菜点质量把关程序,确保质量,做到"一快、二好、三足、四及时。"

一快:出菜速度快,无论零点或宴会均应在15分钟之内上第一道菜。

二好:从原料选择、切配标准、搭配合理、烹制精细到菜点成品的味感、观感和营养均好。

三足:原料准备充足,客人所点菜点分量充足,客人特殊要求尽量满足。

四及时:准备工作及时,同各部门和班组联系及时,菜点供应及时,请示汇报及时。

(13)遵纪守法,无私吃、偷拿、偷盗等违纪违法行为。

(14)厨师长和厨房领班在生产操作现场进行管理和督导,并有工作检查和书面记录。

## 三、管事部工作质量标准

(1)设有与工作任务相适应的工作岗位,并保持有岗、有人、有服务。

(2)上岗人员按规定着装,个人卫生符合食品卫生要求。

(3)设备财产和物资有明细账册,每月月底清点核对,控制财产及物资的流失,减少餐具的破损率。

(4)管事部的仓库有防火、防盗装置,仓库整洁,货架及货物摆放整齐,分类立卡,账物相符,贵重的银器餐具和易碎的陶瓷、玻璃器皿要分类存放,保管安全。

(5)领用餐具、物品一律凭单,登记入账清楚,对大型活动各部位临时借用的餐具及物品,应于两天内收回。

(6)每周检查一次餐具、物品的使用情况,严格查处短缺原因,每月进行一次损耗统计,制作损耗月度报告,适时提出添补、更新计划。严格执行餐具定额管理制度,保证向餐厅和厨房提供充足、完好的餐具。

(7)进货入库把好验收关,仔细核对货单、品种、数量、规格、质量和单价。

(8)洗碗工执行洗碗工作操作流程。

(9)爱护和珍惜使用清洁器械和各类用具、设备,经常保持工作场地干净、清洁,设备、用具整洁卫生,做好每餐的收尾工作,保证设备安全,场地环境清洁。

(10)清洗餐具严格执行"一刮、二洗、三过、四消毒、五保洁"的工作程序,谨慎操作,轻拿轻放,最大限度地减少损耗。清洗消毒后的餐具及时分类,定点保洁存放。

(11)定期进行除四害工作,四害密度不超过卫生部门规定的标准(每100平方米范围内不许超过两只苍蝇)。

(12)管事部经理每天要做好工作检查和工作考核。

【实训练习】

中餐服务程序模拟演练。

# 第五章 中餐厅主要管理制度和特殊情况处理

☆学习目标

1. 了解中餐厅主要的管理制度

2. 能够应对突发事件,采取合理的方法预防和解决特殊问题

**【案例导入】**

刘小姐是北京某四星级酒店粤菜餐厅的预订员。星期一她接到某旅行社的电话预订,要求安排120位美国客人的晚餐,每人餐费标准40元,酒水5元,其中有5人吃素。时间定在星期五晚6时,付账方式是由导游员签账单(某些酒店与一些旅行社有合同,可收取旅行社的餐饮结算单,定期结账)。刘小姐将预订人姓名、联系电话、客人人数、旅游团代号、导游员姓名、宾客的特殊要求等一一记录在预订簿上。可是,星期五晚6时该旅游团没有到达。此前刘小姐曾与旅行社联系,进行过确认,都没有更改预订的迹象,因此,刘小姐对其他预订均已谢绝。6时30分,该团仍无踪影。刚巧,这天餐厅的上座率非常高,望着那一桌桌已摆上凉菜的餐桌,大家都着急了。餐厅经理急忙做出决定,一方面让刘小姐继续与旅行社联系,另一方面允许已经上门没有预订的散客使用部分该团预订的餐桌,同时与其他餐厅联系,准备万一旅游团来了使用其他已撤台的餐桌。经联系,旅行社值班人员讲,预订没有改变,可能是由于交通堵塞问题造成团队不能准时到达饭店。7时30分,旅游团才风风火火地来到饭店。导游员告诉餐厅,有30人因其他事由不能来用餐,只有90人用餐,其中有3人吃素。经理急忙让服务员安排,并回复导游员,按规定要扣除这30人的预订超时和餐食备餐成本费用,比例是餐费的50%。由于团队到达时间晚,有些预订餐桌没有动,餐厅内散客的撤台率较高,加上旅游团少来了30人,所以90个美国客人到达后马上得到安排。望着这些大快朵颐的旅游者,大家终于松了一口气。

# 第一节 中餐厅主要管理制度

## （一）例会制度

1.部门例会

餐饮部门要按照要求定期召开例会。中餐厅要根据餐饮部的工作精神落实日常工作、汇报经营情况、提出问题并总结不足。

（1）餐饮部例会由餐饮部经理主持。

（2）餐饮部例会参加人员有中餐厅经理、西餐厅经理、管事部领班、厨师长。

（3）餐饮部例会内容

第一，各部门负责人员汇报工作落实情况。发言要求简明扼要，突出重点。每周一要汇报本周的工作计划和上周工作的落实情况。

第二，餐饮部经理每周一对上周的经营管理状况、客源市场问题、人员组合问题、服务质量、成本费用问题、部门布置的各项工作完成情况等进行分析评估，提出表扬与批评，布置下周部门工作计划，规定落实的具体时间和要求。

第三，布置实施重大宴请和会议接待计划，提出要求及具体责任人。

第四，会议要有专人记录，各参加会议人员必须有自己的会议记录，以便在部门班前会传达。

2.班前会

（1）班前会内容由中餐厅负责人传达给餐厅领班及厨师领班，再由餐厅领班及厨师领班召开班组班前会。

（2）班前会出席对象为各班组当班全体员工。

（3）各班班前会在每天营业前举行，时间为10～20分钟。

（4）班前会主要内容

第一，检查员工的仪容仪表和个人卫生。

第二，指出上一天服务方面存在的问题，提出改进措施及日后工作需要注意的事项，并提出表扬及批评。

第三，讲述当日菜品供应情况及酒水供应情况。

第四，下达餐饮部的工作指令。

## （二）物资管理制度

（1）餐饮部物资管理制度实行班组责任制。中餐厅物资由中餐厅经理负总责、中餐厅领班和厨师领班具体负责。

（2）对部门物资，每月清点一次，由分部门报出月损耗率及设施设备的维修保养情况，每年年底，由财务部统一组织物资清查，做好物资管理。

（3）缺损物资应填写物资损耗报告单，经主管或领班签字后，报餐饮部经理。如果设施设备已不能维修，应及时按有关规定办理报废手续。

（4）必须正确使用贵重的餐具、用具，加强维护保养，若有损坏应及时报告，查找原因，追究责任。

（5）各部门内部如果需要借用设备、餐具，应办理借用手续；如果是部门外需借用，则应经部门经理批准方可办理借用手续。

### （三）治安、消防管理制度

按照安全管理的要求，餐饮部要建立相应的治安消防网络，坚持"安全第一，预防为主"的方针和"谁主管，谁负责"的责任制。

1.餐厅楼面

（1）若有重要宴请或大型宴会和会议应及时通知保卫部，协助维持治安秩序。

（2）营业前，餐厅主管对安全消防设施、通道进行细致检查，如果发现问题应及时纠正。

（3）发现可疑物品或不明物品时，应及时通知保卫部，妥善处理。

（4）营业中随时注意客人随身带来的贵重物品，防止遗失。如果在餐厅里发现客人的遗留物品，应及时告知主管并妥善保管。

（5）营业结束后，应把所有的火种隐患（如烟头和燃剩的蜡烛、固体酒精等）熄灭，集中倒在有盖的铁桶内，存放在安全的地方，关闭所有电器开关、门窗，将所有垃圾倾倒干净，做好安全检查，确保安全。

（6）如果发生有人醉酒闹事、影响治安的情况，应迅速报告保卫部，并劝导、制止和隔离。如果发现有不轨行为的人和事，应严密监视和控制，并迅速报告保卫部。

2.厨房

（1）厨房内严禁吸烟，严禁存放易燃易爆和有毒物品。液化气瓶和固体酒精要由专人存放在安全地点，随用随拿。

（2）开油锅时，注意控制油温，厨师不得随意离开，以防油锅着火。

（3）在使用各种电器设备、厨房炊用机械时，须严格执行厨房设备机械安全操作规范，防止电器设备触电和机械设施伤人。若发现异声、异味和不安全因素，要立即查明原因，迅速报告工程部和保卫部。

（4）经常检查厨房的各种电器设备，若发现漏电、短路和超负荷情况，应及时通知工程部进行检修。

（5）禁止无关人员进入厨房。下班前必须认真检查水、电、煤气、蒸汽、各种电器设备、炊用机械和刀具的使用情况，关紧开关，保证安全。

(6)餐厅、厨房配置充足的消防设备和器械,所有员工都必须参加防火和安全培训,懂得正确使用各种消防器械,确保财产和人身的安全。

### (四)卫生管理制度

**1.个人卫生**

(1)从事餐饮工作的员工,必须每年接受体检,持健康证上岗。保持良好的个人卫生,上岗时须穿工作服,不留长指甲,不涂指甲油,不佩戴除结婚戒指外的其他首饰,男不留长发,女发不过肩。

(2)严禁在营业区域内吸烟、嚼口香糖、梳理头发、修剪指甲,不得面对食品打喷嚏。

(3)就餐前或如厕后必须洗手。

**2.服务卫生**

(1)保持营业场所的桌椅等清洁卫生,做到门窗清洁,墙面天花板无积灰,无蛛网,无苍蝇、蟑螂。

(2)保持工作场所的整洁,各类餐具柜、布草柜、橱柜里摆放的各类物品整齐清洁,保持地面整洁无污渍。

(3)各类餐具、酒具、水杯、冰桶、瓷器等做好清洗消毒工作,防止二次污染,取用冰块时应使用消毒过的冰夹,不能直接用手拿取。

(4)取送食品与上菜时,严禁挠头摸脸,或对着食品咳嗽、打喷嚏。

(5)保持餐厅各种辅助用品,如台号、酒单、花瓶的清洁完好,做到无污渍,无油腻,无破损。

(6)严格执行铺台、上菜、上饮料的操作卫生要求。

(7)做好电话机的每日清洁消毒工作。

(8)餐厅的卫生要实行卫生责任制,专人负责,餐厅主管或领班负责本餐厅的整体卫生。

**3.厨房食品卫生**

(1)厨房卫生实行专人负责,厨师长或厨房领班负责本厨房的整体卫生。

(2)严格把好食品卫生关,认真执行《食品卫生法》。

(3)厨房每餐前、餐后均要清扫卫生,保持干净整齐,无苍蝇、老鼠、蟑螂,地面无油垢、积水。

(4)刀、墩、案、盆、容器、冰箱、柜橱、加工设备、盖布等要每日清洗,定期消毒,有专人负责。

(5)进入冷菜间及饼房必须穿戴整洁的工作衣、帽、口罩,洗手消毒,厨房设紫外线消毒设施。

(6)非厨房工作人员不得进入厨房,厨房不得存放杂物和私人物品。

(7)厨房备有"三水"(消毒水、洗涤水、过滤水),配比符合要求。

（8）冷盘成品餐前要加盖保鲜膜。

（9）食品原料要求新鲜卫生、生熟分开，隔夜食品必须回烧，烧熟的食品冷却后必须用保鲜膜覆盖。

（10）肉禽、水产品不着地堆放，荤素食品应分池清洗。

（11）冰箱内食品应分类存放，做到生熟分开，荤素分开，成品与半成品分开，鱼、肉分开，先进先用，半成品进冰箱须盖保鲜膜，防止污染串味。

（12）冰箱定期除霜除尘，冰箱清洗后做到无油垢，无异味，无血水。

（13）厨房内用具设备清洁，橱柜、台面抽屉整齐，无垃圾，无蟑螂，无鼠迹。

（14）保持灶台清洁，无积垢，无残渣，工作台辅料、调料容器有盖。

（15）做好全班卫生收尾工作，每餐结束后做到所有食品进冰箱或有遮盖，调料容器上盖，垃圾桶倒清、上盖，用具容器放整齐。

（16）厨房有防蝇、灭鼠设施。

**（五）酒水管理制度**

（1）酒水领料单须一式二联，第一联交仓库保管员，第二联由酒水员自己保存，并按编写号逐日将领料单上交餐饮部成本核算员。

（2）领饮料时必须将品名、数量填写清楚，交餐厅经理签字，方可生效，若有涂改现象，此联单以作废处理。

（3）酒水员领用酒水时，若在运输途中损坏，按实物价格赔偿。

（4）营业前酒水员必须将每瓶（听）饮料擦干净。营业时酒水员凭酒水单发放酒水，每餐营业结束后，酒水员要将酒水单与账台进行核对，并做好记录，每月酒水表必须填写清楚，做到日清日结酒水毛利，每月餐厅经理要对本部门酒水盘点一次。

（5）酒水员每日必须检查酒水品种是否齐全，若仓库无货要及时请购。

（6）严禁员工私拿饮料，一经发现，提供人和拿用人一并从严惩处。在保证质量的前提下，团体用餐饮料若有节余，必须填表一式两份，一份由酒水员保存，一份交餐饮部经理按月结算一次。

（7）客人点用饮料品种，必须与酒水单上所开品种相同，不得采取变通办法（如茶水充酒水），一经发现，按实数对当事人从严处罚。

（8）酒店内部举行促销活动时，多余的酒水必须填表一式两份，一份由酒水员留存，一份交餐饮部经理。若私自存放享用或供他人使用，一经发现，从严论处。

（9）各种饮料、酒水价格，不许随意改动，一经发现，对责任人从重处罚。

**（六）中餐厅服务工作质量管理制度**

（1）对于中餐厅的服务工作质量必须结合规定的管理制度、服务工作规程及质量标准等进行质量监督检查，坚持"让客人完全满意"的服务宗旨，加强部门的质量管理工作。

（2）质量管理按垂直领导体制，严格实施逐级向上负责、逐级向下考核的质量管理责任制。

（3）部门应划小质量监督范围，建立质量监督检查网络，作为部门的一个管理子系统，以保证质量管理的连续性和稳定性。

（4）各级管理人员加强现场管理和督导，做好逐日考核记录，作为奖罚的依据，并将质量管理情况和改进措施在每周例会上汇报讨论。

（5）为了确保质量管理工作的严肃性，做到有案可查，餐饮部应建立员工工作质量档案和各级管理人员工作质量档案。

（6）各营业点应设立宾客意见征求表，及时处理宾客投诉，并做好统计反馈工作。各管区主管或领班应经常征求订餐宾客和接待单位的意见。后台部门应征求前台部门意见，了解顾客的反馈。

（7）菜点质量应按食品卫生和厨房工作规范严格操作生产，严格把关，凡质量不合格的菜点，决不出厨房。

（8）质量监督、检查应采取每日例行检查与突击检查相结合、专项检查与全面检查相结合、明查与暗查相结合的方法，对各管区的质量及时分析评估，做出报告，并定期开展交流和评比活动。

### （七）客史档案管理制度

（1）客史档案是餐厅经营和销售活动中的机密文件。

（2）客史档案主要内容为菜单、宾客意见反馈等。

（3）客史档案除餐饮部领导、厨师长、销售人可借阅外，未经餐饮部经理同意，其他无关人员不得查阅。

（4）客史档案记录应包含各类别、各档次宴请情况。

（5）客史档案应着重记录中外高层领导、中外企业领导和社会各界知名人士、美食家的食俗、口味特点和对菜点质量、服务质量的意见。

（6）客史档案内容要定期仔细核对，并经常补充调整。

（7）客史档案应分门别类编号或根据行业、系统划分，并按宴请日期排列存档。

（8）要安排专人负责客史档案的整理、编排、清理、存放。

### （八）餐饮部培训制度

（1）按照培训工作分级管理的规定，各部门应有本部门的培训计划。餐厅经理、厨师长、餐厅主管或领班负责组织落实各部位员工的岗位培训。

（2）部门新进员工上岗，必须坚持"先培训，后上岗"原则。

（3）由酒店人力资源部分配至中餐部的新进员工，先由所属部门的管理人员进行部门规章制度、岗位职责和业务技能培训，后落实到班组专人带教，见习上岗，待培训结束进行培训成绩评估后，报人力资源部。

(4)厨师和员工的岗位提高培训由厨师长、餐厅主管或领班从餐饮经营的发展需要出发,根据各岗位的要求与员工岗位技能情况,按培训内容和培训学时,负责组织落实并参与讲课培训。

(5)厨师岗位的提高培训,可采用拜师带教形式,既可自行择师也可由厨师长安排指定,师徒结对,定期由厨师长追踪评估,讲究实效,防止流于形式。

(6)员工的岗位提高培训,于每期结束后将个人的培训考核评估结果上报餐饮部经理。

(7)外单位委托培训,由人力资源部分配任务,根据岗位工种派至相关岗位进行岗位技能培训。培训结束后,由带教人员进行考核评估。

(8)餐饮部要做好员工的教育培训档案,详细记载员工接受培训的考核评估记录。

**（九）员工考勤制度**

(1)员工必须按时上下班,并按规定签到、签退。

(2)各员工的考勤由餐厅经理或领班负责。

(3)员工考勤每月汇总一次,由各部门指定专人进行考勤统计,并填写员工情况月报表,报餐饮部经理审阅认可,再报人力资源部作为工资报表及发放工资的依据。

(4)员工考勤内容有出勤、迟到、早退、旷工、事假、病假、丧假、婚假、产假、探亲假、工伤假、法定假、哺乳假等。

(5)员工应严格遵守劳动纪律,工作时间必须严守岗位,不得擅离职守和早退,下班后不得在店内逗留,若需调换班次需征求上一级领导的同意。

# 第二节　中餐厅常见问题应对和特殊情况处理

服务人员在工作中经常遇到这样那样的问题,能否灵活应变地处理,将关系到客人对服务的满意程度。这里讲的特殊情况主要有两大类:一类是餐厅方面由于供餐环节脱节而出现的问题;另一类是客人在用餐过程中提出的一些特殊要求。餐厅服务人员应从方便客人的角度出发,本着让客人高兴而来、满意而去的原则,把这些问题处理好。

1.客人发现饭菜中有异物如何处理

在餐厅服务上,有时会有这种问题发生。比如炒青菜中有草棍、米饭中有黑点等。有时甚至会有更让客人不能接受的物品混在饭菜中,如钉子、碎片、碎玻璃等。

在处理此类情况时,服务员首先应向客人表示歉意,然后将客人已经上桌的饭菜不论其价格高低立刻撤下来,仔细分辨是什么东西。经分辨认定是异物后,要立刻为客人重新做一份新的饭菜,或者征求客人的意见换一款与之相近的菜肴。同时再次向客人表示歉意。

2.客人反映菜肴的口味不对如何处理

客人反映菜肴口味不对有多种原因,有时是菜肴口味过咸或者过淡,有时是菜肴原料的质量有问题,有时也可能是菜肴的烹调方法与客人认为的不一致。如果是由于咸淡味不合适而造成客人的不满,服务员应将菜肴撤下,送回厨房重新制作,淡了可用加佐料的办法补救,咸了则要求重新制作,服务员要向客人表示歉意。如果是由于对烹调方法认知不同造成客人不满,服务员也应该向客人表示歉意,然后婉转而礼貌地向客人介绍一下本餐厅此种菜肴的制作方法,以取得客人的理解。如果是原材料的质量出了问题,服务员则要立即撤下菜肴,向客人道歉,请客人重新订一款与此相近口味的菜肴,立即制作,上桌后请客人再次品尝,结账时应考虑免收此菜品的费用。

3.客人点的菜肴长时间没上,客人要求减账如何处理

值台服务员应立刻去与厨房联系,告诉厨房经理催菜。如果客人长时间地等待某种菜肴,说明值台服务员上菜时没有核对而出现问题。客人要求退掉这个菜,是完全正当的,值台服务员要予以满足。当然,在具体处理时也可与客人商量一下,是否可以马上制作上菜,但其决定权在客人一方。即使为客人改了账、退了菜,但服务员由于工作上的疏忽而导致了客人的不满,也要向客人道歉。减账的手续必须经过餐厅经理的批准。

4.开餐期间突然停电如何处理

在晚间开餐时,突然停电的情况是可能会发生的。服务员应该首先安慰客人,让客人不要惊慌,坐在椅子上不要走动。如果是经常发生的停电现象,服务员要向客人做解释工作;如果是偶尔发生的情况,服务员应该向客人表示歉意,说明可能是饭店供电系统出了毛病。与此同时,服务员应立刻拿来蜡烛等照明用具,为客人照明。蜡烛的存放一定要有固定位置,免得找不着。在此种情况下,服务员的沉着冷静是十分重要的,服务员的任何不安,都会导致客人的心慌。餐厅经理应与有关部门及时联系,搞清楚停电的原因,并尽快让客人知道。

5.服务员由于工作不慎,将汤、菜汁、酒泼到客人衣服上如何处理

这是由于服务员操作不慎而惹的麻烦,餐厅方面应承担全部责任。其具体处理方法应视客人衣服被弄脏的程度和客人对此问题的态度而定。首先要向客人道歉,并立即找一块用凉水浸湿的毛巾为客人擦拭污迹,擦拭后根据其效果和客人的态度,决定是否为客人洗涤与赔偿。

6.餐后结账时客人反映账单的价格不对如何处理

客人在结账时认为结算的价钱有出入的情况是有的,大体有这样几种原因:一是服务员为客人点菜时对有些菜品的价格解释不够清楚。如海鲜活产品类,大多是时价,或者是每500克的价格,服务员在介绍时可能认为客人已经知道了,就没有认真地向客人解释,以致在结账时客人突然发现价格太高,有被欺骗的感觉。二是客人点菜时不看菜单,餐后结账时认为价格上有出入,此时又要查看菜单核对。三是在上菜时由于工作忙等原因,该上的菜肴没有上,客人当时也不讲,等到结账时提出价格不对。四是服务员在客人结账之前没有认真

核对客人的账单,收款员在开账单时出现了差错失误。五是客人自己的计算出了失误。最后一种原因是个别餐厅服务员经营思想不正,有意在客人的账上多加上一些菜品或饮料等费用。

针对不同的情况要有不同的处理方法。如是第一、二种原因,服务员应该拿来菜单再次向客人做认真的解释,求得客人的谅解。如果客人坚持是错账的话,应该由餐厅领导出面解决,减收部分金额,双方都作一些让步。如果是服务员的责任,事后要对服务员进行批评处罚。

第三种原因导致账单的差错,完全是值台服务员的责任,值台服务员应该拿回账单,减去没有上的菜价,向客人道歉后再结账。改账要由上级领导签字认可后,方能生效。

针对第四种原因导致账单的差错,服务员要收回账单,重新核对各项,该减的要减账,并向客人道歉,讲明出错的原因,求得客人的谅解后再结账。

第五种原因虽是由于客人计算错误所致,服务员也不应该在态度上有任何不耐烦的表示。此时要耐心地向客人作解释工作,必要时拿来菜单和客人一起核对,不要流露出任何的不满。

最后一种情况属于服务人员的经营思想不正确,故意而为,此种现象的发生会导致客人对餐厅的不信任,酒店应严肃处理。

7.客人对餐厅的服务和菜肴提出投诉如何处理

对于客人的投诉,首先要有一个正确的认识。客人投诉,说明餐厅的工作还有需要改进的地方,客人提出来是出于对餐厅工作的关心和爱护,是支持餐厅工作的一种表示。如果客人看到或者受到并非优质的服务,不向餐厅提出,这位客人可能以后就不会再来这家餐厅。而且由于他的宣传,会导致部分潜在客人的流失,这将是餐厅经营的重大损失。

其次客人投诉可能是由于客人的利益受到了损失。他在餐厅的消费,没有达到物有所值的水平,他认为在这里的消费不值,所以要投诉,要讨回应该得的东西。例如,服务员的服务态度恶劣,使客人的自尊心受到伤害,他要投诉。又如,设备设施出现问题,客人没有享受到应有的舒适方便,他要投诉。餐厅应该把客人的投诉看作是客人维护自身利益的一种表示。

对于任何投诉,服务人员均需向餐厅经理进行详细的汇报。

8.客人在餐厅醉酒如何处理

客人在餐厅控制不住酒量以至于醉酒的现象是可能发生的。醉酒情况的出现,对于餐厅人员来说不是一件容易处理的事,因为此时,客人头脑不很清醒,听不进劝告。服务员在处理此类情况时要注意了解客人醉酒的背景,才可能有针对性地采取措施。如果客人醉酒是因为喜庆或和其他一些令人高兴的原因,一时没有控制住酒量,服务员可以用礼貌婉转的语言劝告客人不要再喝,同时建议喝一些不含酒精的饮料,如咖啡、茶或是果茶等,这时客人的心情是愉快的,一般能够采纳服务员的建议。有的客人醉酒后会呕吐,服务员应主动协助其去洗手间等处。如果客人在餐厅就发生了呕吐,服务员应立即上前去清理打扫,不要因为气味难闻而躲避。有的客人是因为有了不愉快的事情喝闷酒而发生醉酒,服务员同样要用十分婉转的语言劝告客人,减少或婉言拒绝对其继续供酒,同时提供一些软饮料。遇到此种情况,服务员可以适当与客人多谈几句,说些宽心和安慰的话。但有一点要注意,即不应该谈得过于具体和深刻。喝闷酒的客人一般人数较少,或者只是一个人,服务员要尽力地帮助客人,从周到服务上多体现对客人的关心,如多斟几次热茶,询问客人的感觉如何,主动建议上一些热汤、热面条等食品。有些客人因为逞能、斗气而喝多了酒,服务员应该注意餐桌上的动态,观察客人的举动,可以向没有喝多酒的客人建议,请他们去劝告已喝多酒的客人不要继续狂饮。客人由于争强好胜可能会多次要酒,服务人员绝不可只顾餐厅的经济利益,要什么给什么,此时可以建议客人从喝高度酒改为喝低度酒,或者告诉客人某种酒刚刚卖完而建议他们用一些饮料。有的客人可能由于酒兴对服务员讲一些欠考虑的话,服务员也要态度冷静,不去理会客人的酒后醉话,等到客人恢复到正常状态时,是会理解服务人员的好意的。有时客人酒后撒酒疯,寻机闹事,对于这种情况,服务人员应该立即报告领导,或与当地的公安部门联系,进行处理,避免事态扩大。有时客人酒后闹事,损坏了餐厅的设备财产,服务员要及时统计清点,通过适当的方式,请客人照价赔偿。

醉酒情况的处理要因人、因事、因地而异,采取不同的对策。只要服务人员从关心爱护客人出发,使用礼貌的、容易让客人接受的服务语言,采取合适的做法,是可以收到良好效果的。

9. 残疾客人来用餐应该怎样

为残疾客人服务的原则应是,决不允许用惊奇或者好奇的眼光去注视客人,决不允许在客人背后窃窃私语或者做小动作,应该热情、细心、耐心地去服务。由于残疾人的情况各不相同,他们的心情也不一样,在服务时一定要有针对性,耐心观察,及时提供所需要的服务。如果是盲人来用餐,从餐位的安排上就应该注意,将他们安排在不会受到别人干扰的地方,远离餐厅客人进出的通道。在点菜时,服务人员应该将菜单读给客人听,要告诉客人菜肴的价格,及时耐心地回答其对菜肴的询问,尽量用描述性语言来解释菜肴的口味、分量、烹调方法。与盲人客人交谈,不要使用带有如色彩漂亮、美观之类的词语,这样可能会引起他们心中的不快。上菜应该迅速,菜上桌后应告诉客人的具体位置,让客人用手能摸到,及时为客人上汤、上饭。汤、饭不要盛过多过满,并主动为客人斟酒水,适时移动餐盘、菜盘,每次服务前都要先用言语示意,让客人有所准备。结账时要耐心向客人解释账单,有时可以逐项累计菜价,让客人明白。付款时服务员要告诉客人所收的钱数和找给的钱数,千万不要帮助客人去从衣袋或钱包中拿钱,因为盲人可以用手来感觉钱标面额大小(各种面额的人民币上都印有盲文)。送客人时要尽量送到他要去的地方,帮助送上车。如果是肢体残疾的客人来用餐,首先要将客人安排在不受别人干扰的地方。如果客人带有残疾人专用工具,要放置在合适的地方,尽量做到不引人注目。在服务中要体现出主动、细心、周到和耐心,要提前为客人点菜、上菜,餐后应送客人,要及时取回他们的专用工具,移开桌椅方便客人起身,送客人要尽量送得远一些。

为残疾客人服务时,服务人员要细心观察。有些客人虽然身有残疾,但不希望别人对他另眼看待,使他的自尊心受到伤害。对于这类客人,服务员所提供的帮助应该让客人看来服务是周到的而不是对他的特殊照顾。另外在为残疾客人服务时,绝不要以客人的残疾为谈话内容,与此有关的话题都要避开,在表情态度上要与对待其他客人一样。

有的客人不是肢体上的残疾,而是精神上的问题。对待这样的客人更要注意,他们有些过分的言语或者要求,服务员可以不去理会,因为客人的做法不是有意的,应该采取原谅的态度。

10.如何为带小孩的客人服务

带小孩的客人来餐厅用餐,服务员要给予更多的关注和照顾。服务员安排好孩子就座后,应马上为客人点菜。此时可以灵活一些,先为孩子点菜,点了菜之后马上给孩子上菜。孩子的菜要软、烂、易消化,使用的餐具要安全,一般可以上一只小勺,最好是金属的,孩子吃完后,在大人用餐时可以给孩子几张餐巾纸玩,或者服务员帮助照看小孩,让大人免去牵挂地用餐。为了带小孩的客人服务好的前提是照顾好他们的孩子。有的孩子十分可爱,服务员谁见了都喜欢开玩笑,显得很热情,但有时孩子的父母不喜欢看到这种情形,服务员要注意把握分寸,不要适得其反。

11.客人在餐厅损坏餐具如何处理

客人在进餐过程中损坏餐具,服务员在处理时应该先搞清原因。有的客人由于不慎而打碎了玻璃杯或碰掉了餐盘,服务员应该首先表示关心和同情,询问客人是否被碰伤或被扎伤,同时立即将已经破碎的餐具清理收拾干净,然后为客人换上干净的餐具,请客人继续用餐。服务员还可以主动上前为客人服务,如介绍一下菜肴的特点,询问一下客人是否还需要加一些其他菜肴,来转移客人的注意力,使其摆脱尴尬的局面。但是要注意客人损坏餐具的种类和数量,根据餐厅财产价目表,在餐后结账时酌情让客人赔偿,与餐费一并收款,并告诉客人赔偿的金额,是按照多少百分比收取的。

12.客人出言不逊,服务员应如何处理

一般来说,绝大部分客人在餐厅这个公共场所,都能自觉地遵守饭店、餐厅的规定。服务员在为客人提供礼貌、热情服务的同时,客人是会以礼相待、平等相处的。但是个别客人出言无礼、出口伤人的情况,在餐厅也时有发生。究其原因,有的可能客人是修养不够,造成一时的不冷静等。

情况不同,对待和处理的方式也不一样。如果是客人自身素质不高,不懂得在公共场合应有的举止言行,服务人员可冷静地对待,一般不要计较其粗俗言语。如果实在过分,服务员可以冷静地指出,让客人收敛其言行,不要过于放肆,并及时通过上级领导和有关部门,出面协助处理。

如果是客人由于受到怠慢而言语不逊,作为服务人员或者餐厅方面,应该立即弥补服务上的失误,不去计较客人在言语上的过激。

13.当客人离店时,若发现有遗留物品该怎么做

值台小姐应立即将所遗留物品,送交至吧台(或经理室)并告知当班人员该物品是何人所遗失,以便顾客找寻。

【实训练习】

分组进行情景模拟,自行设计突发事件场景并写出总结报告。

# 技 能 篇

# 第六章　托　盘

★ 学习目标

1. 了解使用托盘的基本方式
2. 掌握使用托盘的基本技能
3. 能熟练运用托盘运送菜品

**【案例导入】**

　　小王是某旅游院校的一名大三学生。初次进入酒店做餐厅服务员,从来没有独立工作过的小王手忙脚乱,把客人需要的酒水、饮料一股脑儿地全放在了托盘里,结果在给客人斟倒酒水时不小心将放在外侧的饮料瓶碰倒,致使饮料和酒水洒了一地,并且把一位客人的衣服给弄湿了。如果您是这位服务员该怎么做?如果您是小王的领班,今后该如何培训小王的端托服务技能?

　　托盘是餐厅服务工作中用于运送各种物品的常用工具之一。因此,托盘操作的熟练程度就显得十分重要。熟练掌握托盘操作技能可以提高工作效率、保证服务质量和规范餐厅的服务工作。

# 第一节　托盘使用知识

## 一、托盘的种类与规格

### 1.托盘的种类

(1)按照托盘的制作材料,可分为木托盘、金属托盘和胶木防滑托盘。

(2)按照用途差异,可分为大、中、小三种规格的长方托盘和圆托盘。圆托盘的直径大于36cm 的为大圆托盘;直径为 32~36cm 的为中圆托盘;直径为 20~32cm 的为小圆托盘。长方托盘也按此规格分大、中、小三种。

2.托盘的用途

(1)大方盘和中方盘用于装运菜点、酒水,收运餐具和盆、碟等重的器具。

(2)小方盘和大、中圆盘,一般用于摆台、斟酒、上菜、上饮料等。

(3)小圆盘和 6 英寸(15.24cm)小银盘主要用于送账单、收款、递信件等小物品。

## 二、托盘的要领

托盘时左手臂自然弯曲至 90°角,掌心向上,五个手指分开,以大拇指指端到手掌的掌根部分和其余四指托准盘底,手掌自然呈凹形,掌心不与盘底接触,平托于胸前,手指随时根据托盘上各侧面的轻重变化而作相应的调整,使托盘保持平稳。行走时,头正肩平,目视前方,面带微笑,右手自然摆动。

## 三、托盘的使用方法

按所托物品轻重,有轻托和重托两种方式。物品重量在 5 千克以内的,适宜采用轻托方式,物品重量在 5 千克以上,则采用重托方式。

1.轻托

轻托又称胸前托。此法多用中、小型托盘,有便于工作的优点。轻托的动作要领如下:

(1)两肩平行,用左手。

(2)上臂垂直于地面,下臂向前抬起与地面平行,上臂与下臂垂直成 90°角。

(3)手掌掌心朝上,五指张开,指实而掌心虚。大拇指指端到手掌的掌根部位和其余四指托住盘底,手掌自然形成凹形,掌心不与盘底接触。

(4)手肘离腰部 15cm。

(5)右手自然下垂或放于背后。

2.重托

重托又称肩上托。此法多用大型托盘。重托的动作要领如下:

(1)用左手。

(2)左手向上弯曲臂肘的同时,手掌向左向后转动手腕 90°至左肩上方。手掌略高出肩 2cm,五指自然分开,用五指和掌根部控制托盘的平衡。

(3)托盘的位置以盘底不压肩、盘缘不近嘴、盘后不靠发为准。

(4)手应自然下垂摆动或扶住托盘的前内角。

目前,为了安全省力,餐饮企业一般不采用大型托盘,多用小型手推车递送重物。

### 四、托盘的注意事项

**1.理盘**

理盘时要将托盘洗净擦干,在盘内垫上专用垫布(切勿使用与顾客使用的毛巾、餐巾相似的垫布,以免顾客误会),垫布要用清水打湿、拧干、铺平、拉挺,四边与盘底相齐。

**2.装盘**

要根据物品的形状、体积、派用的先后,进行合理装盘。一般重物、高物在内侧;先派用的物品在上、在前,重量分布要得当,遵循"高高低低"原则。装酒时,酒瓶商标向外,以便于宾客看清。

**3.起盘**

起盘时左脚在前,右脚在后,屈膝弯腰,用右手慢慢地把托盘平拉出三分之一或二分之一,左手托住盘底,右手相帮,托起托盘撤回左脚。行走时必须头正、肩平、盘平,上身挺直,目视前方,脚步轻快而稳健,托盘可随着步伐而在胸前自然摆动,但幅度要小,以防菜汁、汤水溢出。

**4.行托**

托盘行走到目的地后站稳,落盘时,要弯膝不弯腰,以防汤汁外溢或翻盘;用右手取用盘内物品时,应从前后左右(四周)交替取用,随着托盘内物品的不断变化,重心也要不断调整,左手手指应不断的移动,掌握好托盘的重心。特别是用托盘给宾客斟酒时,更要随时调节托盘重心,以免托盘倾翻而将酒水泼洒在顾客身上。

重托主要用于托较多的菜品、酒水和空碟,理盘与装盘基本等同于轻托,操作起托时先用双手将托盘一边移至桌边外,右手扶住托盘边,左手伸开五指,用拳掌托住盘底,在掌握好重心后,用右手协助将托盘慢慢托起,同时转动掌腕,将托盘托于左肩上方,操作时要做到平稳。

重托行走时,步伐不宜过大、过急。行走时应尽量保持头正、肩平、上身直,随着行走步伐让盘面上、下微动,切不可使盘面左右或前后晃动,注意不能让盘面向外倾斜。

**5.落托**

重托落托时,一要慢、二要稳,三要平。到重托盘面与台面平行时,再用左肩及左手掌将盘向前推进。落托动作结束后,应及时将盘内物品整理好,并擦净盘面以备后用。

### 五、托盘行走

**1.托盘行走的步伐**

托盘行走的步伐通常可分为常步、快步、碎步、垫步等。常步即常用步伐,指步距均匀、快慢适中的步伐。快步是急行步,步距加大,步速较快,但又不能变为跑步。碎步是小快步,步距小,步速快,上身保持平稳。垫步是当需要侧身通过时,左脚侧一步右脚跟一步,一步紧跟一步。

2.托盘下蹲

正确的做法是上体保持托盘姿势,下体采用交叉式或高低式蹲姿。值得注意的是无论采用哪种下蹲方式,左脚均在前,这样才不至于使托盘挡住视线,看不到掉在地上的物品。

3.甩盘

这个动作是在托盘靠近客人,为客人撤换餐具时用得最多的一个动作,目的是为了避免托盘碰到客人的头部。动作要领:伸出右脚踩在两个椅子之间,移动重心到右脚,同时以手肘为轴心将托盘由胸前平行移动至胸左侧,右手拿取餐桌上的物件。做这个动作时,要求服务员保持左手托盘的平衡,特别是托盘上的物件较高而重心不稳时或盛器内有汤汁时。

## 六、托物行走

(1)保持头正、肩平、胸挺、身直,步幅适中,脚跟先落地,做到肢体协调。

(2)表情轻松自然,双目平视前方,利用双目余光留意托盘。

(3)行进时,右手臂自然摆动,左手上臂也应自然摆动,保持身体平衡。

(4)行走要快而稳,忌散步或跑步前进。

(5)托物行进时,若遇客人须礼让客人先行。若需停止,应将托盘侧于身旁,保护托物的平衡。

(6)若发生意外碰撞,用右手环抱,瓶身靠向身体,尽量减少对客人的影响程度。

## 七、五种基本步伐

(1)常步

常步指平常行进的步伐,要步距均匀,快慢适宜。

(2)快步

快步的步幅应稍大,步速应稍快,但不能跑,主要在端送需要热吃的菜肴时使用。

(3)碎步

碎步使用较小的步幅,以较快的步速行进,主要适用端汤,可以保持上身平衡,避免汤汁溢出。

(4)垫步

垫步时一只脚在前,一只脚在后,前进一步、后跟一步的行进步伐,适合在穿行狭窄的过道、突遇障碍或靠近席桌减速时使用。

(5)跑楼步伐

跑楼步伐指传菜服务员端托上楼时所使用的一种特殊步伐,其要求是,身体向前弯曲,重心前倾,一步紧跟一步。

## 八、基本技巧

(1)托重物

托重物时手掌托于盘三分之二处,可借用于手腕承力,过于向里借用小臂承力是完全错误的。

(2)托轻物

托轻物时因托盘受力面积小,需将物品置于托盘中部,保持平衡,禁止将酒水瓶身横向摆放。

(3)托贵物

托贵物时行步摆动幅度不易过大,防止意外碰撞,使菜肴变形或汁酱外溢。

(4)托多物

托多物时应合理装盘,盘内物品的重量分布要均匀,必须考虑便于运送。

(5)持空托

持空托时用右手持托,需要时及时由左手接过使用。将托盘置于右臂与身侧中间。不能双手端空托行走。

(6)交接托盘

交接托盘时依中心线双手握于两端,待完全接过后方可松手,调整好重心,配合默契。

(7)起落托盘

起托时,左脚在前,略曲左膝,身微前倾,用右手由台边慢慢拉出托盘,左手伸出逐渐承力接托,右手扶住托盘边沿协助起至胸前,收回左脚,平衡后方可行走。落托时,姿势与手法基本相同,不同之处是右手协助,将托盘前端置于台边,双手推进放稳托盘。

(8)持托服务

持托服务时站于餐位右后侧,右脚插入餐椅之间,拉开持托手臂,避免客人活动与托盘发生碰撞,拿取物品后,及时调整重心,注意托盘不能过于靠近客人、妨碍客人。

(9)半跪式服务

半跪式服务的要领是,斜向下蹲,左膝弯曲,右膝半跪(膝盖不触地),保持身直,上身微转,正面朝客,左脚落地,右脚脚尖触地,左臂时以左膝盖为撑点,约 45°,通常用于夜总会服务。

(10)持托上下楼

持托上下楼时左手正确持托,右臂自然摆动,不允许扶梯手,双脚落地要轻,减少对身体的振动。

### 九、托盘的保养

(1)每餐后要进行清洁,用洗洁精刷洗正反两面。

(2)随时保持清洁,无水渍、污渍、油渍。

(3)洗后托盘用干布擦净,竖立自然风干。

(4)每天进行清点,保证数量。

(5)爱护托盘,严禁乱涂乱画,盘上不能有各种笔迹、漆迹或乱盖原子印章。

(6)严禁手玩托盘或空中传递。

【案例】

某酒店宴会大厅正在举行隆重的宴会,客人在舒缓的音乐声中自由交谈、轻松就餐。这时,一位男服务生用大方托盘托着装有饮料的杯子向客人走来,一不小心,托盘上的饮料杯翻倒,全部洒在邻近的一位客人身上,响声惊动了所以客人,大家目光一齐投向这位客人……最终,引起顾客投诉。

【案例点评】

(1)正确使用托盘,是每个餐厅服务员应具备的基本技能,可以为餐饮服务的物品托运提供便利,提高餐饮服务的工作效率,规范餐饮服务、美化服务姿态。

(2)使用托盘服务前,服务人员必须要掌握理盘、装盘、起盘、行走、落盘五个步骤及其要领。从托盘的选择、清理到托送方法都要一丝不苟,尽量避免服务事故的发生。

【案例思考】

(1)造成失误的原因是什么?

(2)我们如何才能避免和减少发生服务事故,从而熟练托盘,运用自如的服务?

(3)在你看来,服务人员在服务过程中,有哪些方面是需要注意的?

# 第二节 操作训练

## 一、托盘训练的操作步骤

(1)站姿

贴墙而立,身体与墙壁平衡,目的是达到肢体舒展、美观的标准。

(2)行走

倾斜空托,直臂行走,目的是感觉五指受力,为平衡打基础。

（3）移物

练习持托服务，这是服务过程的基本功，要求达到完全控制托盘的能力。

（4）交接

互相交接托盘，使用手法熟悉自如，便于工作中的互相配合，培养互相协作的精神。

（5）穿插

S形行走，练习持托时对人或物的避让，目的是掌握扎实的基本功。

（6）平衡

踩高低凳、走楼梯，完全具备控制托盘的能力，并能处理好突发事件。

## 二、操作场地

操作场地一般在户外和中餐服务实训室。

【实践练习】

实践人数：根据班级人数分几个小组。

实践项目：每十人一行，面对面站立进行托盘训练。

实践时间：每组参加人员的练习时间为 10 分钟，时间到即停止操作。

实践考核方式：先自我评价，然后小组评议，最后由小组成员推荐一位小组当中最优秀的人员进行示范练习。

# 第七章　中餐摆台

**学习目标**

1. 掌握各类中餐摆台的基本程序、方法和要求
2. 掌握台面撤换餐具及翻台的基本技能

**【案例导入】**

　　零点餐厅也好，宴会厅也好，尽管摆台非常的规范、台面整洁、雅致，可是客人到来后，总是喜欢把一些餐具向餐桌里面挪一挪，好把胳膊放在餐桌上，或喝茶，或点菜，或聊天。烟灰缸则向餐桌边缘拉一拉，好往里弹烟灰。这一现象被服务员小何看在眼里，记在心里，有一天终于忍不住向餐厅主管反映了此事。如果您是餐厅主管，该怎么做？这样的事情对我们有哪些启发？如果从服务创新的角度如何看待这些事情？

# 第一节　铺台布

　　台布是餐厅摆台所必备的物品之一。台布的规格及色泽的选择，应与餐台的大小、餐厅的风格协调一致。

## 一、台布的种类与规格

### 1. 台布的种类

　　台布的种类很多，因纯棉台布吸湿性能好，大多数餐厅均使用纯棉提花台布。台布的图案有团花、散花、工艺绣花及装饰布等。台布的颜色有白色、黄色、粉色、红色、绿色等，但多数选用白色。台布的颜色要与餐厅的风格、装饰、环境相协调。

　　台布的形状大体有正方形、长方形和圆形三种。正方形常用于方台或圆台，长方形则多用于西餐的各种不同餐台，圆形台布主要用于中餐圆台。

### 2. 台布的规格

　　正方形台布的规格大小有多种，经常使用的有 140cm×140cm、160cm×160cm、180cm

×180cm、200cm×200cm、220cm×220cm、240cm×240cm、260cm×260cm 等。应根据餐桌的大小选择适当规格的台布。如 140cm×140cm 的台布适用于 90cm×90cm 的方台；160cm×160cm 的台布适用于 100cm×100cm 或 110cm×110cm 的方台；180cm×180cm 的台布适用于直径 150cm 或 160cm 的圆台；200cm×200cm 的台布适用于直径 170cm 的圆台；220cm×220cm 的台布适用于直径 180cm 或 200cm 的圆台；240cm×240cm 的台布适用于直径 220cm 的圆台；260 cm×260 cm 的台布适用于直径 240 cm 的圆台。

除了方台布外还有长方形台布，有 160cm×200cm、180cm×300cm 等不同规格。这类台布用于长方台及西餐的各种餐台，可根据餐台的大小形状选用不同数量的台布，一块不够用时可随意拼接。在拼接时注意要将接口处接压整齐。

圆形台布的规格各有不同，一般的圆形台布多见于定型特制，即根据餐台的大小将台布制成直径大于餐台直径 60cm 的圆形台布，使台布铺于餐台上圆周下垂 30cm 为宜。

## 二、台布铺设

台布铺设是将台布舒适平整地铺在餐桌上的过程。

1. 准备工作

铺台布之前，首先应将所需餐椅按就餐人数摆放于餐台的四周，使之呈三三两两的并列状。然后服务人员应将双手洗净，并对准备铺用的每块台布进行仔细检查，发现有残破、油渍和皱褶的台布则不能继续使用。最后应根据餐厅的装饰、布局确定席位。操作时，餐厅服务员应将副主人处餐椅拉开至右侧餐椅后边，餐厅服务员站立在副主人餐椅处，距餐台约40cm，将选好的台布放于副主人处的餐台上。

2. 铺设方法

中餐圆台铺台布的常用方法有三种。

(1)推拉式铺台

推拉式铺台即用双手将台布打开后放至餐台上，将台布贴着餐台平行推出去再拉回来。这种铺法多用于零餐餐厅或较小的餐厅，或因有客人就座于餐台周围等候用餐时，或在地方窄小的情况下。

(2)抖铺式铺台

抖铺式铺台即用双手将台布打开，平行打折后将台布提拿在双手中，身体呈正位站立式，利用双腕的力量，将台布向前一次性抖开并平铺于餐台上。这种铺台方法适合于在较宽畅的餐厅或在周围没有客人就座的情况下进行。

(3)撒网式铺台

撒网式铺台即用双手将台布打开，平行打折，呈右脚在前、左脚在后的站立姿势，双手将打开的台布提拿起来至胸前，双臂与肩平行，上身向左转体，下肢不动并在右臂与身体回转时,台布斜着向前撒出去,将台布抛至前方时,上身转体回位并恢复至正位站立,这时台布应平铺于餐台上。抛撒时,动作应自然潇洒。这种铺台方法多用于宽大场地或技术比赛场合。

**3.注意事项**

铺台布时,台布不能接触地面,台布中间折纹的交叉点应正好在餐台的中心处,台布的正面凸缝朝上,中心线直对正、副主人席位,四角呈直线下垂状,下垂部分距地面距离相等,铺好的台布应平整无皱纹。铺好台后,应将拉出的餐椅送回原位。

# 第二节 摆 台

中餐摆台就是在餐台上摆放各种餐具的过程。中餐餐台通常摆放的餐具、用具有骨碟、勺垫、勺子、筷架、筷子、各种中式酒杯、牙签盅、烟灰缸等。

**1.摆台的要求与标准**

(1)摆台要求

摆台操作前,应将双手进行清洗消毒,对所需的餐、饮用具进行完好的检查,不得使用残破的餐、饮用具。

(2)摆台标准

餐、酒用具的摆放要相对集中,各种餐、酒用具要配套齐全。摆放时距离相等,图案、花纹要对正,做到整齐划一,符合规范标准。做到既清洁卫生,又有艺术性;既方便宾客使用,又便于服务人员服务。

**2.摆台需要的餐、酒具及摆台的顺序**

以10人座位宴会台面所需物品为例,10人宴会用餐摆台所需餐、酒用具及物品如下:台布1块、餐巾10块、骨碟10~12个、筷架10个、筷子10~12双、勺垫10个、勺子10~12把、葡萄酒杯10个、白酒杯10个、水杯10个、牙签盅2个、烟灰缸5个。

在摆放以上物品时,可以用托盘分5次托摆。第一托,骨碟10个;第二托,勺垫10个、勺子10把、筷架10个、筷子10双;第三托,葡萄酒杯、白酒杯各10个;第四托,水杯10个(已插放好折叠成形的餐巾花);第五托,花瓶、台号。

**3.餐、酒用具摆放的规则**

(1)摆骨碟

将餐具码好放在垫好餐巾的托盘内(托盘应防滑,也可以垫餐巾),左手端托盘,右手摆放。从正主人位开始按照顺时针方向依次摆放。碟与碟之间距离相等,碟距桌边1.5cm。正、副主人位的骨碟应摆放于台布凸线的中心位置。

（2）摆勺垫、勺子

勺垫摆在骨碟的正前方。勺垫边沿距骨碟边沿 1cm，勺垫的中心置于骨碟的中心线上。勺子摆在勺垫的中央，勺柄朝右。

（3）摆酒具

葡萄酒杯杯柱应对正骨碟中心，葡萄酒杯底托边距勺垫边 1cm；白酒杯摆在葡萄酒杯的右侧，杯口与杯口距离 1cm。酒具的花纹要正对客人。摆放时，酒杯应扣放于托盘内。操作时，手取拿酒杯的杯座处，不能触碰杯口部位。

（4）摆筷架和筷子

筷架应放在骨碟的右侧，与勺垫的横向中心为一条线，注意造型、图案。如果是动物造型，头应朝左摆放。筷子放于筷架上，筷子图案或字要朝上对正（筷子套同样），筷子末端距离桌边 1.5cm，筷身距离勺柄末端 1cm。

（5）摆公用碟、公用勺、公用筷

公用碟应放置在正、副主人席位的正前方，碟边距葡萄酒杯底托 2cm。公用勺放在靠桌心一侧，公用筷放在靠桌边一侧，勺柄朝左，筷柄向右，成为对称形，勺与筷中间间距 1cm，筷子离公用碟部分两端相等。10 人以下摆放两套公用餐具，12 人以上应摆 4 套，其中另外两套摆在台布的十字线两端，应呈十字形。如果客人人数少，餐桌较小，只需在正、副主人位置餐具前摆放公用筷架及筷子即可。

（6）摆牙签盅

牙签盅应摆在公用碟的右侧，右不超出筷柄末端，前不超出碟边外切线。

（7）摆放水杯及餐巾

将叠好的餐巾折花插入水杯中，摆放于葡萄酒杯的左侧，3 套杯的中心应横向成为一条直线，水杯的上口距葡萄酒杯的上口 1cm。将餐巾折花的观赏面朝向客人。

（8）摆放烟灰缸

从正主人席位右侧开始，每隔两个座位摆放一个烟灰缸。烟灰缸前端应在水杯的外切线上，架烟孔要朝向两侧的客人。

（9）围椅

从第一主人位开始按顺时针方向依次摆放餐椅，椅座边沿刚好靠近下垂台布为准，餐椅之间距离均等。

（10）摆火柴

火柴应摆在靠桌心一侧的烟灰缸上，火柴盒的封面朝上，火柴磷面向桌边一侧。

（11）摆菜单、台号

一般 10 人以下的餐台摆放两张菜单，摆放于正、副主人位的左侧。平放时菜单底部距桌边 1cm，立放时菜单开口处分别朝向正、副主人。12 人以上应摆放四张菜单，并呈"十"字形摆放。大型宴会应摆放台号。台号一般摆放在每张餐台的下首,台号朝向宴会厅的入口处,使客人一进餐厅便能看到。

摆台效果要求台面各种餐具、用具摆放整齐一致,布局合理、美观,间距均等,摆放位置准确,花纹图案对正,台面用具洁净、无破损。

4.早、午、晚中餐零餐摆台

零餐摆台要根据餐厅的布局,定好座位,铺好台布,要求在同一餐厅内,所有餐台的台布凸缝横、竖铺放时都要统一朝向。凸缝正面向上,餐具花纹、图案对正。所摆放的物品距离均匀,清洁卫生,整齐划一。

(1)早餐摆台

骨碟摆在座位正中,距桌边1.5cm;汤碗摆在骨碟的左前方;筷子摆在骨碟的右侧,图案文字要对正,筷柄距桌边1.5cm;勺子摆在骨碟的前方,勺柄朝右,也可以摆放在汤碗内,勺柄朝左;牙签盅、调味架摆在台布中线的附近;烟灰缸摆在主人席位的右侧,每隔两位客人摆放一个,架烟孔要分别朝向客人。

(2)午、晚餐摆台

午、晚餐的餐具摆放与早餐基本相同,只增加一个水杯。水杯内放入餐巾折花或餐巾纸,摆在瓷勺的前方,其他餐、酒具及公用餐具应等客人入座后,根据客人的需要随时增加。

(3)零餐方桌摆台

方桌和圆桌餐、酒具的摆放相同,不同之处是:公用餐具摆在主人席位的右侧,公用勺和公用筷斜放在公用碟内,勺子与筷子相距1cm,筷子在里,勺在外。调味架或酱油壶、醋壶放在副主人席位的右侧,酱油壶、醋壶的壶嘴朝向桌心,壶柄朝外。牙签盅放在酱油壶、醋壶的里侧,相距2cm。烟灰缸分别放在正、副主人席位的右侧,烟灰缸上的架烟孔分别朝向两侧客人。

# 第三节　撤换各种用具

## 一、撤换菜肴、食品

在高档中餐宴会中,一般上新菜撤旧菜,桌面上只保持一个菜。一般宴会,餐桌上通常保持五个菜以下,如数量过多就会影响整个餐桌的整洁美观。普通的宴席为了保持桌面的丰盛也可把残菜撤下换上小盘,整理好重新上桌,这样做既可保持桌面的丰盛,又可保持桌面美观。

在中高档宴会中,餐厅服务员分好菜,宾客品尝完毕后,在下一道菜上桌前就应将前一道菜撤下,但要注意撤菜不可过快,客人需要继续食用的菜肴不能撤下,不可让客人扫兴。菜肴食品的撤换应按就餐客人进餐速度的快慢来决定,应适时地撤换餐桌上的残菜。撤菜盘时要使用托盘,在上菜的位置撤菜盘,注意动作要轻、要稳。撤盘时切忌用力拉,以免汤汁溢出,同时要注意不要将菜盘从就餐客人的头上撤下,更不能把菜汁滴洒在顾客的身上或桌面上。

## 二、撤换餐、酒用具

较高级的酒席或宴会,往往需要两种以上的酒水饮料,并配有冷、热、海鲜、汤、羹等不同的菜品,这些菜品采用炒、烩、扒、煎等不同的烹饪方法,因此,在宴会进行中需要不断地更换餐具、用具。这样做主要是为了丰盛宴席,提高宴席档次,搞好餐桌卫生,使菜肴不失其色,保持原汁原味,突出特点,增加美观。

1.撤换骨碟

换骨碟的正确方法是:撤换骨碟时要用左手托托盘,右手撤换,从第一主宾开始,沿顺时针方向进行。将干净的骨碟从客人的右侧摆放,然后从客人的左侧将用过的骨碟撤下。

在撤换骨碟时要注意,用过的骨碟和干净的骨碟要严格分开,防止交叉污染。如果遇有宾客前一道菜还没有用完,而新菜又上来了,这时可以在宾客面前先放一干净骨碟,等宾客食用完后再撤下前一道骨碟。更换骨碟应根据菜肴的品种而定,如果是高级宴会应是一菜一碟。在一般情况下,餐厅服务员可视具体情况,灵活掌握,但遇到下列情况时应及时更换骨碟:

(1)吃过冷菜换吃热菜时应更换骨碟。

(2)吃过鱼腥味食物的骨碟,再吃其他类型菜肴时应更换骨碟。

(3)上风味特殊、汁芡各异、调味特别的菜肴时应更换骨碟。

(4)凡吃过甜菜、甜汤的盘和碗,须更换骨碟。

(5)骨碟内若洒落了酒水、饮料或异物,应更换。

(6)当碟内骨刺、残渣较多,影响雅观时,应及时更换骨碟。

2.撤换汤碗、勺子

在宴会中汤碗和勺子盛过汤后,一般碗内难免会留下一定汤汁,如上第二道汤后,第二道汤再盛进去则会合两味为一味,影响汤的口味,故汤碗、勺子盛过汤后,如再上第二道汤,则需撤换一副干净的汤碗和汤匙。

3.撤换酒具

(1)宴席进行中,如果客人提出更换酒水、饮料,要及时更换酒具。

(2)酒杯中洒落汤汁、异物时要及时更换酒具。

(3)换酒具时,从客人右侧按顺时针方向进行,酒具放在正确的位置上。操作时不得将酒杯相互碰撞,以免发出声响,打扰客人。

### 4.撤换烟灰缸

在宴席进行当中,餐厅服务员要随时注意烟灰缸的使用情况。在高档宴会中宾客使用的烟灰缸有满2个烟蒂就必须为宾客撤换烟灰缸。在撤换烟灰缸的时候,要注意先把干净的烟灰缸盖在用过的烟灰缸上,并将两个烟灰缸一并撤下,然后再把干净的烟灰缸放在餐桌上,这样可以避免在撤换时烟灰飞扬,有碍卫生。撤换烟灰缸与撤换餐碟、汤碗一样,也需要用托盘进行操作。另外,餐后收台时撤烟灰缸应先做防火安全检查,看是否有未熄灭的烟蒂,如有应进行及时处理。撤烟灰缸应作为一项单独的撤台程序。

## 三、撤换毛巾、餐巾和台布

### 1.更换小毛巾

从宴会开始到宴会结束,席间应多次更换小毛巾,以示服务热情、礼貌和讲究卫生。上小毛巾的方法是:将小毛巾放在毛巾托内,装在托盘里,餐厅服务员左手端托盘,右手摆放,放在宾客的右侧,由宾客自取。也可将毛巾放在垫碟内,餐厅服务员用毛巾夹直接递给每一位客人。

### 2.撤换餐巾、台布

(1)撤换餐巾、台布的要求

撤餐巾时应先将餐巾抖干净,清点数目,再把餐巾扎成10块1捆,这样做便于清点。撤台布是撤台工作的最后一道程序。餐台的各种餐饮用具撤清后,首先应注意台布上是否留有烟蒂、残菜等,如果有应先清理再撤台布。如果台布上洒有大量的液体,应采取晾台的方法,待台布晾干后再收起,以免台布发霉后洗不掉,既不雅观也不卫生,影响使用。

(2)收台布撤台的步骤

1)撤餐巾;

2)撤酒(饮)具;

3)撤餐具;

4)撤其他物件;

5)撤台布。

### 【案例】

张先生邀请合作伙伴一行8人进入某五星级饭店中餐厅就餐。一切服务都有序进行着。服务人员小李依次为客人递巾、送茶、落巾、撤筷。菜肴陆续上桌,小李也主动为每位客人分菜。张先生习惯使用左手,每次夹完菜后,放筷子都很不方便。小李没有发现这个问题,撤换脏餐具的时候,小李仍然将筷托、筷架、筷子放了客位右侧,张先生有些不高兴地说:"你们酒店规定筷子只能放右边的吗?"

**【案例点评】**

虽然服务中有标准和规范,但面对特殊客人,我们的服务也应该有变通,真正做到"以人为本"。当遇到有"左撇子"客人的时候,我们就应该及时帮助客人调整筷托、筷子的位置,换到左手边。该案例是因为我们的服务人员观察不仔细、不主动,给客人造成了不便。

**【案例思考】**

(1)你觉得小李的问题出在哪里?

(2)你认为还可以从哪些方面着手,做到酒店中餐服务"以人为本"?

# 第三节　操作训练

## 一、中餐宴会摆台步骤及程序训练

### 1.仪表仪容

按规定着装,戴正工号牌,面容整洁,女服务员淡妆上岗;精神饱满,面带微笑,站姿规范;动作大方,美观轻巧,不拖不拉;头发梳理整洁,发型符合酒店要求;手、指甲干净,并要消毒。

### 2.物品准备

准备宴会摆台需要的桌椅、各种餐具、酒具和物品,桌子不得有破损,桌腿要摆平、放稳定,不得摇动。根据宴会人数准备好椅子,椅子要稳,没有任何破损,椅背椅面不能松动。餐酒具要多备五分之一。所备餐具、酒具无残缺、符合卫生标准和宴会使用要求。准备物品时要使用托盘,轻拿轻放。

### 3.铺台布

台布要干净无破损或褶皱。站在副主人餐椅处,将折叠好的台布放在餐桌中央,将台布打开,找出台布正面朝向自己一侧的边缘,任选一种方法将台布一次铺成,要求台布中心凸缝向上,且对准正、副主人,台布四周下垂部分均等。

### 4.摆放转台

在规定的位置,将转台摆放在餐桌的中央,转盘的中心和圆桌的中心重合,转盘边沿离桌边均匀,误差不超过1cm,并试转转盘是否旋转灵活。

### 5.摆垫盘、骨碟

从主人位开始,按顺时针方向摆放,先摆垫盘,骨碟放置在垫盘上;图案对正(店徽在上方),摆放距离均等,距桌边1.5cm。

### 6.摆勺垫、勺子

勺垫置放于骨碟正上方，与骨碟间距 1cm，勺垫中心与骨碟中心对正，勺置放于勺垫中，勺柄向右。

### 7.摆筷架

筷架放于勺垫的右侧，将带筷套的筷子放在筷架上（筷套图案向上），以出筷架为准，筷子尾部距桌边 1cm，筷子与骨碟相距 3cm 并与骨碟中心线平行；若使用多用筷架和长柄匙，应在骨碟正前方摆味碟，间距 1cm，筷架放于味碟右侧，将筷子、长柄匙置于筷架上，匙柄与骨碟相距 3cm，尾端离桌边 1.5cm。

### 8.摆牙签

小包装牙签，放在筷子的右侧 1cm 处，牙签距桌边 5cm；牙签盅放在正、副主人筷子的右上方。

### 9.摆酒具

在勺垫正前方摆红酒杯，中心要对正，杯底与勺垫相距 1cm；在葡萄酒杯的右侧摆白酒杯，间距 1cm，左侧摆啤酒杯，间距 1cm；三杯中心成一横直线。

### 10.摆烟灰缸

烟灰缸摆放四只，分别摆在正、副主人的右侧和左侧，距转台 3cm，成正方形。

### 11.叠餐巾花

餐巾折花，要求用 7 种手法，折叠 10 种不同造型的餐巾花；花型要分出主次，花型为植物、动物、实物类；要一次成型，形象逼真，拿褶均匀，美观大方，并符合卫生要求；折花完毕按要求放入啤酒杯中，花型按照主次宾客，位置摆放得当。

### 12.摆花插

花插摆放在转台正中，花朝向主人。

### 13.摆椅子

椅子摆放为"三三两两"，即正、副主人侧各放三张椅子，另两侧各放两张椅子，椅背在一直线上（开餐前，要将椅子整齐拉好，要求椅背中心正对餐盘，椅面内沿紧贴桌布或台裙，椅背绕成圆形）。

注意事项：摆台操作时一律使用托盘；摆台后要检查台面摆设有无遗漏，摆放是否规范、符合要求，如果是多桌宴会，除主桌外所有用具、台布、围裙、椅子等规格和颜色均应一致，要保持整体的协调。

## 二、中餐零点摆台的程序及规范训练

### 1.仪表仪容

按规定着装，戴正工号牌，面容整洁，女服务员淡妆上岗；精神饱满，面带微笑，站姿规范;动作大方,美观轻巧,不拖不拉;头发梳理整洁,发型符合酒店要求;手、指甲干净,并要消毒。

2.物品准备

准备摆台需要的各种餐具、酒具和物品,餐酒具要多备五分之一;所备餐、酒具无残缺,符合卫生标准和宴会使用要求,准备物品时要使用托盘,轻拿轻放。

3.铺台布

如果是圆桌,站在主人位的右侧(如果是方桌则站在一侧),将折叠好的台布放在餐桌中央,将台布打开,找出台布正面朝向自己一侧的边缘,任选一种方法将台布一次铺成;要求台布中心凸缝向上,且对准正、副主人,台布四周下垂部分均等。

4.摆放转台

在规定的位置,将转台摆放在餐桌的中央,转盘的中心和圆桌的中心重合,转盘边沿离桌边均匀,误差不超过 1cm,并试转转盘是否旋转灵活。

5.摆吃盘

从主人位开始,按顺时针方向摆吃盘定位,吃盘边沿距桌边 1.5cm,盘间距离距均匀。

6.摆筷架、筷子

吃盘右侧放筷架、筷子,筷尾离桌边 1cm。

7.摆汤碗、勺

在吃盘左上方放口汤碗,距盘边 1cm,勺置于碗中,勺把向右。

8.摆酒具、茶具

吃盘右上方摆酒杯,距盘边、汤碗各 1cm。

9.折餐巾布花

餐巾折花,主桌花型要分出主次,其他各桌可选择相同的花型;餐巾折花根据情况选择花型,位置摆放得当;要一次成型,形象逼真,拿褶均匀,美观大方,并符合卫生要求。

10.摆牙签盅、调味壶、烟灰缸、花插

圆桌摆放,调味壶摆在餐桌的左侧,牙签盅在右侧,距转台 3cm,烟灰缸摆放四只,两两对称成正方形;方桌摆放,调味壶摆在餐桌的右下角,牙签盅、烟灰缸放在左上角;花插居桌中而放,台卡放一侧,朝向餐厅门口。

11.摆椅子

圆桌摆放"三三两两式";方桌摆放两两一一式,对称式,椅面内沿紧贴桌布。

注意事项:摆台操作时一律使用托盘;摆台后要检查台面摆设有无遗漏,摆放是否规范、符合要求。

【实践练习】

实践人数:根据班级人数分几个小组。

实践项目：以 10 人台为标准，分组进行摆台训练。

实践时间：每组参加人员时间为 20 分钟，时间到即停止操作。

实践考核方式：先自我评价，然后小组评议，最后由小组成员推荐一位小组当中最优秀的人员。

【知识链接】

# 一、2013 年全国职业院校技能大赛高职组
## 中餐主题宴会设计赛项
## （英语口语测试题及参考答案）

题型一、中译英（括号内为参考答案）

1. 我想在贵餐厅为我们公司预订两个宴会。（I'd like to book two banquets in your restaurant for our company.）

2. 您的宴会打算定在什么时候？（When would you like to hold your banquet?）

3. 您需要多少张餐台？（How many tables would you like?）

4. 您对宴会菜单有什么特殊要求？（Do you have any special demands for the banquet menu?）

5. 请问是在谁的名下做的预订？（In whose name was the reservation made?）

6. 我们晚餐开餐时间是下午 5 点到晚上 10 点。（The time for dinner is from 5 p. m. until 10 p. m.）

7. 对不起，我们餐厅 14 日的餐位已经订满了。（I am sorry, sir/madam. Our restaurant is fully booked on 14$^{th}$.）

8. 您打算人均用餐标准是多少？（How much would you like to pay for each person?）

9. 有人均 100 元、150 元和 180 元的标准，您想要订哪一种？（There are levels of 100 yuan，150 yuan, 180 yuan per head. Which would you prefer?）

10. 300 人用餐的最低收费是 15000 元，不含酒水饮料。（The minimum charge for a 300-people-dinner party is 15,000 yuan, excluding drinks.）

11. 您的餐桌已经准备好了，这边请。（Your table is ready, this way, please.）

12. 现在可以上菜了吗？（May I serve the dishes now?）

13. 希望您用餐愉快。（Please enjoy your meal.）

14. 这道菜很烫，请小心。（The dish is very hot. Please be careful.）

15. 您的这瓶葡萄酒已经添完了。请问是否需要再加一瓶？（Your bottle of wine is finished. Would you like one more?）

16. 您需要把菜分一下吗？（Excuse me, sir / madam. May I separate the dish

for you?)

17. 您要不要来点烈性酒呢？要是喜欢酒精度低的话，我们这还有米酒。（Do you care for something a little stronger? If you prefer something milder, there is some rice liquor available here.）

18. 先生，您对我们的餐品还满意？（Are you satisfied with the meal, sir?）

19. 祝您有个好胃口，先生。（Have a good appetite, sir.）

20. 菜已经上齐了，接下来还有甜点。（This is the complete course. There are desserts to follow.）

21. 请给我们加把椅子好吗？（Would you please add one more chair to our table?）

22. 非常感谢，祝您有个愉快的夜晚。（Thank you very much. Have a nice evening.）

23. 请问您是付现金还是用信用卡？（How would you like to pay, by cash or by credit card?）

24. 请给我一杯冰水。（Could you give me a glass of cold water, please?）

25. 愿为您效劳！（At your service!）

26. 我需要不含糖的食物。（I would like food without sugar.）

27. 这道菜色、香、味俱全。（The dish looks good, smells good and tastes good.）

28. 这是我们赠送给您的果盘。（This is complimentary fruit for you.）

29. 有多种不同的烹调方法。（There is a variety of ways to cook.）

30. 炒茄子时放什么调味料呢？（What are the seasonings in the stir-fried eggplant?）

31. 这是我们最新的价目表。（This is our latest price list.）

32. 您使用维萨信用卡结账可以享受9折优惠。（You have got a 10% discount for your Visa Card.）

33. 许多顾客对这款葡萄酒赞赏备至。（Many guests speak highly of the wine.）

34. 这是我们厨师长的推荐菜。（This is our chef's recommendation.）

35. 太好了，我们马上准备。（Great. We'll get started right away.）

36. 双方都能够接受。（It is acceptable to both.）

37. 您能告诉我事情的详细经过吗？（Can you tell me/describe what happened in detail?）

38. 感谢您让这件事引起我们的注意。（Thank you for bringing this matter to our attention.）

39. 我们给您带来了这么多麻烦，为了表达歉意，特为您提供赠送甜点。（To express our regret for all the trouble, we offer you a complimentary dessert.）

40. 抱歉，我上错汤了。（I do apologize for giving you the wrong soup.）

题型二、英译中(括号内为参考答案)

1. How many people was it for?(有多少位客人用餐?)

2. At the dinner banquet Chinese food will be served and the minimum charge of 120 yuan per head is required.(您的晚宴将是中餐宴会,最低消费每位120元。)

3. What drinks are you going to have for the banquet?(宴会需要什么酒水?)

4. We don't have any vacant tables by the windows.(目前靠窗的位子都已经订出去了。)

5. Let me just confirm your reservation.(让我来确认一下您的预订。)

6. I'd like to cancel my reservation for Saturday night.(我想要取消周六晚上的订位。)

7. I'd like a VIP room for 15 people at eight thirty tomorrow evening.(我要订一个15人的包厢,时间是明晚八点半。)

8. We can only hold your VIP room till 7:30 p. m. , because after that time it is the peak period.(您的预订我们只能为您保留到晚上7点30分,因为那段时间是高峰期。)

9. Is there anything I can do for you?(还有什么需要我帮你的吗?)

10. We look forward to seeing you.(我们恭候您的光临。)

11. Could you give me some more napkins?(请多给我几张纸巾。)

12. Do you have vegetarian dishes?(餐厅是否有供应素食餐?)

13. What would you like to drink?(您要喝点什么?)

14. Here are our cold dishes, sir.(先生,这是我们的凉菜。)

15. You might have a taste of Shaoxing liquor.(您不妨尝尝绍兴黄酒。)

16. We have fresh orange juice, apple juice and watermelon juice.(我们的鲜榨果汁有橙汁、苹果汁和西瓜汁。)

17. Can I bring any wine or liquor by myself?(我可以自带酒水吗?)

18. Could you bring me a pair of chopsticks, please?(请给我拿双筷子好吗?)

19. This dish is called "Mapo Tofu". Enjoy it, please.(这道菜叫麻婆豆腐,请慢用。)

20. After serving the last dish, you should tell the guests: "This is the complete course."(当上最后一道菜时,你需要告诉客人"您好,菜已上齐"。)

21. Please hold the food; we still have one friend coming.(请稍后上菜,我们还有一个朋友没到。)

22. 您想喝什么茶? 红茶还是绿茶?(What kind of tea would you prefer to begin/start with, black tea or green tea?)

23. 再给我来一杯。(One more cup, please. )

24. Please wrap the sliced Beijing duck with the shredded fresh shallot and the sweet bean sauce in the pancake.（请把片好的北京烤鸭沾上甜面酱,再放上新鲜的葱丝,用一张薄饼卷起来就可以吃了。）

25. The Chinese cuisine has a long history, and is one of the Chinese cultural treasures.（中式菜历史悠久,是中国文化中的瑰宝。）

26. In general, people in north China favor noodles, jiaozi and other staples made from flour, while the majority of southerners consume rice almost everyday.（总的来说,中国北方人比较喜欢面条、水饺和其他面食,而大多数南方人几乎每天以米饭为主食。）

27. How many steps are taken to cook these dishes?（做这些菜需要几个步骤?）

28. How long shall I stir the soup?（我要把汤搅一搅,这要多长时间?）

29. To cook Chinese food, knifing skills and matching of ingredients are of equal importance.（做中国菜,刀工和菜式的搭配都一样重要。）

30. Shall we cook the pork over low heat?（猪肉需要低温烹调吗?）

31. A deposit of 500 yuan is required to secure your booking.（您需预付 500 元人民币押金,以保证您的预订。）

32. Let me give you a special offer.（我给您一个优惠价。）

33. Shall I make a recommendation?（需要我推荐一些菜肴和酒水吗?）

34. Here are some complimentary vouchers for you. You can pay with them next time when you have dinner in our restaurant.（我们有一些赠券送给您,下次您在我们餐厅用餐时可以使用赠券。）

35. We can arrange for a few skilled servers to do that so that every guest can enjoy the dish at the same time.（我们将会安排一些技能娴熟的服务人员,确保每位客人都能够同时愉快用餐。）

36. It would be free.（那是免费的。）

37. I'm really sorry about that, I'll tell the chef to hurry up.（真抱歉,我会让厨师快一点。）

38. Sorry to have kept you waiting. I'll see to it right away.（让您久等,抱歉,我马上去处理。）

39. Our manager will get in touch with you soon.（我们经理将会尽快联系您。）

40. When guests complain, the server should listen to them attentively with a good judgment.（当客人投诉时,服务员需要聚精会神地倾听并且要做出很好的判断。）

题型三、情景对话(括号内为参考答案)

1. When a guest walks into the Banquet Department and wants to reserve a farewell

banquet for his boss, what kind of information should you get from the guest?

(I need to know the time of the banquet, the number of guests, the budget for each table, and so on. If possible, I'd like to reserve a banquet room for the guest. Finally, I will keep the guest's name and phone number. According to regulations, we'd ask the guest to pay a sum of money as deposit.)

2. Is the preparation work for a banquet important? Can you explain it with your own experience?

(Yes. It is very important to make a full preparation for a banquet. There is a saying "a good beginning is half done". To prepare for a banquet, the staff should make sure of the food requirement, decorations, service requirement and set the table for the banquet. That's a tough job. But banquet staffs cannot provide good table service without those preparations.)

3. What would you say to someone who walks into your restaurant for a meal ? And what procedure would you follow?

(Firstly, I will greet the guest by saying "Good morning/afternoon/evening sir/ madam, welcome to our restaurant." And then ask the guest if he / she has a reservation by saying "Have you got any reservation?" If the guest has reserved a table, I will ask for his name and check the booking details for the guest. After that I'll show him / her the way to the table. If the guest doesn't have any reservation, I will ask about the amount of guests, and his or her seat preference, and then arrange a table for the guest by saying "How many people are there in your party?" and "Will this table do, sir/madam?")

4. If a foreign guest comes to ask for suggestions about Chinese food, and he/she would like something hot and spicy, what kind of dish would you recommend?

(There are four major Chinese cuisines, or say, four styles. Each cuisine is distinctive and has its own style and flavor. As the guest prefers something hot and spicy, I'd recommend Sichuan dishes which are hot and spicy and taste different. Mapo Tofu and Yu-Shiang Shredded Pork are worth trying.)

5. Which step in the table service is most important in your opinion? Why?

(I think waiting at the table, meeting all the needs of the diners is the most challenging. Firstly, the waiter/waitress should be always ready to the requests of the guests. Secondly, waiters and waitresses should be familiar with the dishes and the environment of the restaurant. Thirdly, they should also be good at communicating with the guests as well as with the kitchen staff.)

6. What's the major difference between liquor and wine?

(Liquor is an alcoholic beverage made by distillation rather than by fermentation. But wine is the beverage made of the fermented juice of any of various kinds of grapes, usually containing from 10 to 15 percent alcohol by volume. )

7. How many different kinds of services do you know for a banquet, and what are they? Explain one of them in detail.

(Generally speaking, there are four different kinds of services for a banquet. They are sit-down service, buffet service, station service and passed-tray service. In sit-down service, the guests receive their food at their seats. Typically, waiters/waitresses offer a choice of entrees, and ask them to make selections ahead of time. )

8. Do you think the service of Chinese banquet is much simpler than that of a western one? Why ?

(No, I don't think the service of Chinese banquet is simpler. The Chinese are used to taking dinning as part of their culture, and while serving a Chinese banquet, we have to follow certain precedures. Although the working procedures of Chinese banquets are quite the same as those of Western ones, working staff should also pay attention to the Chinese dining etiquettes and provide proper services. Sometimes, the job is really tough. For example, when receiving a wedding banquet, we have to serve hundreds of guests at the same time. It is really not an easy job. )

9. Please say something about the primary duties of the Banquet Department.

(The Banquet Department is primarily responsible for making the reservation, seating the guests, serving at dinner and settling the payment. It may include the consultation of requirements of the banquet with guests, the layout of the tables, cutlery, glasses and table linen with table decorations, and providing formal table service is another part. Staff should serve quickly and elegantly. Finally, when the banquet is finished, we should help guests to settle the payment. )

10. What is the most important among banquet service, skills or attitude? State your reasons.

(All of them are important. One cannot do a job without professional skills; also, the guest won't be satisfied if you treat him/her badly. Sometimes, I think, good attitude can make up the lack of skills, as I believe, if we show consideration and concerns, the guest may be moved. The most satisfactory one is that we can serve our guest professionally with good attitude. )

12. What do you think of the communication between the kitchen staff and the waiters/waitresses?

(It is quite important and necessary to build good communication between the kitchen staff and the waiters/waitresses. Usually, waiters/waitresses are required to recommend dishes to guests; therefore, they should be familiar with the ingredients and flavors of those dishes. They can get the information from the kitchen staff. Meanwhile, kitchen staff may consult with waiters/waitresses to get the information about guests' preference of dishes and flavors. When it is very busy, good communication between the kitchen staff and waiters/waitress will contribute a lot to the smooth operation of the restaurant. And such complaints can also be avoid. )

13. Some experts say that it is good to have an open kitchen. Do you agree with that?

(I think it is a good idea to have an open kitchen. First, it can show the guest the cleanliness of the food. Secondly, it may be a good way to attract guests, as people are usually very curious about how the delicious food is cooked. And cooking is also a kind of art for people to enjoy. )

14. If the guest complained about waiting for a long time, what would you do?

(First I would listen to his complaints with concerns patiently, and then say: "Sorry to have kept you waiting, sir/madam. " After that I will give him/her a solution by saying "I'll check it right away. / I'm sorry, sir/madam. We are short of help today. Would you like to have a drink first?")

15. Will a complaining guest come to your hotel again? Why ?

(I think so. First, I am supposed to handle the complaint with patience and good solution. So, I should be helpful and polite to the guest. Once my solution satisfies the guest, he may leave the hotel with a good impression of the hospitality. Then he would probably come again. )

16. If you were promoted to be a banquet manager, what kind of working staff would you prefer to employ?

(If I were a manager, I would prefer employees who are helpful, cooperative, enthusiastic, patient and quick to learn. Meanwhile, they should have self-control, the ability to work under pressure and loyalty. If possible, I think, well-trained employees with over-all professional skills are preferred, too. )

17. If your hotel wants to promote wedding banquet this month, what measures will you take?

（Advertisement is a good way to sell products, so I think we can put advertisements on TV, magazines and newspapers. We can also provide some special services to attract customers, such as toastmaster service, wedding cakes, special floral decorations, and so on. If the hotel regulations permit, we can also provide the new couple with a honeymoon suite in the hotel for one night. ）

18. While you are on duty, what would you do if the guest invites you to a drink?

（It is against the regulation of the hotel to go out for a drink with a guest when I am working. So, I would first tell the guest that I am working, and I am not allowed to drink on duty. And at the same time, I would thank the guest all the same. ）

19. What do you think of the sentence "The guest is always right?"

（In my opinion, it means, when we provide service for the guest, we should stand in his shoes. Try all our best to make the guest satisfied. When handling misunderstandings and complaints, we'd better make good use of professional skills to respect our guest, save their face and make them stay in comfort. If the guest's requests are not reasonable, we should explain patiently, and offer apology and concerns to them. ）

20. What is your own opinion of receiving tips? Please state your idea in your own words.

（I think tips mean that the guest is satisfied with my job and service. And I know it is quite common in Western countries to accept tips from a guest. Therefore, I won't refuse tips, because it will make the guest embarrassed. But before accepting tips, I should confirm the payment of service with my guest, in case of any misunderstanding or miscalculations. ）

21. Have you had any training in dealing with emergencies? What steps do you follow to settle problems? Please give an example of how you would do that.

（It is quite important to have some training in handling emergencies during the banquet service. For example, a guest may suffer stomachache or faint while attending a banquet or having dinner in the restaurant. In that case, a waiter/waitress should first keep calm. Then call for the ambulance and wait for the doctor. A waiter/waitress shouldn't move the guest as he/she has no proper first aid knowledge or skills. When the doctor comes, I will assist the doctor and keep the food and drink unmoved on the table, in case there will be an examination of the food. ）

# 二、2013年全国职业院校技能大赛高职组中餐主题宴会设计赛项评分细则

为保证2013年全国职业院校技能大赛中餐主题宴会设计赛项的顺利进行,本着"公正、公开、公平"的竞赛原则,特制订本细则。

一、评分方式

比赛总成绩满分100分,其中理论知识测试15%,现场操作50%,现场互评10%,外语水平测试20%,职业形象展示5%。具体评分方法如下:

1.理论知识采取统一测试,集中阅卷方式。

2.现场比赛裁判员由8人组成,其中测量裁判员3人,评判裁判员5人。测量裁判员负责对中餐宴会摆台、斟酒标准、操作规范进行评判。评判裁判员负责中餐主题设计及现场互评环节的评判。

3.现场评判得分由两部分组成,即测量裁判员给出的操作标准分和评判裁判员给出的综合评价分。其中操作标准分按要求给出统一的分数。综合评价得分计算办法:去掉五个裁判中的一个最高分和一个最低分,算出每位选手的该项平均分,小数点后保留两位。

4.外语水平测试裁判由3人组成,得分计算办法为:直接算出每位选手的平均分,小数点后保留两位。

5.职业形象展示裁判由3人组成,裁判为每位选手打分,得分计算办法为:直接算出每位选手的平均分,小数点后保留两位。

6.裁判员对每位选手评分将于现场公布,如有异议请直接向大赛仲裁工作组申请复核。

二、竞赛规则及评分标准

竞赛内容以中餐主题宴会设计为主线,涵盖台面创意设计、中餐宴会摆台、斟酒、菜单设计、英语口语、专业理论、现场评析等内容。比赛分理论知识测试、现场操作、现场互评、英语口语测试、职业形象展示五部分。

(一)理论知识测试

主要考察选手的专业理论基础知识及综合分析能力。试题全部为客观题,题型为判断题(50%),单项选择题(30%),多项选择题(20%)。命题以国家职业标准高级工以上专业知识及一线初级管理人员岗位要求为基础。该项占总分值的15%。

(二)现场操作

现场操作包括主题设计中心艺术品的现场制作、中餐宴会摆台、斟酒。主要考察选手操作的熟练性、规范性、美观性、实用性以及选手对中餐饮食文化的理解和对成本控制等酒店管理专业知识的掌握。该项占总分值50%

1. 比赛要求

(1)按中餐正式宴会摆台(10人位),参赛选手利用自身条件,创新台面设计。

(2)操作时间30分钟(30分钟停止操作,提前完成不加分)

(3)选手必须佩带参赛证提前进入比赛场地,听裁判员统一口令"开始准备"进行准备,准备时间3分钟。准备就绪后,举手示意。

(4)选手在裁判员宣布"比赛开始"后开始操作。

(5)比赛开始时,选手站在主人位后侧。比赛中所有操作必须按顺时针方向进行。

(6)所有操作结束后,选手应回到工作台前,举手示意"比赛完毕"。

(7)除台布、桌裙或装饰布、花瓶(花篮或其他装饰物)和主题名称牌可徒手操作外,其他物品均须使用托盘操作。

(8)餐巾准备无任何折痕;餐巾折花花型不限,但须突出主位花型,整体挺括、和谐,符合台面设计主题。

(9)餐巾折花和摆台先后顺序不限。

(10)斟酒时采用托盘斟酒的方式(须将所有需斟倒的酒水,一次置于托盘中),从主宾位开始,顺时针先为邻近的5位客人斟倒白酒后,再斟倒红酒。

(11)比赛中允许使用装饰盘垫。

(12)选手须准备3份菜单,其中2份摆台时使用,1份放在工作台现场互评时使用。

(13)组委会统一提供餐桌转盘(直径1米、玻璃材质),比赛时是否使用由参赛选手自定。如需使用转盘,须在抽签之后说明。

(14)比赛评分标准中的项目顺序并不是规定的操作顺序,选手可以自行选择完成各个比赛项目,但斟酒必须在餐椅定位之后进行。

(15)主题设计中心艺术品须现场制作,如使用成品或半成品,酌情扣分。

(16)物品落地每件扣3分,物品碰倒每件扣2分;物品遗漏每件扣1分;逆时针操作扣1分/次。

(17)选手须提前准备中餐主题宴会设计的主题创意书面说明稿(包括主题名称、主题内涵、菜单设计说明等,字数不少于1000字),说明稿提前打印好6份,并在检录时统一上交。

2. 比赛物品准备

(1)组委会提供物品:餐台(高度为75cm)、圆桌面(直径180cm)、餐椅(10把)、工作台。

(2)选手自备物品:防滑托盘(2个,含装饰盘垫或防滑盘垫);规格台布;桌裙或装饰布;餐巾(10块);花瓶、花篮或其他装饰物(1组);餐碟(或装饰盘)、味碟、汤勺、口汤碗、长柄勺、筷子、筷架(各10套);水杯、葡萄酒杯、白酒杯(各10个);牙签(10套);菜单(3个);主题名称牌(1个)。

## 中餐主题宴会设计评分标准

### 摆台标准（共25分）

| 项　目 | 操作程序及标准 | 分值 | 扣分 | 得分 |
|---|---|---|---|---|
| 台布<br>（1分） | 台布定位准确，十字居中，凸缝朝向主副主人位 | 0.5 | | |
| | 下垂均等，台面平整 | 0.5 | | |
| 桌裙或装饰布<br>（1分） | 桌裙长短合适，围折平整或装饰布平整 | 0.5 | | |
| | 四周下垂均等 | 0.5 | | |
| 餐椅定位<br>（2.5分） | 从主人位开始拉椅定位 | 0.5 | | |
| | 座位中心与餐碟中心对齐 | 0.5 | | |
| | 餐椅之间距离均等 | 0.5 | | |
| | 餐椅座面边缘距台布下垂部分距离1.5cm | 1 | | |
| 餐碟（或装饰盘）定位<br>（2.5分） | 餐碟定位、标志对正 | 0.5 | | |
| | 碟间距离均等，相对餐碟与餐桌中心点三点一线 | 1 | | |
| | 距桌沿1.5cm | 0.5 | | |
| | 拿碟手法正确（手拿餐碟边缘部分）、卫生 | 0.5 | | |
| 味碟、汤碗、勺子<br>（2分） | 味碟位于餐碟正上方，相距1cm | 0.5 | | |
| | 汤碗摆放在味碟左侧1cm处 | 0.5 | | |
| | 汤碗、味碟的中心点在一条水平直线上 | 0.5 | | |
| | 汤勺放置于汤碗中，勺把朝左，与餐碟平行 | 0.5 | | |
| 筷架、筷子、<br>长柄勺、牙签<br>（2.5分） | 筷架摆在餐碟右边，位于筷子上部三分之一处 | 0.5 | | |
| | 筷子、长柄勺搁摆在筷架上，长柄勺距餐碟3cm | 1 | | |
| | 筷尾距餐桌沿1.5cm，筷套正面朝上 | 0.5 | | |
| | 牙签位于长柄勺和筷子之间，牙签套正面朝上，底部与长柄勺齐平 | 0.5 | | |
| 葡萄酒杯、<br>白酒杯、水杯<br>（3.5分） | 葡萄酒杯在味碟正上方2cm | 1 | | |
| | 白酒杯摆在葡萄酒杯的右侧，水杯位于葡萄酒杯左侧，杯肚间隔1cm | 1 | | |
| | 三杯成斜直线，与水平线呈30度角。如果折的是杯花，水杯待餐巾花折好后一起摆上桌 | 1 | | |
| | 摆杯手法正确（手拿杯柄或中下部）、卫生 | 0.5 | | |
| 餐巾折花<br>（3分） | 花型突出主位，符合主题、整体协调 | 1.5 | | |
| | 折叠手法正确、卫生、一次性成形、花型逼真、美观大方 | 1.5 | | |
| 菜单、主题名称牌<br>（1分） | 菜单摆放在筷子架右侧，位置一致（两个菜单则分别摆放在正副主人的筷子架右侧） | 0.5 | | |
| | 主题名称牌摆放在花瓶（花篮或其他装饰物）正前方、面对副主人位 | 0.5 | | |

续表

| 项 目 | 操作程序及标准 | 分值 | 扣分 | 得分 |
|---|---|---|---|---|
| 酒水斟倒<br>（4分） | 从主宾位开始，顺时针为邻近的5位客人斟倒酒水 | 0.5 | | |
| | 将红、白酒瓶放在托盘内，端托斟酒姿势规范 | 0.5 | | |
| | 斟倒酒水时，酒标朝向客人，在客人右侧服务 | 0.5 | | |
| | 斟倒酒水的量：白酒8分满；红葡萄酒5分满或8分满 | 2.5 | | |
| | 斟倒酒水时每滴一滴扣1分，每溢一滩扣3分（本项扣分最多4分） | | | |
| 总体印象<br>（2分） | 操作过程中动作规范、娴熟、敏捷、声轻 | 1 | | |
| | 操作过程中注意卫生，姿态优美 | 1 | | |
| 主题设计（共25分） | | | | |
| 主题创意<br>（10分） | 台面设计主题明确，创意新颖独特，具有时代感 | 3 | | |
| | 主题设计能紧密围绕主题 | 2 | | |
| | 主题设计外形美观，具有较强观赏性，主题设计规格与餐桌比例恰当，不影响就餐客人餐中交流 | 2 | | |
| | 现场制作中心艺术品 | 3 | | |
| 台面用品<br>（5分） | 台面用品颜色、规格统一，整体美观，具有强烈艺术美感 | 3 | | |
| | 布草色彩、图案与主题相呼应 | 1 | | |
| | 台面用品、布草（含台布、餐巾、椅套等）的质地环保，选择符合酒店经营实际 | 1 | | |
| 菜单设计<br>（4分） | 菜单设计的各要素（例如颜色、背景图案、字体、字号等）合理，与主题一致，菜单整体设计与餐台主题相统一，外形有一定艺术性 | 1 | | |
| | 菜品设计（菜品搭配、数量及名称）合理，与主题一致 | 1.5 | | |
| | 菜品设计能充分考虑成本等因素，符合酒店经营实际 | 1.5 | | |
| 服装<br>（2分） | 选手服装及装饰符合酒店工作要求 | 1 | | |
| | 服装设计与主题呼应 | 1 | | |
| 总体印象<br>（4分） | 操作规范，表现出良好的职业素养 | 2 | | |
| | 主题设计具有可推广性 | 2 | | |
| 合 计 | | | | |
| 物品落地、物品碰倒、物品遗漏 件 | | 扣分： 分 | | |
| 操作时间：30分钟（30分钟停止操作，提前完成不加分） | | | | |
| 实 际 得 分 | | | | |

（三）现场互评

参赛选手现场操作结束后需通过抽签评价另外一名参赛选手的主题创意及菜单设计，

口头阐述其主题特色、菜单设计的优点与不足,对中餐宴会主题创意进行全面剖析。主要考察选手对专业知识的掌握以及其创新能力、应变能力等。选手可以利用网络资源,根据比赛要求整合资料,时间为 20 分钟。该项占总分值 10%。

**现场互评评分标准**

| 项　　目 | 内容及标准 | 分值 | 扣分 | 得分 |
|---|---|---|---|---|
| 对主题创意的认识<br>(2分) | 对主题创意设计分析准确 | 1 | | |
| | 对主题创意的改进意见 | 1 | | |
| 对主题设计的评价<br>(3分) | 对主题本身各要素的评价准确、恰当 | 1 | | |
| | 对台面用品的评价准确、恰当 | 1 | | |
| | 对选手工装、饰品的评价准确、恰当 | 1 | | |
| 对菜单设计提出的<br>意见和建议(3分) | 对菜单的各要素(例如颜色、背景图案、字体、字号、设计风格等)分析到位 | 1.5 | | |
| | 对菜品设计(菜品搭配、数量及名称)的分析准确到位 | 1.5 | | |
| 口头评析<br>(2分) | 表述规范,能体现从业者素质和理论水平 | 1 | | |
| | 简练、清晰、准确,有较强的逻辑性 | 1 | | |
| 合　计 | | | | |

阐述时间:3 分钟(3 分钟停止,提前完成不扣分)

**(四)英语口语测试**

主要考察选手的英语口语表达能力及专业英语水平。每位选手需回答 6 道题(其中中译英、英译中各 2 道,情景对话 1 道,专业知识问答 1 道),英语口语测试参考题占考核题目的 80%,考试时间约为 5 分钟。该项占总分值 20%。

1.评分标准

准确性:选手语音语调及所使用语法和词汇的准确性。

熟练性:选手掌握岗位英语的熟练程度。

灵活性:选手应对不同情景和话题的能力。

2.评分说明

17~20 分:语法正确,词汇丰富,语音语调标准,熟练、流利地掌握岗位英语,对不同语境有较强反应能力,有较强的英语交流能力。

13~16 分:语法与词汇基本正确,语音语调尚可,允许有个别母语口音,较熟悉岗位英语,对不同语境有一定的适应能力,有一定的英语交流能力。

9~12 分:语法与词汇有一定错误,发音有缺陷,但不严重影响交际。对岗位英语有一定了解,对不同语境的应变能力较差。

8 分以下:语法与词汇有较多错误,停顿较多,严重影响交际。岗位英语掌握不佳,不能适应语境的变化。

**英语口语测试评分标准**

| 项　目 | 评　分　细　则 | 得　分 |
|---|---|---|
| 中译英<br>（2×2＝4分） | 发音准确，语调标准、纯正。（2分） | |
| | 语法、词汇使用准确，意思表达无偏差，无漏译。（2分） | |
| 英译中<br>（2×2＝4分） | 能准确理解题意；反应敏捷。（2分） | |
| | 意思表达无偏差，无漏译。（2分） | |
| 情景对话<br>（8分） | 反应敏捷、能准确理解题意。（3分） | |
| | 发音准确，语调标准。（2分） | |
| | 自然、流畅表达思想与观点，表述逻辑性强。（3分） | |
| 专业知识问答（4分） | 熟练掌握餐饮专业英语，发音准确，语调标准。（4分） | |
| 总　分 | | |

（五）职业形象展示

参赛选手通过职业服饰、礼仪及餐饮服务场景的设计展示个人良好的职业素养。各代表队3名选手同台展示职业形象，裁判分别给每位参赛选手打分计入个人成绩。该项占总分值5%。

比赛要求：

1.参赛者必须为参加技能比赛的选手，每位选手的展示须包括站姿、鞠躬、走姿、握手四种礼仪。

2.各队参赛选手都必须进行职业形象展示。

3.时间不超过5分钟，超过1分钟扣1分，不足1分钟按1分钟计算。

**职业形象展示评分标准**

| 项　目 | 评分细则 | 分值 | 扣分 | 得分 |
|---|---|---|---|---|
| 着装 | 美观、大方、新颖、颜色搭配协调、选择合理，突出岗位要求，充分展示职业形象与风采。 | 2 | | |
| 妆容 | 面部、发型干净、整齐，女士化淡妆 | 0.5 | | |
| 表演 | 姿态、神采、举止、台步正确自然，端庄大方，不矫揉造作，有相关工作场面的造型及编排。 | 1 | | |
| 音乐 | 背景音乐选配风格统一，音乐剪辑得当，有感染力。 | 0.5 | | |
| 总体印象 | 举止大方，自然，优雅，注重礼节礼貌，面带微笑；成套动作完成流畅、编排合理。 | 1 | | |
| 合　计 | | 5 | | |
| 表演时间：　　分　　秒　　　　　超时：　　　扣分：　　分 | | | | |
| 实际得分 | | | | |

### 三、中餐主题宴会设计赛项比赛现场物品准备

一、赛会统一提供物品

1.餐台（高度为75cm，直径180cm，见图7-1）

图 7-1　比赛用餐台

2.餐椅（见图7-2）

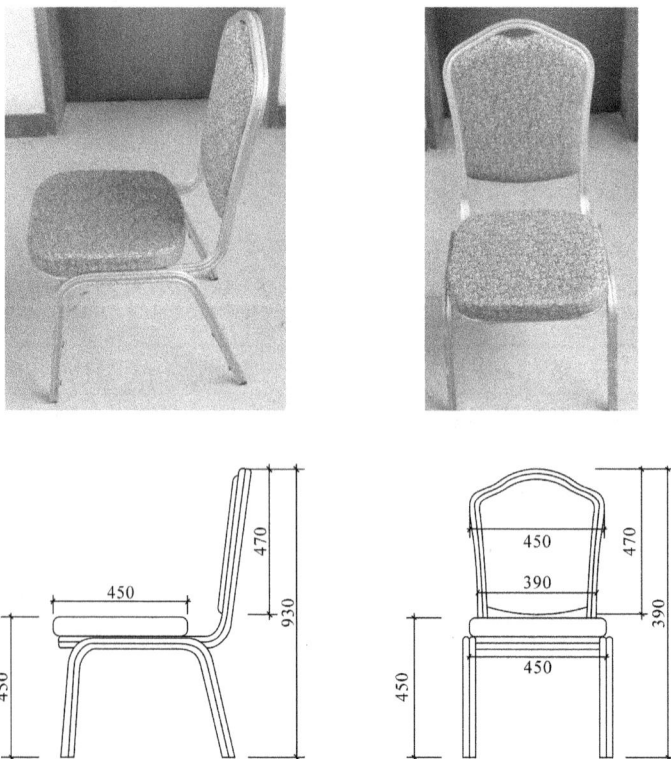

图 7-2　比赛用餐椅

3.工作台(长 180cm,宽 90cm,高 75cm,见图 7-3)

图 7-3 比赛用工作台

工作台备有电脑、纸、笔、湿巾、瓷盘(12 英寸)、红葡萄酒、白酒。

4.餐酒具(见图 7-4)

(1)防滑托盘(直径 35cm);

(2)台布(淡黄色,边长 2.2m 的正方形桌布);

(3)桌裙或装饰布(墨绿色,直径 3.2m);

(4)餐巾(白色,50cm×50cm);

(5)花瓶、花篮或其他装饰物(1 个);

(6)转盘(直径 1m);

(7)骨碟(白色,7 英寸);

(8)味碟、汤勺、口汤碗、长柄勺、筷子、筷架、牙签;

(9)水杯、葡萄酒杯、白酒杯。

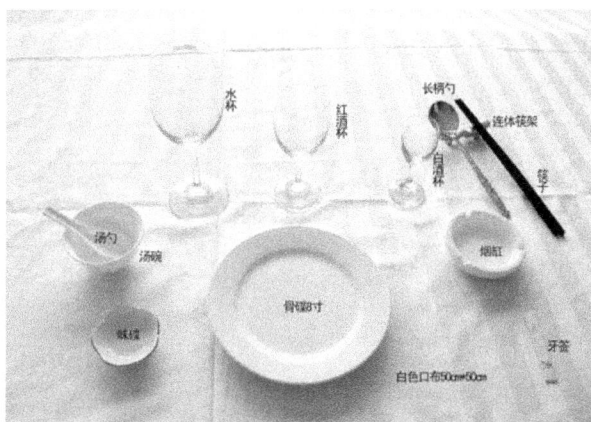

图 7-4 比赛用餐酒具

二、职业形象展示舞台

舞台为T型台,横向台长7.2m、宽3.6m,纵向台长2.4m,宽1.8m(见图7-5)。

图7-5　比赛用形象展示台

# 第八章  餐巾折花

学习目标

1. 了解餐巾花的作用、分类
2. 理解餐巾折花如何选择造型和摆放
3. 掌握餐巾折花基本技能的操作方法

## 【案例导入】

　　一天,大连某饭店宴会部的小宋接待了一位日本客人小泉先生。小泉先生在详细了解了饭店的服务情况后,预订了2天后40人的高档宴会,并提出了宴会要求,交付了定金。2天后宴会部按小泉先生的要求做好了一切准备工作,并根据时令季节选用了荷花造型的餐巾花。当引领员将其中的几位日本客人引领到餐桌时,客人十分不悦。

　　请问这些客人为什么不悦? 如果您是该宴会部的服务员应该怎么办? 如果您是该宴会部的主管该怎么办?

# 第一节  餐巾折花的作用

　　餐巾俗称口布,是一种正方形布巾,它是餐厅餐桌上常备的一种普通用品,又是一种装饰美化餐台的艺术品。随着人民生活水平的提高和国际交往的发展,餐巾花被广泛应用于宴会、酒席、橱窗、酒吧等场合。

## 一、作用

### 1.卫生保洁

餐巾是餐厅服务中的一种卫生用品。

(1)顾客用餐时,可将餐巾铺在腿上或披在胸前(但是只能用在空间不大的地方,比如飞机上就可以使用这种方式),以免汤汁、菜汁、酒水弄脏衣服。

（2）顾客用餐后,可用来擦嘴,拭嘴需用餐巾反褶的内侧上端,用内侧来擦嘴,不能弄脏正面,这是应有的礼貌。

2. 美化餐台

餐巾花不仅是宴会摆台的组成部分,而且是一种不可缺少的美丽装饰。它既可以增添宴会的气氛,还能与菜品相互呼应,给顾客视觉和味觉上美的享受。

3. 突出主题

不同的餐巾花型体现不同的宴会主题,不同的餐巾花颜色蕴含着不同的寓意。餐巾花的摆放标志出主宾、主人的席位,顾客可以从不同花型中找寻自己的位置。

# 第二节 餐巾的分类

餐巾的种类很多,大体可以从质地、颜色和规格上区分。

## 一、按餐巾的质地分

1. 纯棉织品

纯棉织品手感柔软,吸水性较好,去污力强;上浆熨烫后挺括,易折成型,造型效果好,折叠一次后效果更佳。但清洗麻烦,容易褪色,洗净后需要上浆、熨烫。餐巾平均使用寿命为4～6个月。

2. 化纤织品

化纤织品色泽艳丽,光亮度好,透明感强;富有弹性,比较平整,如果一次造型不成,可以二次造型,不用浆烫,易清洗,使用方便。但造型不生动,容易打滑,可塑性不强;吸水性差,去污力不好。

3. 纸质餐巾

纸质餐巾成本低,更换方便,但是不够环保,尽管也能循环再利用,有时也会显得不正式和低档次。一般用于快餐厅或团队用餐。

## 二、按餐巾的颜色分

1. 白色餐巾

白色给人洁净、卫生、优雅、无瑕之感,还可以调节人的视觉平衡,安定人的情绪。故白色餐巾适用性较广。

2.彩色餐巾

(1)暖色系餐巾

暖色系餐巾给人鲜艳、醒目、兴奋、愉快的感觉。比如大红色给人喜庆之感,橘黄色给人温暖的感觉。

(2)冷色系餐巾

冷色系餐巾给人平静、沉稳、踏实的感觉。比如湖蓝色象征着大海蓝天,能给人清爽、舒适之感。

### 三、按餐巾的规格分

餐巾规格的大小根据地区不同,实际使用的不同,规格要求也不同。中餐厅一般广泛使用规格为 45cm×45cm 或 50cm×50cm 的正方形餐巾。纯棉织品餐巾规格一般为边长 45～60cm 的正方形;化纤织品餐巾规格一般为 35～45cm 的正方形;纸质餐巾规格通常 35cm,也有 50～65cm 的规格。

### 四、按餐巾的边缘形状分

餐巾边缘有直线卷边压双线和边缘波浪压花曲线两种。

# 第三节　餐巾折花的种类、选择与摆放

## 一、餐巾折花的种类

餐巾折花可根据摆放装置不同和造型不同分两种。

1.按餐巾花装置不同分

(1)杯花

杯花需将餐巾花折好后,插入水杯中完成造型,从杯子中取出即可散开。杯花放入水杯时,手不能触碰杯口,否则不卫生,有污染。在餐厅服务中,这是一种必不可少的技能。

(2)盘花

盘花折叠成型后不易自行散开,造型完整,可放在盘中或其他盛器及桌面上。因盘花简洁大方,容易掌握,所以目前有越来越多的餐厅使用盘花。

(3)环花

环花是将餐巾平整卷好或者折叠成造型后套在餐巾环内。餐巾环也称为餐巾扣,有塑料的、瓷制的、银制的、骨制的、象牙的等。除此之外,餐巾环还可以用彩色丝带或丝穗带代替。

**2.按餐巾花造型不同分**

**(1)植物造型类**

植物类造型包括花草类、蔬菜类。根据植物的叶、茎、果实,比如花草类有玫瑰、四叶草等;蔬菜类有竹笋、大白菜等。此类造型变化甚多,是餐巾花中种类最多的一类。

**(2)动物造型类**

动物类造型包括飞禽走兽类、昆虫类、鱼虾类,其中以飞禽走兽类为主,如孔雀、仙鹤等。昆虫类常见的有蜻蜓、蝴蝶等。鱼虾类主要有金鱼、大虾等。此类造型形态生动,活泼可爱。

**(3)实物造型类**

实物造型类如花篮、帆船、折扇等。此类造型是模仿日常生活用品的实物形态折叠而成。多数折盘花时使用。

## 二、餐巾折花的花型选择与摆放

一般根据宴会的规模、主题、季节、顾客的宗教信仰、顾客的风俗习惯等来选择餐巾折花的花型,同时还要考虑顾客的座位安排、台面的摆设等因素。

**1.餐巾折花的花型选择**

**(1)根据宴会的规模来选择花型**

大型宴会可以选择简洁、快捷、挺拔、美观的花型,每桌除主位与副主位外,只选两种花型即可,也可以每桌选一种花型,使整个布置显得既整齐划一,又多姿多彩。小型宴会可以使用各种不同的花型互相搭配,既具有多样性,又有丰富性。

**(2)根据宴会的主题来选择花型**

主题宴会因主题不同,形式不同,所以要选择与之相呼应的花型,即可起到锦上添花的作用。如"蟹宴"可配用螃蟹形状的盘花,紧密结合宴会主题,做到型与食的协调统一,突出主题宴会的美食特色。

**(3)根据时令季节来选择花型**

选择富有时令性的花型以突出季节的特色,也可以有意地选择象征一个美好季节的一套花型。如春季宴会采用迎春、月季花等多种花卉的花型点缀餐台,以示满园春色的气氛;夏季宴会采用荷花、玉兰花等花型,令宾客有清爽感;秋季宴会选用菊花、秋叶等花型,展示出秋意绵绵的意境;冬天宴会则选用梅花、冬笋等花型。

**(4)根据顾客的宗教信仰、风俗习惯来选择花型**

摆台时,因由于顾客的宗教信仰、风俗习惯等方面存在差异,应尽可能有针对性地选择顾宾喜欢的花型。对于信仰佛教的顾客,可采用僧帽花型;对信仰伊斯兰教的顾宾则可用金鱼花型,忌用猪型。日本顾客喜欢樱花,法国顾客喜欢百合花,埃及顾客喜欢莲花,等等。注意,在隆重的宴会中不适合折小动物花型。

（5）根据主宾席位的安排来选择花型

宴会主位上餐巾花称为"主花"，主花美观而精细，高于其他座位的餐巾花造型，目的是使宴会的主位更加醒目；副主位要比主位稍矮一点，比其他位置的餐巾花又突出一点。

2.餐巾花的摆设

餐巾花的应用比较广泛，大至国宴小到家宴都可见到用餐巾花来摆台装饰。总的摆设要求是整齐美观、搭配得当、使用方便、便于观赏，尽可能与台布、餐具的色调相结合。

（1）餐巾花要注意区别插摆

餐巾花一般插入水杯或摆放在盘中，因此要区别插摆。餐巾花底部较大的花型宜插入水杯中，对需要平摊摆放的花型则适宜搁置在盘里。

餐巾花插入杯中深度要适当，露在外面的部分为观赏部分、主要部分，因此插放的时候应该要注意调整花型的完美。由于杯子是透明的，所以杯子内的部分也不能忽视，应该线条清楚，忌乱插乱塞。摆放在盘里的餐巾花要正，稳稳地挺立在盘里。

（2）餐巾花要注意搭配得当

餐巾花折花的品种要搭配得当，凸显主位与副主位，其他顾客位置花型高低均匀，错落有致。同桌摆放时，要将品种、形状相似的花型，或高低、大小相似的花型，错开并对称摆放，一般不宜将相同花型摆放一起。

（3）餐巾花要注意插入深度

折好餐巾花后要注意插入深度，一般插在杯中的深度的三分之二为宜。插花时可一手持杯子的下部，一手持折好的餐巾花（注意手不能触碰杯口，以免留下指纹，而且也不卫生），顺势慢慢插入杯中。

（4）餐巾花要注意摆放朝向

餐巾花要注意摆放的朝向，应将观赏的一面对着顾宾席位。如花型"仙鹤"、"孔雀开屏"等，头部要朝向顾客，摆设正面给顾客欣赏。适于侧面欣赏的花型则选择便于欣赏的侧面角度进行摆放。

（5）餐巾花要注意摆放距离

餐巾花摆放要注意时距离均匀，整齐一致，不能挡住餐具和餐台上的其他用品，也不能影响服务操作。

（6）餐巾花摆设的作用

在宴会、酒席、橱窗、酒柜以及家宴等场合，摆设餐巾花，既可以供欣赏，又可以美化环境，起到装饰、点缀的作用，使人得到一种视觉艺术美的享受。

# 第四节　餐巾折花的基本要求与技法

## 一、折叠餐巾花的基本要求

人工折叠是餐巾折花的主要方法,将餐巾折成各种动、植物形态的花型是一种技艺。其基本要求如下。

1. 简单美观,拆用方便

餐巾花要求花型简单美观,折叠容易上手,宾客不需拆解半天才可使用。餐巾折花如果过于复杂,就会不卫生,而且餐巾展开后褶皱过多也不雅观。

2. 选型生动,形象逼真

用餐巾折出来各种动、植物形态的花型力求做到形似神似,让宾客一眼就能认出这是什么,不能粗糙、散乱,让宾客觉得似物非物或者颇费猜疑。

3. 各具特点,刻意求新

通过对生活深入的观察,抓住各种花型的特点,发挥创造性,使餐巾花折出的形态更加逼真。

4. 主次分明,变化多样

主位要选择主花,根据主宾席位折花型。造型上可以多样、形象,让每一种花型都能发挥自身的作用。

## 二、餐巾折花的技法

1. 餐巾花的基础折叠法

餐巾花的基础折叠法概括了餐巾折花的一般折叠规律,其初步折叠成形,为以后的折花制作打下基础。

(1)正方折叠法

将餐巾的巾边平行相对折叠成长方形,经两边对折成正方形(见图 8-1),这是一种使用较多的折花基本方法。

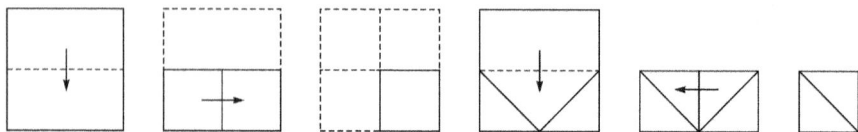

图 8-1　正方折叠法

（2）长方折叠法

长方折叠法分两种：一种是先将餐巾的巾边平行折叠成长方形，还可以在这个的基础上上再折裥多层（见图8-2）；另一种是双层平摊成宽长方形（见图8-3）。

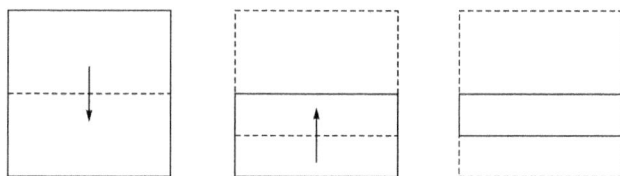

图 8-2 长方折叠法（一）

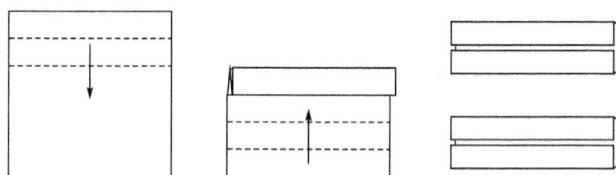

图 8-3 长方折叠法（二）

（3）长方翻角折叠法

这是先把餐巾对边平行相叠成长方形后，再将巾角翻上的一种折叠方法（见图8-4）可以通过变化折叠的层次、翻角的数量、角度的大小来改变不同的花型，如单面翻角、双面翻角、交叉翻角等（见图8-5）。

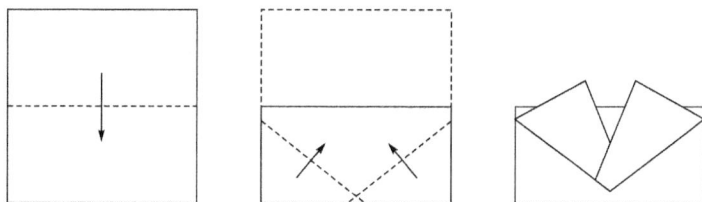

图 8-4 长方翻角折叠法

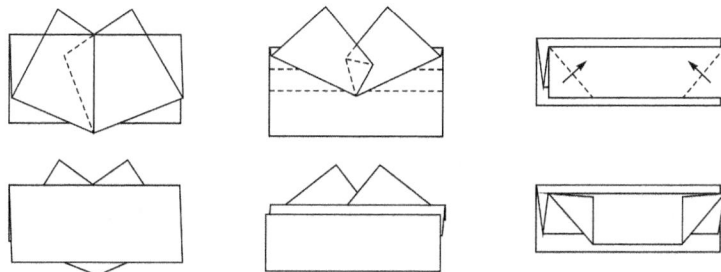

图 8-5 长方翻角折叠法的不同花型

（4）条形折叠法

条形折叠就是将餐巾摊平，直接折裥或先对折后折裥，使餐巾形成多层次细长的条形折裥。条形折叠有对边平行折裥和对角折裥两种方法（见图8-6）。

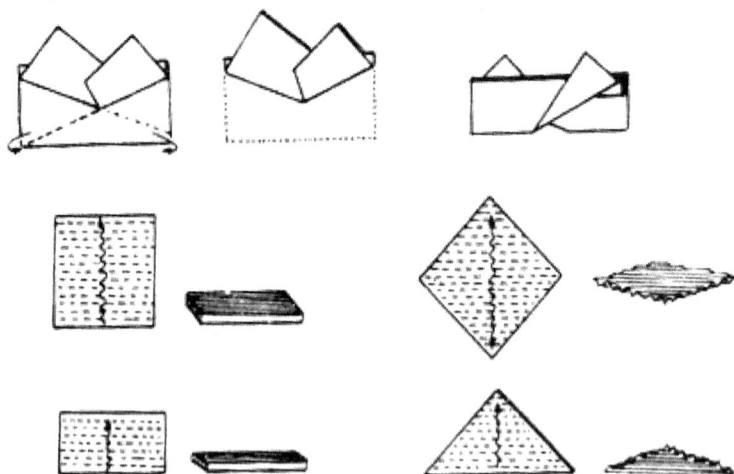

图 8-6　条形折叠法

（5）三角折叠法

三角折叠即将餐巾相对角的两边对折，角与角结合对齐，然后通过直接折裥或反向折角的方法来改变餐巾折花造型（见图8-7）。

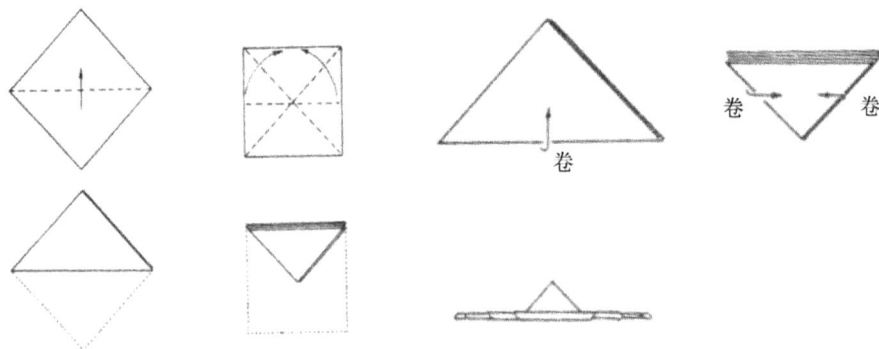

图 8-7　三角折叠法

（6）菱形折叠法

菱形折叠法即将餐巾角相对角的两边，分别向角的中线对折两次，使其呈菱形形状的折叠方法。用折裥的数量，调节折叠两端的宽窄距离，还可以完成很多不同的折花造型（见图8-8）。

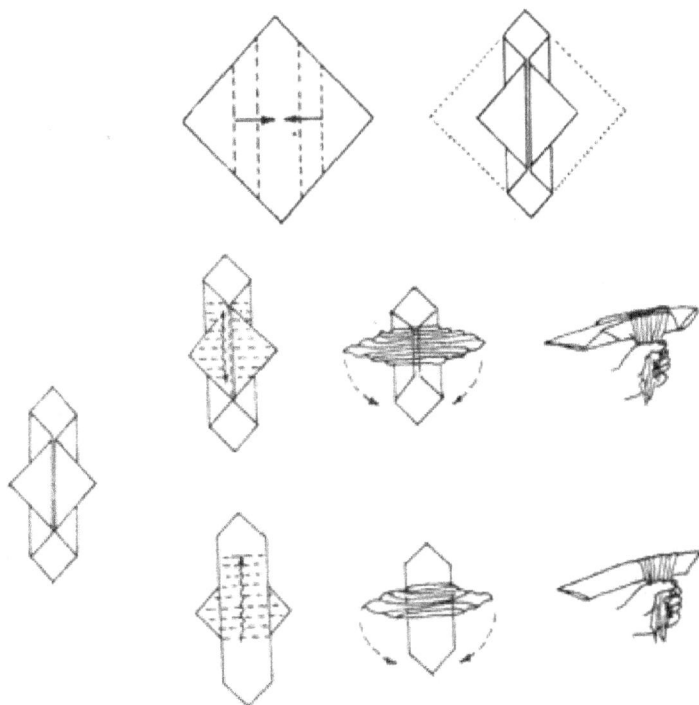

图 8-8　菱形折叠法

（7）锯齿折叠法

将餐巾按长方形的折叠法对折，但两角不重合，四角错位，然后再翻叠，呈锯齿状。利用折裥的方法对造型做出变化（见图 8-9）。

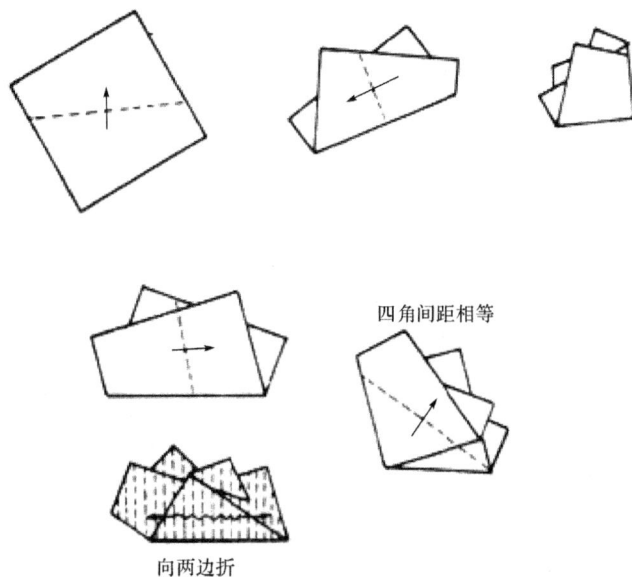

四角间距相等

向两边折

图 8-9　锯齿折叠法

（8）尖角折叠法

尖角折叠法即先将餐巾的一角固定，从该角两边向中间折叠或向中间卷折成尖角形，这种适合于折叠一头大、一头小的折花造型（见图8-10）。

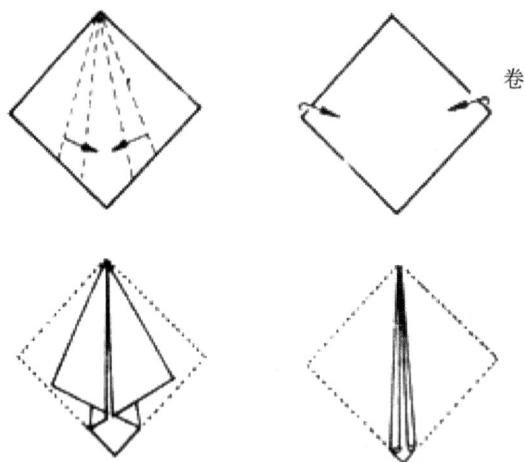

图 8-10　尖角折叠法

（9）提取翻折法

提取翻折法是将餐巾摊平，用手指抓四边提起或固定中心，转动四周巾边，再提取翻折成型。但此方法要注意，提取时四角部位不能偏斜，翻折巾角大小要一致，否则会影响造型的美观（见图8-11）。

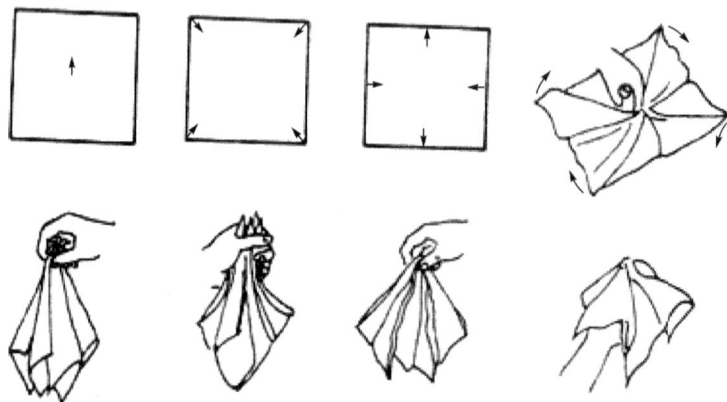

图 8-11　提取翻折法

（10）翻、折角折叠法

翻、折角折叠法即将餐巾的一角或数角经过翻折造型，或者折裥后再进行翻折，组合成一种的折叠法（见图8-12）。

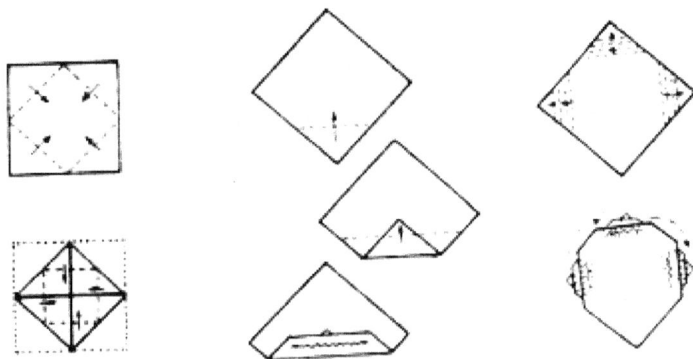

图 8-12　翻、折角折叠法

## 2.餐巾折花的技法

餐巾折花的技法主要有叠、推、卷、穿、翻、拉、捏、掰、攥九种。

（1）叠

餐巾折花中叠花是最基本的方法,几乎折的每一种花都会采用此手法。其要领是熟悉造型,看好角度,算准比例,一次成型,否则折痕会影响造型的美感。

（2）推

推是推折,将餐巾推折成直裥和斜裥的手法。直裥时,用两手大拇指和食指紧抓餐巾的一端,双手拇指相对成一条直线,指面向外,两手中指负责控制好下一个折裥的距离,然后拇指和食指向前推到中指处,食指按住折裥好的餐巾,中指再抽出控制下一个折裥的距离,两手三个指头相互配合,依次推进。斜裥就是斜面推进,左手固定餐巾的中心点,右手围着中心点按圆弧形向前推折,斜裥的两头为一大一小。要领是手指用力均匀,折裥的宽度要一致（图见 8-13）。

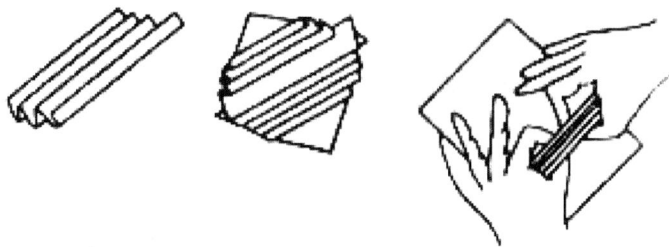

图 8-13　推折

（3）卷

卷就是用大拇指、食指和中指三指相互配合,将餐巾布卷为各种圆筒状（见图8-14）。卷可分为直平行卷和斜面螺旋卷。直平行卷是将餐巾两头同时一起平行卷成两头大小一样的卷。斜面螺旋卷是将餐巾一头固定,另一头卷起,或者一头少卷一头多卷。要领是双手用力要均匀,要协调,卷得要紧,卷得要挺,否则就会软塌,影响造型效果。

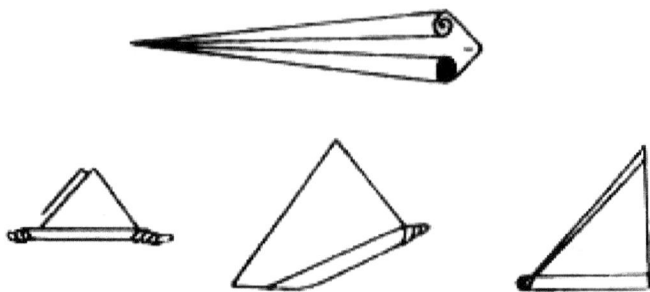

图 8-14　卷

（4）穿

穿是利用工具将折好的餐巾布夹层从折缝中穿过,边穿边收,从而形成皱折（见图 8-15）。穿的方法:左手握住折好的餐巾布,右手持一根或数根筷子,用筷子细头慢慢向内拉穿过餐巾的夹层指缝,穿好后先将餐巾花插入杯子里,然后再把筷子抽掉,否则皱折易松散。要领是选用圆形表面光滑的筷子,穿的皱折要平、直、细小、均匀。

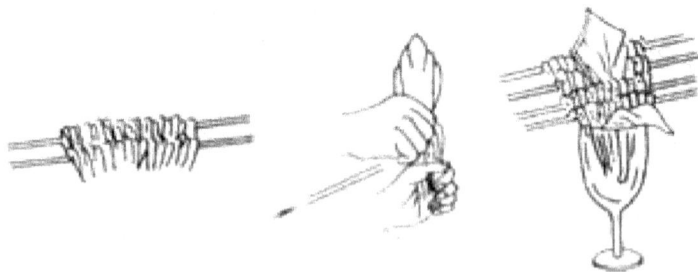

图 8-15　穿

（5）翻

翻是指在餐巾折花的制作过程中,将餐巾巾角上下、前后、左右、里外的部位进行翻折。要领是对称、大小适宜、比例相当（见图 8-16）。

（6）拉

拉是指在翻的基础上,将餐巾花的其他部位线条曲直整理明显,使造型更加生动逼真。要领是力度匀称,大小比例适当,拉出角度、距离,不要用力过大,否则会破坏花的造型（见图8-17）。

（7）捏

捏这种手法一般用于制作动物和鸟的头部造型。制作时将餐巾巾角的上端顶起,用食指向角尖压下,拇指和中指配合将两边向内捏紧成型。要领是头顶角、嘴尖角、棱角分明（见图 8-18）。

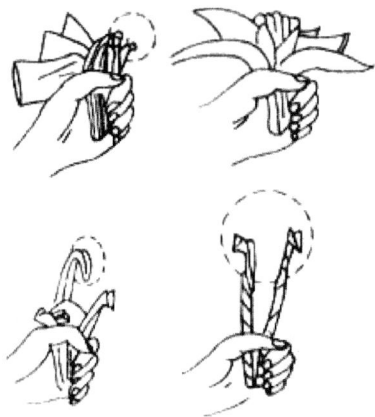

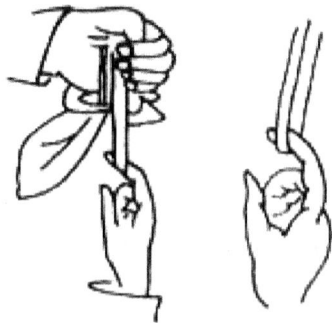

图 8-16　翻　　　　　　　　　　　　　图 8-17　拉

（8）掰

掰的手法适合用于叠花束。方法是将折好的餐巾用手把花瓣一层层的掰开，直到露出花蕾。注意掰的时候用力不要过大，以免松散，前功尽弃。要领是掌握力度，层次分明，间距匀称（见图 8-19）。

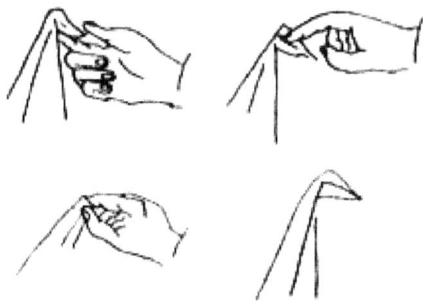

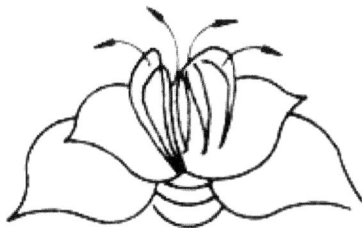

图 8-18　捏　　　　　　　　　　　　　图 8-19　掰

（9）攥

攥是用左手攥住餐巾的中部或者下部，再用右手操作其他部位。攥的手法主要是为了使餐巾造型不走样、不脱落。其要领是攥好手里的餐巾布，不能挤散。

## 三、餐巾折花注意事项

### 1. 折花准备工作

（1）折花操作人员要洗净双手，穿着干净的工作服。

（2）挑选过浆、熨烫、洁净、颜色和规格符合宴会的餐巾。

（3）准备好经过消毒无破损的餐碟、水杯、筷子等餐具。

（4）了解宾客对餐巾花造型的禁忌和喜好。

2.折花的基本要求

(1)掌握要领,要求一次成型。

(2)符合主题,配合造型,做到美观和谐。

(3)熟悉操作,准确无误地使用餐巾折花的折叠方法和技法。

3.折花的注意事项

(1)操作人员在操作过程中绝对禁止用嘴咬或叼餐巾,并且不能多说话,以免唾液喷到餐巾上。

(2)操作台要干净、光亮、平整,方便操作人员进行折花制作。

(3)插花所用玻璃杯要无污染、无破损、无指纹。插入花时,注意动作,手指不能触碰杯口。

**【案例】**

寒冬的一个傍晚,某市中心的大酒店张灯结彩,热闹非凡,来华的法国、日本、英国等各国商人正汇聚一堂,听取某大公司总经理关于寻求合作伙伴的讲话。

会后,客人被请到了大宴会厅,宴会厅布置得高雅、华丽,每张餐桌上都摆有非常漂亮的餐巾花型,有孔雀开屏、彩凤翼美、芬芳壁花、双叶荷花,等等。客人在迎宾小姐的引领下走到餐桌旁,可迎宾小姐发现有数名英国和日本的客人不肯就座,而且表现出不高兴的样子,迎宾小姐不知所措赶忙去找部门经理……

(资料来源:http://www.docin.com/p-173497910.html)

**【案例思考】**

(1)为什么英国、日本的客人不肯入座?

(2)餐巾折花除了正确操作外,还应掌握哪些方面的知识?

**【思考题】**

1.餐巾的作用有哪些?

2.餐巾分为多少类?

3.餐巾花的种类?

4.餐巾花型的选样和餐巾摆设有哪些要求?

5.餐巾折花的基本技法有哪几种,分别是什么?

# 第五节　操作练习

操作练习的目的:掌握折花的技能要领,达到操作规范、折叠熟练的训练要求。

操作练习的方法:老师讲解、示范一下几种餐巾折花造型,然后由学生实际操作,老师在一旁指导。

## 一、10 种植物花形的折叠实例

图 8-20 鸡冠花

1.鸡冠花(见图 8-20)

(1)将餐巾布折成长方形(见图 8-21)。

(2)两边向正反面对折(见图 8-22)。

图 8-21 折鸡冠花步骤 1

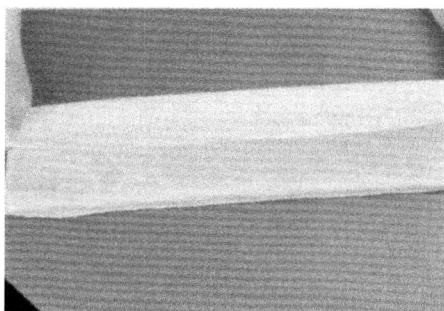

图 8-22 折鸡冠花步骤 2

(3)横向推折(见图 8-23)。

(4)将筷子穿入中间缝中(见图 8-24)。

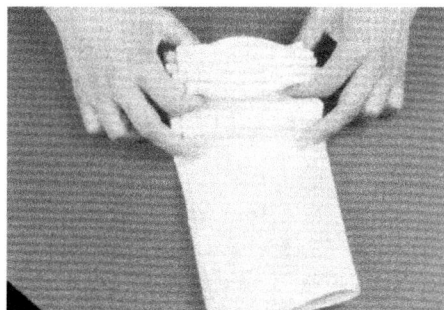

图 8-23 折鸡冠花步骤 3

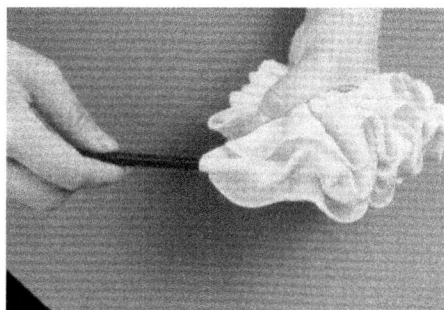

图 8-24 折鸡冠花步骤 4

（5）左右拧两下（见图8-25）。

2.睡莲（见图8-26）

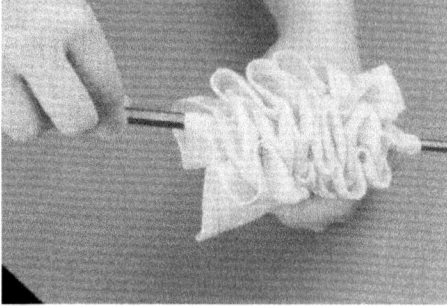

图8-25　折鸡冠花步骤5

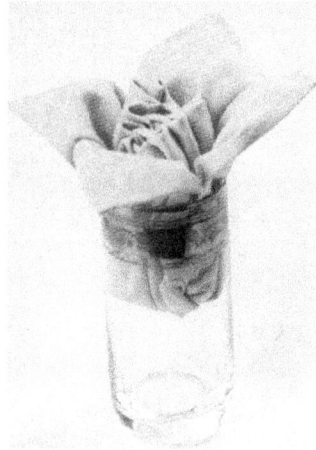

图8-26　睡莲

（1）左右餐巾角向中间对拢（见图8-27）。

（2）均匀推折（见图8-28）。

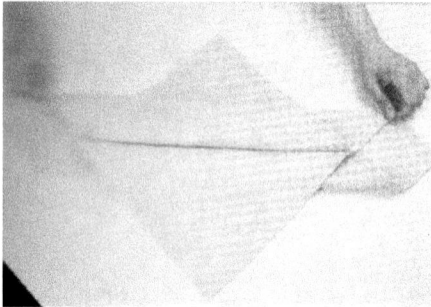

图8-27　折睡莲步骤1

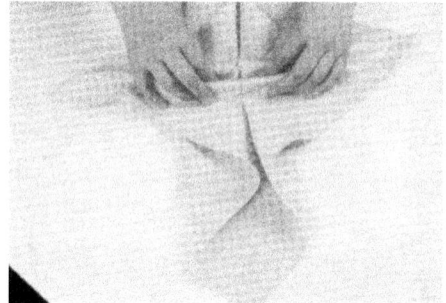

图8-28　折睡莲步骤2

（3）向下对折（见图8-29）。

（4）四角翻出（见图8-30）。

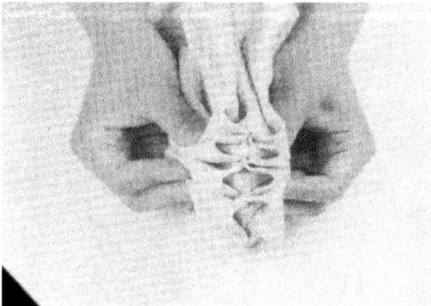

图8-29　折睡莲步骤3

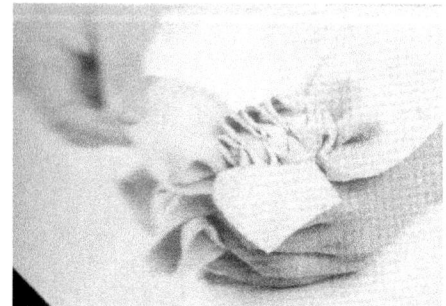

图8-30　折睡莲步骤4

(5)整理成型(见图8-31)。

3.牛耳草(见图8-32)

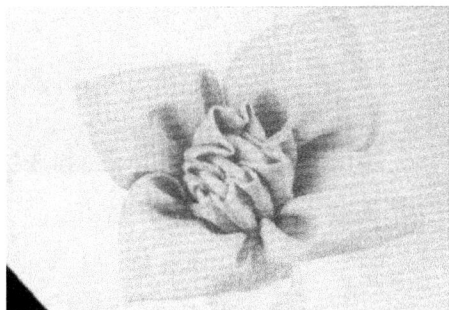

图 8-31　折睡莲步骤 5

图 8-32　牛耳草

(1)将餐巾布折成长方形(见图8-33)。

(2)餐巾两角向中间折叠(见图8-34)。

图 8-33　折牛耳草步骤 1

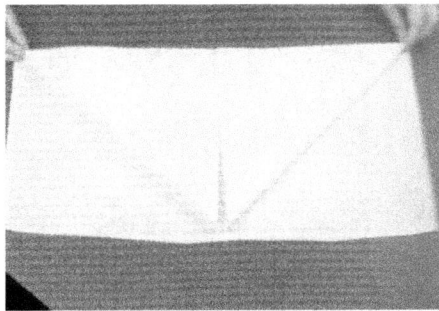

图 8-34　折牛耳草步骤 2

(3)翻过来再将餐巾两角向中间折叠(见图8-35)。

(4)再对折成三角形(见图8-36)。

图 8-35　折牛耳草步骤 3

图 8-36　折牛耳草步骤 4

（5）从中间向两边推折（见图 8-37）。

（6）拉下一角（见图 8-38）。

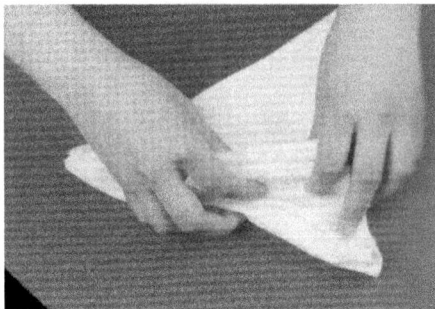

图 8-37　折牛耳草步骤 5

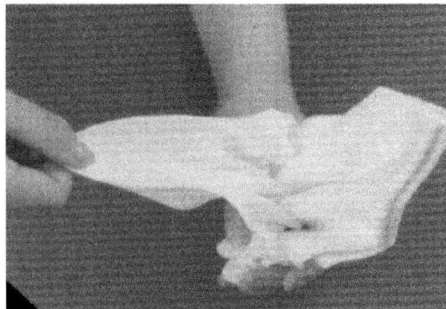

图 8-38　折牛耳草步骤 6

（7）翻出一边，整理成型（见图 8-39）。

4.关东烟叶（见图 8-40）

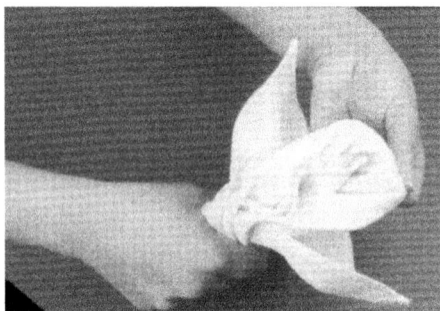

图 8-39　折牛耳草步骤 7

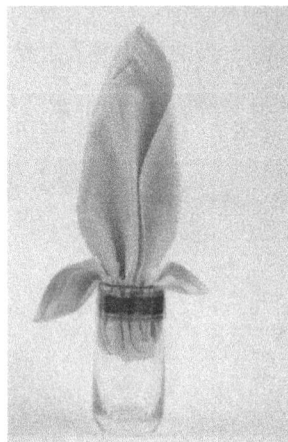

图 8-40　关东烟叶

（1）将餐巾布折成三角形（留出一个窄边）（见图 8-41）。

（2）两侧向中间对拢（见图 8-42）。

图 8-41　折关东烟叶步骤 1

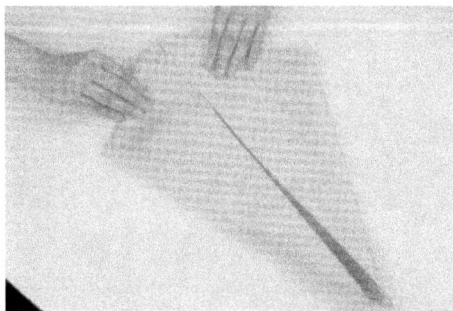

图 8-42　折关东烟叶步骤 2

（3）两底角再向上翻（见图8-43）。

（4）从中间向两边推折（见图8-44）。

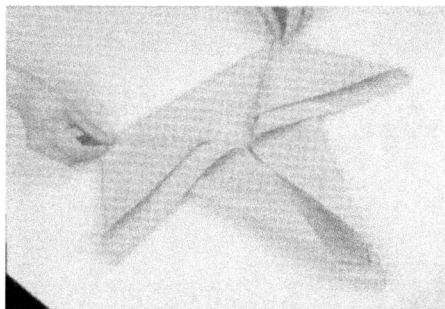

图8-43 折关东烟叶步骤3

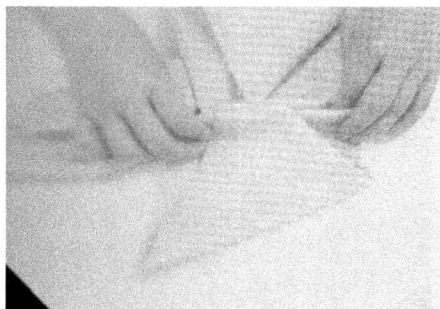

图8-44 折关东烟叶步骤4

（5）整理成型（见图8-45）。

5.绣球花（见图8-46）

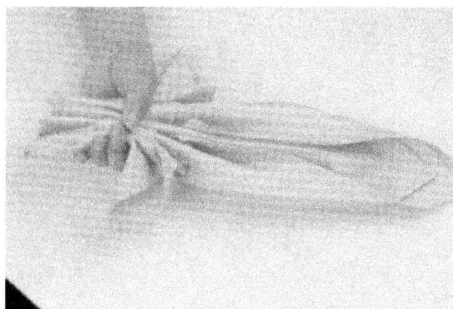

图8-45 折关东烟叶步骤5

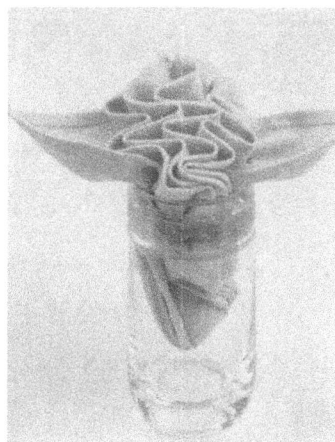

图8-46 绣球花

（1）将餐巾布折成长方形（见图8-47）。

（2）将餐巾两角正反面向上折叠（见图8-48）。

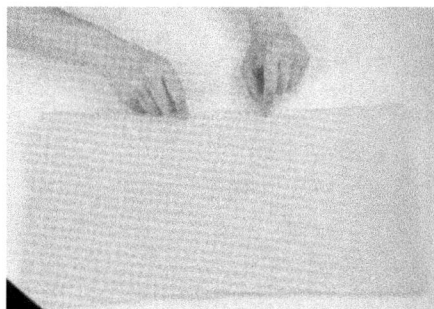

图8-47 折绣球花步骤1

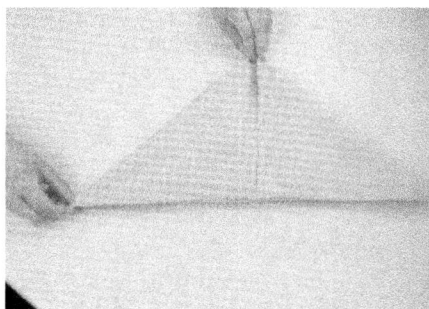

图8-48 折绣球花步骤2

（3）对折成三角形（见图8-49）。

（4）将正反两面各折上一层餐巾角（见图8-50）。

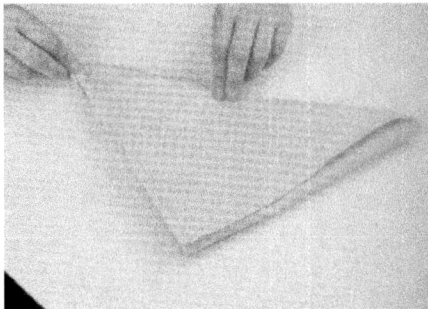

图8-49　折绣球花步骤3

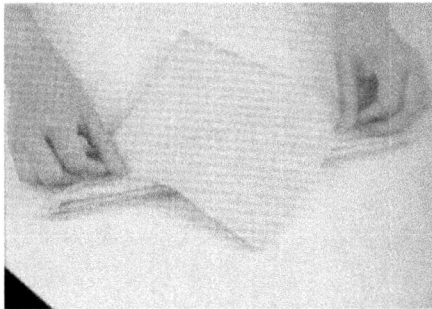

图8-50　折绣球花步骤4

（5）横向推折（见图8-51）。

（6）拉出餐巾两角（见图8-52）。

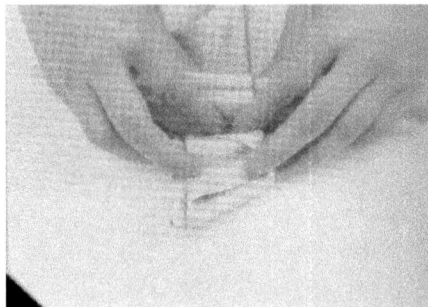

图8-51　折绣球花步骤5

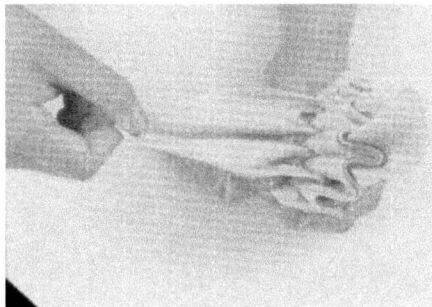

图8-52　折绣球花步骤6

（7）整理成型（见图8-53）。

6.风荷（见图8-54）

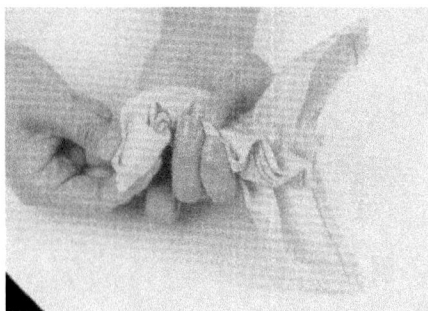

图8-53　折绣球花步骤7

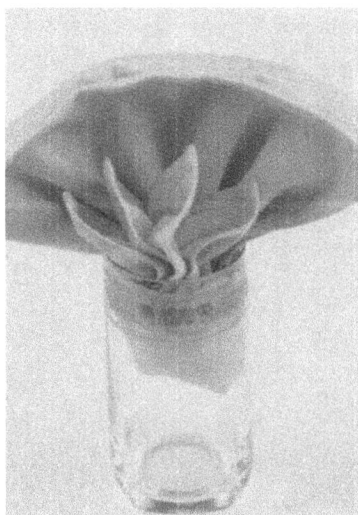

图8-54　风荷

（1）将餐巾布折成长方形（见图8-55）。

（2）再对折成正方形（见图8-56）。

图8-55　折风荷步骤1

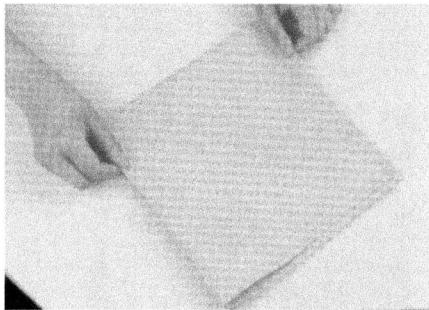

图8-56　折风荷步骤2

（3）横向推折（见图8-57）。

（4）四个餐巾角向上折（见图8-58）。

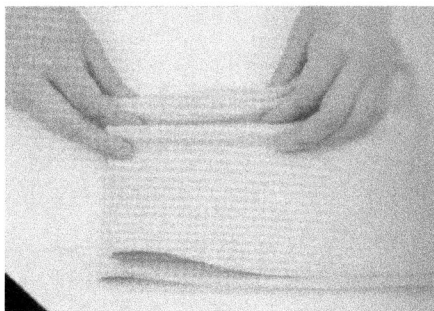

图8-57　折风荷步骤3

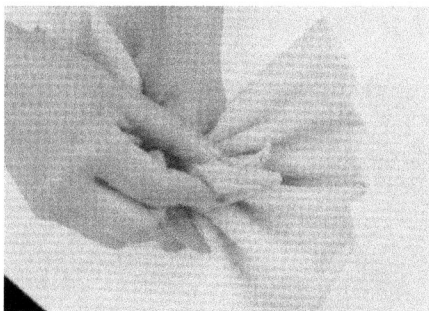

图8-58　折风荷步骤4

（5）整理成型（见图8-59）。

（6）再翻出两边（见图8-60）。

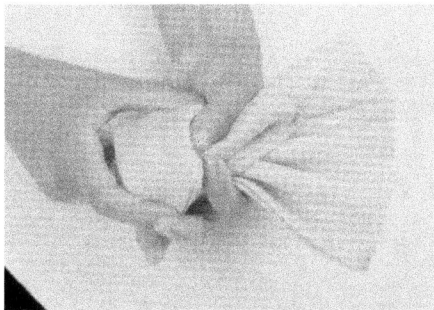

图8-59　折风荷步骤5

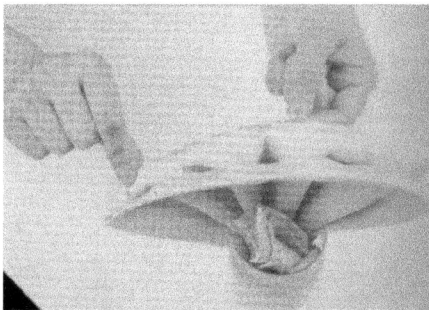

图8-60　折风荷步骤6

**7.友谊花篮（见图8-61）**

（1）将餐巾布折成三角形（见图8-62）。

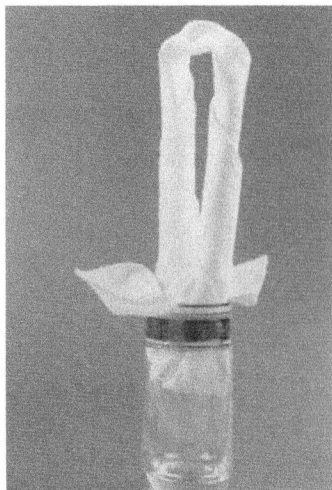

图 8-61　友谊花篮

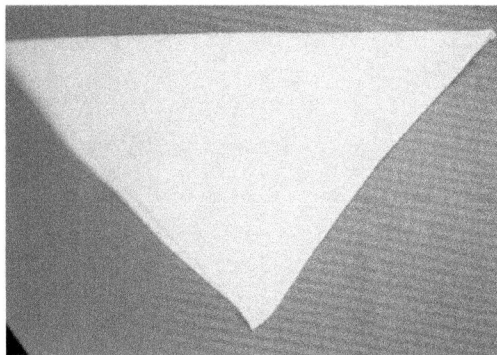

图 8-62　折友谊花篮步骤 1

（2）从底边向上卷至三分之二处（见图 8-63）。

（3）打开餐巾两角（见图 8-64）。

图 8-63　折友谊花篮步骤 2

图 8-64　折友谊花篮步骤 3

（4）再对折（见图 8-65）。

（5）将餐巾两角翻出，整理成型（见图 8-66）。

图 8-65　折友谊花篮步骤 4

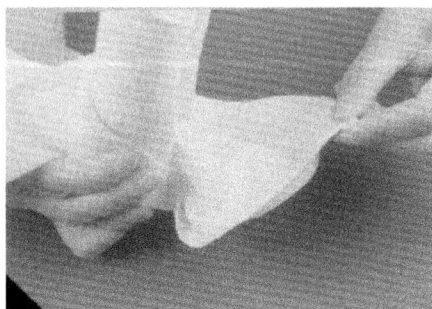

图 8-66　折友谊花篮步骤 5

（6）将卷筒顶端两餐巾角互相插入（见图8-67）。

8.碧桃牡丹（见图8-68）

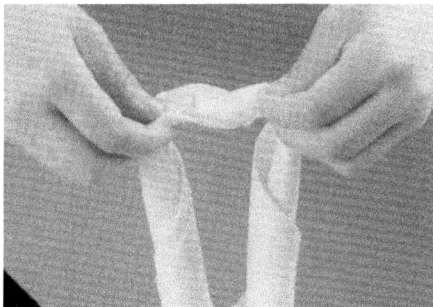

图 8-67　折友谊花篮步骤 6

图 8-68　碧桃牡丹

（1）展开餐巾，反面朝上，将餐巾对折（不对齐，略错开一角）（见图8-69）。

（2）将餐巾再对折（两巾角间距约3cm）（见图8-70）。

图 8-69　折碧桃牡丹步骤 1

图 8-70　折碧桃牡丹步骤 2

（3）将底角向上折（见图8-71）。

（4）向上推折（见图8-72）。

图 8-71　折碧桃牡丹步骤 3

图 8-72　折碧桃牡丹步骤 4

(5)拿起底边攥紧,将上层巾角翻出,插入杯中,整理成型(见图8-73)。

9.马蹄莲花(见图8-74)

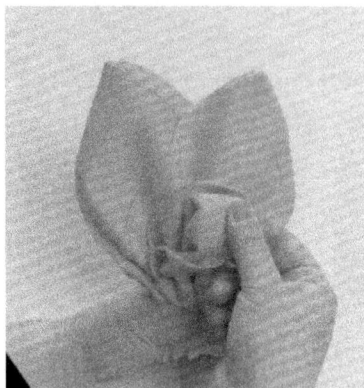

图 8-73 折碧桃牡丹步骤 5

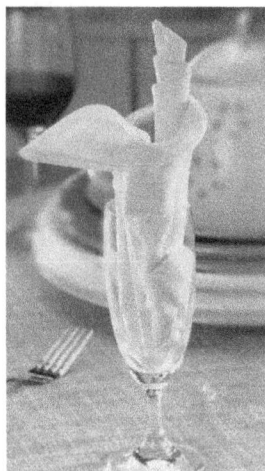

图 8-74 马蹄莲花

(1)将餐巾对折成三角形(见图8-75)。

(2)再对折成小三角形(见图8-76)。

图 8-75 折马蹄莲花步骤 1

图 8-76 折马蹄莲花步骤 2

(3)从开口巾角处开始卷至四分之一处(见图8-77)。

(4)拉到中心处(见图8-78)。

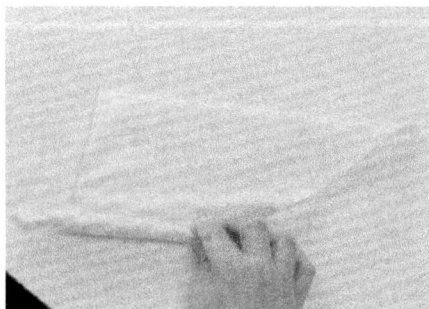

图 8-77 折马蹄莲花步骤 3

图 8-78 折马蹄莲花步骤 4

（5）将餐巾向前推折（见图 8-79）。

（6）最后将小巾角包住底部餐巾（见图 8-80）。

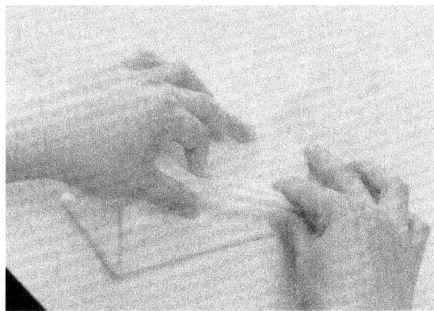

图 8-79　折马蹄莲花步骤 5

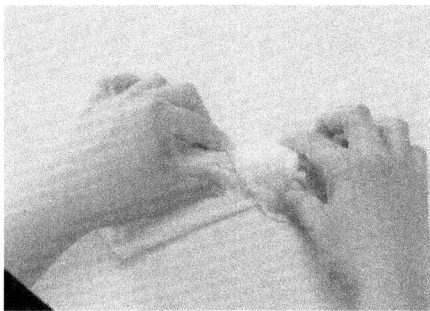

图 8-80　折马蹄莲花步骤 6

（7）插入杯中，自然分开做花瓣（见图 8-81）。

10.荷叶（见图 8-82）

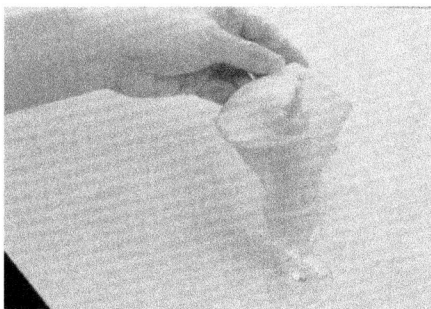

图 8-81　折马蹄莲花步骤 7

图 8-82　荷叶

（1）将餐巾对折成长方形（见图 8-83）。

（2）从底边开始向上推折（见图 8-84）。

图 8-83　折荷叶步骤 1

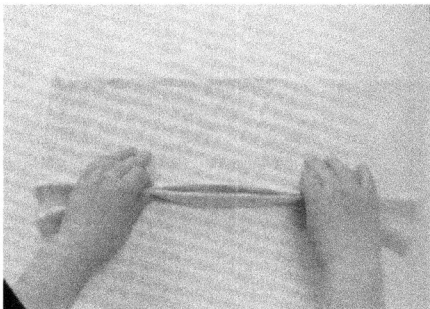

图 8-84　折荷叶步骤 2

（3）将餐巾折成 W 形（见图 8-85）。

（4）插入杯中，将其中一片巾边向外分开（见图 8-86）。

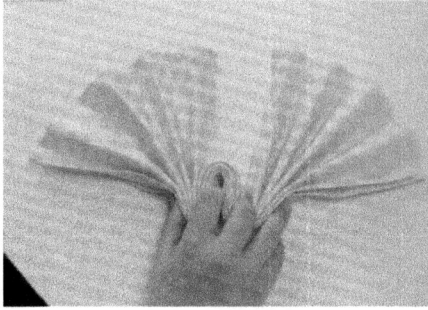

图 8-85　折荷叶步骤 3

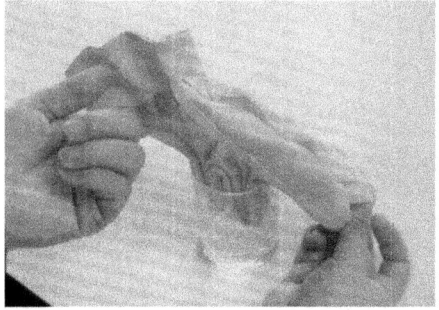

图 8-86　折荷叶步骤 4

（5）将另一片巾边向内折成幼叶状，整理成型（见图 8-87）。

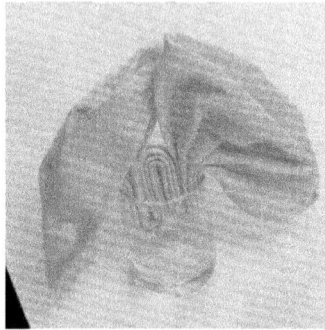

图 8-87　折荷叶步骤 5

## 二、10 种动物花形的折叠实例

1. 孔雀开屏（见图 8-88）

（1）将餐巾布折成三角形，一面在中部回折成三角（见图 8-89）。

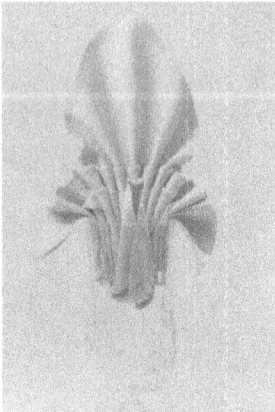

图 8-88　孔雀开屏

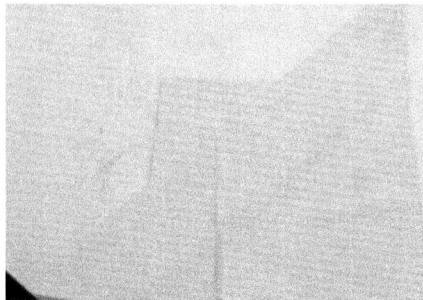

图 8-89　折孔雀开屏步骤 1

（2）翻过来，另一面在中部也折成三角形（见图8-90）。

（3）横向推折，成扇形（见图8-91）。

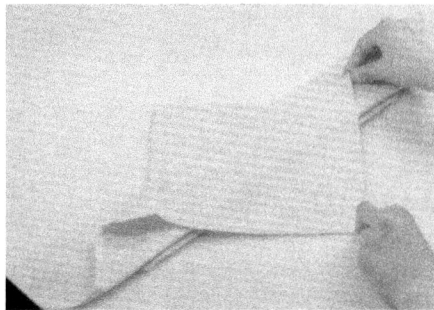

图 8-90　折孔雀开屏步骤 2

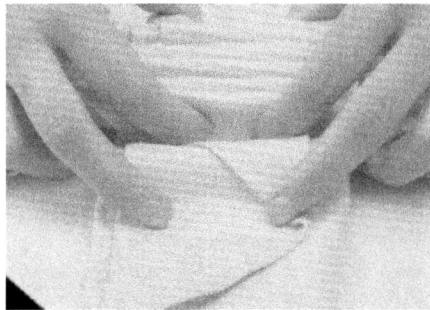

图 8-91　折孔雀开屏步骤 3

（4）一角向上折做尾（见图8-92）。

（5）另一角折到前部，做头的形状（见图8-93）。

图 8-92　折孔雀开屏步骤 4

图 8-93　折孔雀开屏步骤 5

（6）整理成型，放入杯中（见图8-94）。

2.蝴蝶双飞（见图8-95）

图 8-94　折孔雀开屏步骤 6

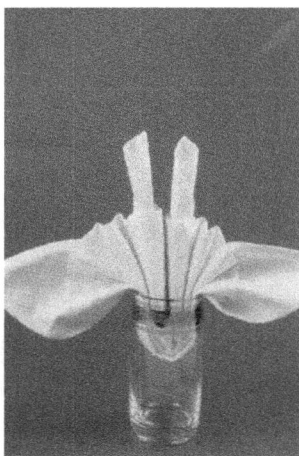

图 8-95　蝴蝶双飞

(1)将餐巾布两端各沿四分之一线向中间折叠(见图8-96)。

(2)四个餐巾角分别向下翻(见图8-97)。

图 8-96　折蝴蝶双飞步骤 1

图 8-97　折蝴蝶双飞步骤 2

(3)将一边卷至中间处(见图8-98)。

(4)继续向前推折(见图8-99)。

图 8-99　折蝴蝶双飞步骤 3

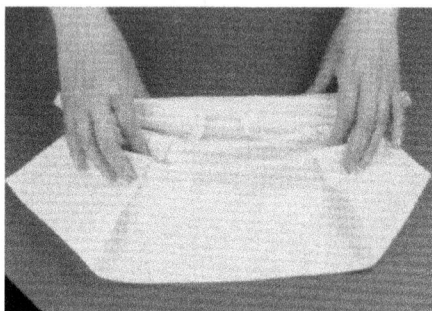

图 8-99　折蝴蝶双飞步骤 4

(5)对折,放入杯中,整理成型(见图8-100)。

3.雄(雏)鸡(见图8-101)

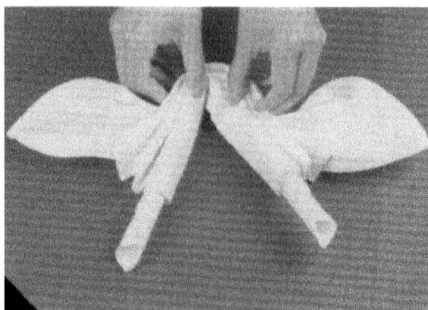

图 8-100　折蝴蝶双飞步骤 5

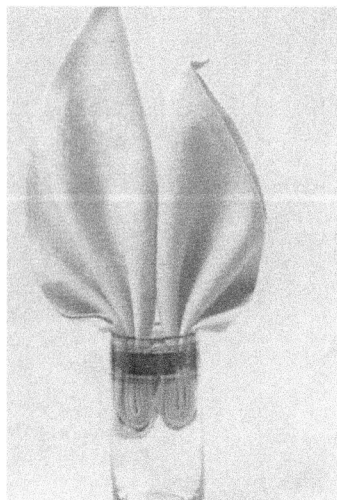

图 8-101　雄(雏)鸡

（1）将餐巾布折成三角形（见图 8-102）。

（2）从底部向顶角处推折（见图 8-103）。

图 8-102　折雄(雏)鸡步骤 1

图 8-103　折雄(雏)鸡步骤 2

（3）从中间对折成弧形（见图 8-104）。

（4）左右两边再折成弧形，使中部弯曲成 W 形（见图 8-105）。

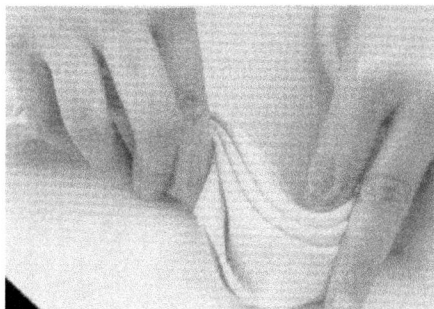

图 8-104　折雄(雏)鸡步骤 3

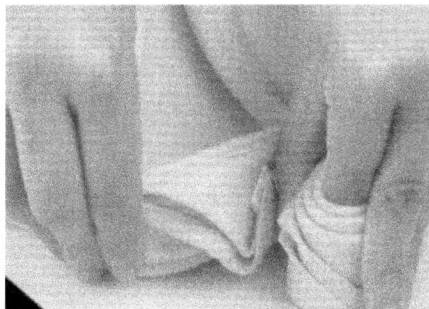

图 8-105　折雄(雏)鸡步骤 4

（5）两侧成兔耳状（见图 8-106）。

（6）放入杯中，整理成型（见图 8-107）。

图 8-106　折雄(雏)鸡步骤 5

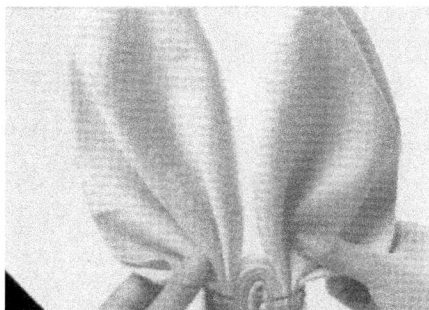

图 8-107　折雄(雏)鸡步骤 6

（7）一角捏出头形（见图 8-108）。

4. 非洲鸵鸟(见图 8-109)

图 8-108  折雄(雏)鸡步骤 7

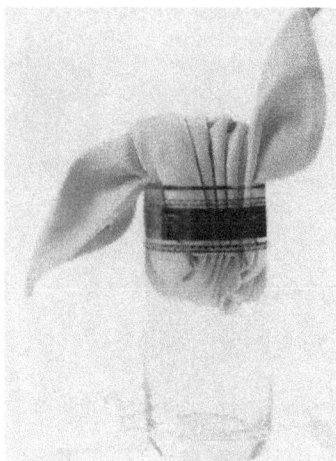

图 8-109  非洲鸵鸟

(1)将餐巾布一边在中部回折成三角(见图 8-110)。

(2)另一边也在中部回折成三角,注意对称(见图 8-111)。

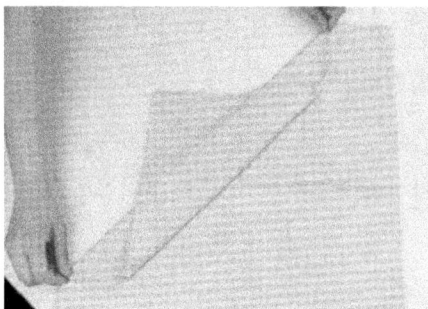

图 8-110  折非洲鸵鸟步骤 1

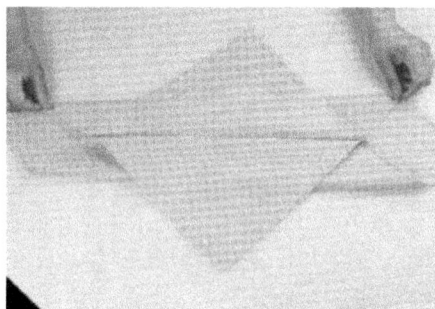

图 8-111  折非洲鸵鸟步骤 2

(3)一边餐巾角向上翻折(见图 8-112)。

(4)再向下折叠(见图 8-113)。

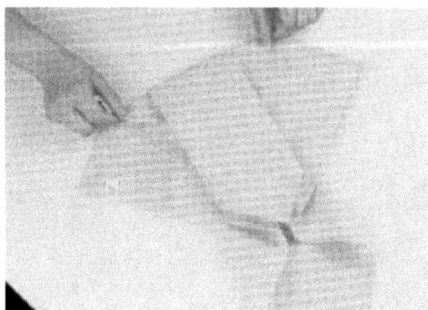

图 8-112  折非洲鸵鸟步骤 3

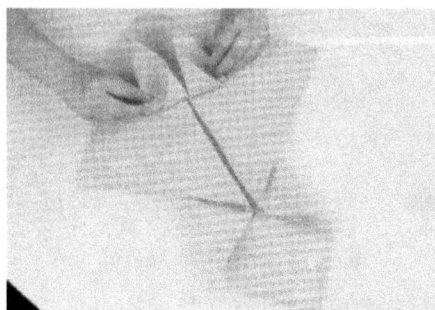

图 8-113  折非洲鸵鸟步骤 4

（5）翻过来，推折（见图8-114）。

（6）两侧餐巾角向下对拢（见图8-115）。

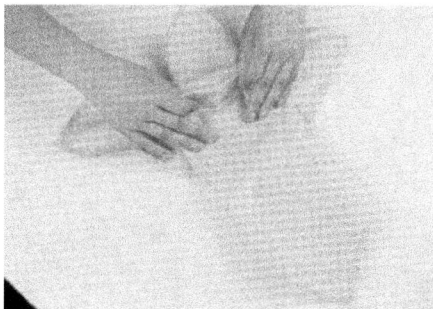

图8-114　折非洲鸵鸟步骤5

图8-115　折非洲鸵鸟步骤6

（7）拉上一餐巾角做头，另一餐巾角做尾，整理成型（见图8-116）。

5.山雀（见图8-117）

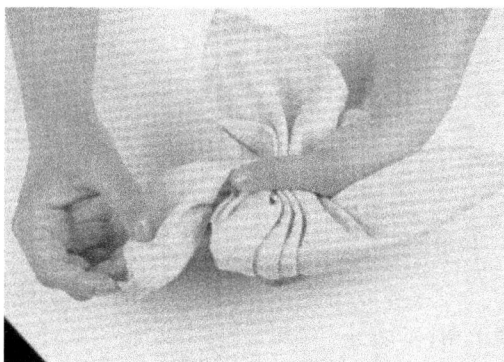

图8-116　折非洲鸵鸟步骤7

图8-117　山雀

（1）将餐巾布折成长方形（注意反面向上）（见图8-118）。

（2）一角向上折（见图8-119）。

图8-118　折山雀步骤1

图8-119　折山雀步骤2

（3）翻过来另一角向上折（见图8-120）。

（4）拉开成正方形（见图8-121）。

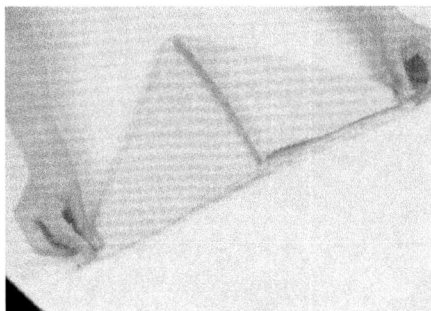

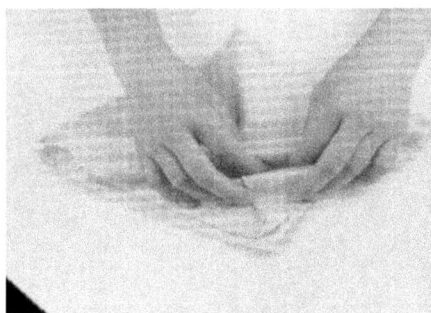

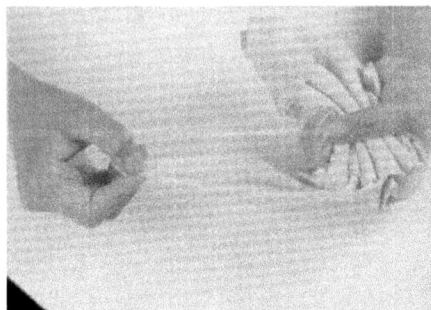

图 8-120　折山雀步骤 3　　　　　　　　　图 8-121　折山雀步骤 4

（5）正反面分别向下对折一次（见图8-122）。

（6）从中间向两边推折（见图8-123）。

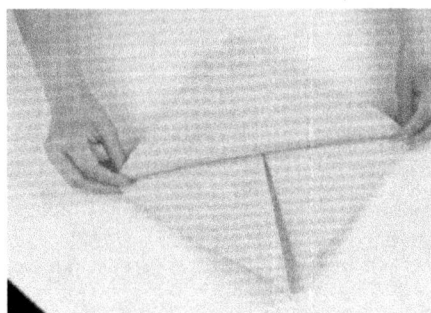

图 8-122　折山雀步骤 5　　　　　　　　　图 8-123　折山雀步骤 6

（7）一手紧握推折处，另一手准备餐巾角（见图8-124）。

（8）两餐巾角向下折叠（见图8-125）。

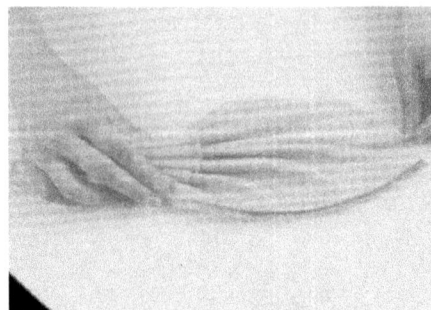

图 8-124　折山雀步骤 7　　　　　　　　　图 8-125　折山雀步骤 8

（9）拉出一餐巾角做尾（见图8-126）。

（10）拉出另一餐巾角做头（见图8-127）。

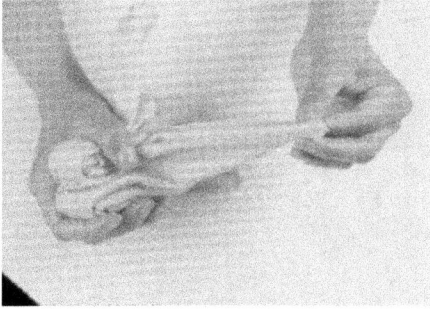

图 8-126　折山雀步骤 9

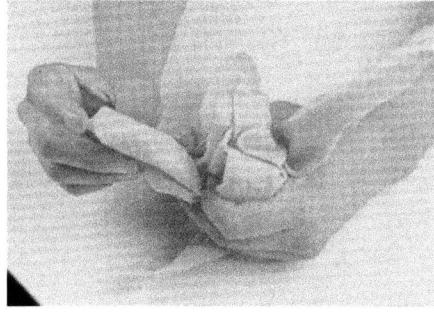

图 8-127　折山雀步骤 10

(11)向下折的两餐巾角做翅膀(见图 8-128)。

6.信鸽(见图 8-129)

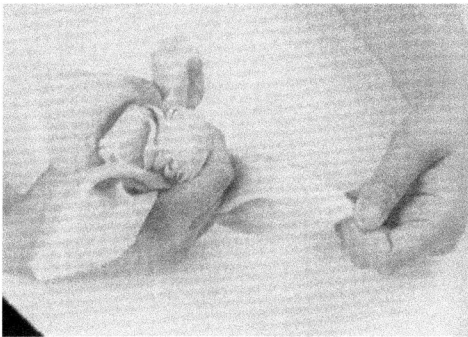

图 8-128　折山雀步骤 11

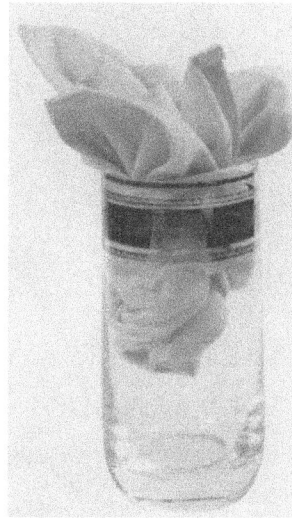

图 8-129　信鸽

(1)将餐巾布在距一餐巾角约 5cm 处提折(见图 8-130)。

(2)再提折两次,使层层错落有致(见图 8-131)。

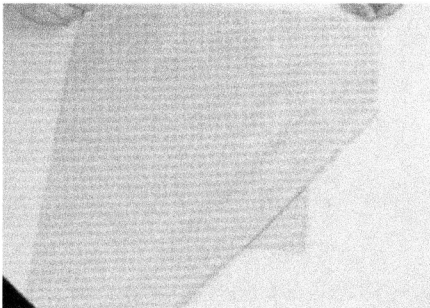

图 8-130　折信鸽步骤 1

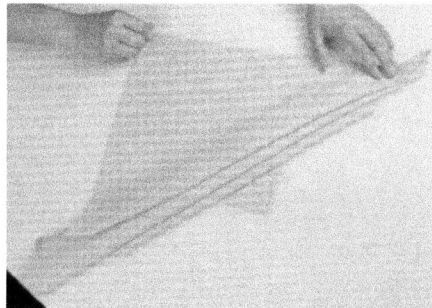

图 8-131　折信鸽步骤 2

（3）中间推折（见图 8-132）。

（4）两侧餐巾角做翅膀（见图 8-133）。

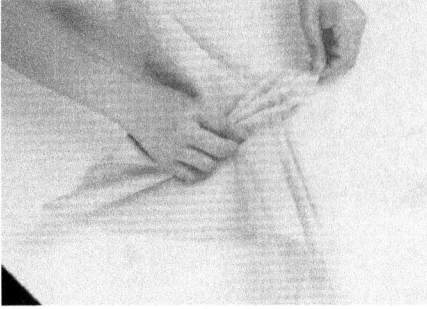

图 8-132　折信鸽步骤 3

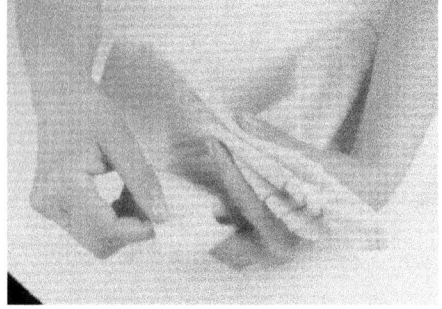

图 8-133　折信鸽步骤 4

（5）前餐巾角做头，后餐巾角做尾，整理成形（见图 8-134）。

7. 相思鸟（见图 8-135）

图 8-134　折信鸽步骤 5

图 8-135　相思鸟

（1）将餐巾布折成长方形（注意反面向上）（见图 8-136）。

（2）一角向上折（见图 8-137）。

图 8-136　折相思鸟步骤 1

图 8-137　折相思鸟步骤 2

（3）翻过来另一角向上折（见图 8-138）。

（4）拉开成正方形（见图 8-139）。

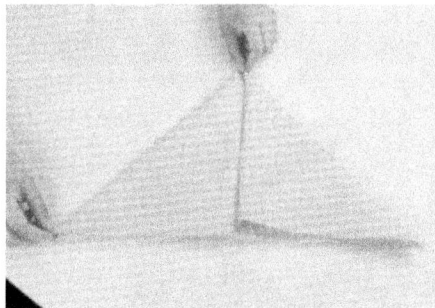

图 8-138　折相思鸟步骤 3

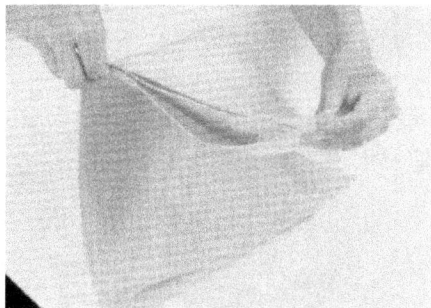

图 8-139　折相思鸟步骤 4

（5）正反面分别向下对折一次（见图 8-140）。

（6）从中间向两边推折（见图 8-141）。

图 8-140　折相思鸟步骤 5

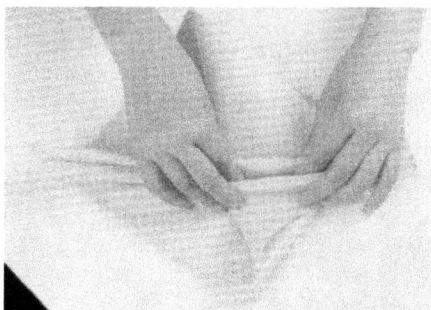

图 8-141　折相思鸟步骤 6

（7）紧握推折处，餐巾两角捏成兔耳状（见图 8-142）。

（8）正反面的一餐巾角做成头形（见图 8-143）。

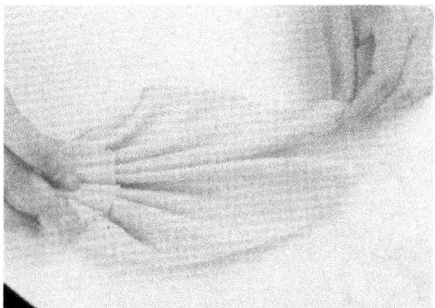

图 8-142　折相思鸟步骤 7

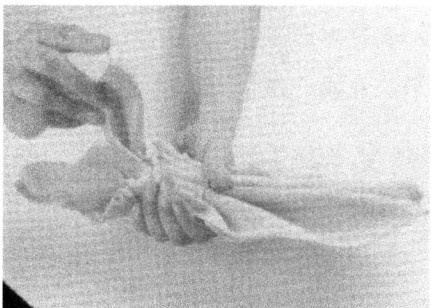

图 8-143　折相思鸟步骤 8

（9）另一餐巾角也做成头形（见图 8-144）。

8.长尾鸟(见图 8-145)

图 8-144　折相思鸟步骤 9

图 8-145　长尾鸟

(1)将餐巾布折成长方形(见图 8-146)。

(2)一角向上折(见图 8-147)。

图 8-146　折长尾鸟步骤 1

图 8-147　折长尾鸟步骤 2

(3)翻过来另一角向上折(见图 8-148)。

(4)拉开成正方形(见图 8-149)。

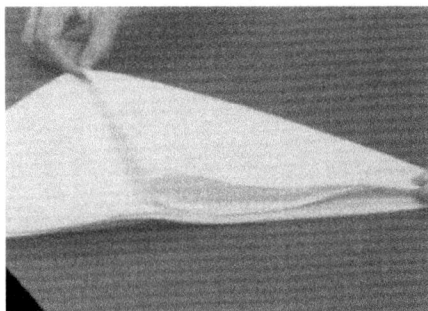

图 8-148　折长尾鸟步骤 3

图 8-149　折长尾鸟步骤 4

（5）正反面分别向下对折一次（见图 8-150）。

（6）从中间向两边推折（见图 8-151）。

图 8-150　折长尾鸟步骤 5

图 8-151　折长尾鸟步骤 6

（7）紧握推折处，餐巾两角捏成兔耳状（见图 8-152）。

（8）拉下两兔耳状餐巾角中的角做头（见图 8-153）。

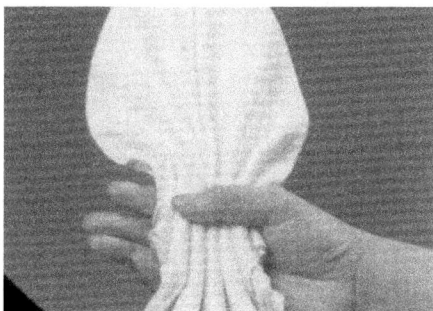

图 8-152　折长尾鸟步骤 7

图 8-153　折长尾鸟步骤 8

（9）底部两餐巾角分别向上折做翅膀（见图 8-154）。

（10）底部向后折，整理成形（见图 8-155）。

图 8-154　折长尾鸟步骤 9

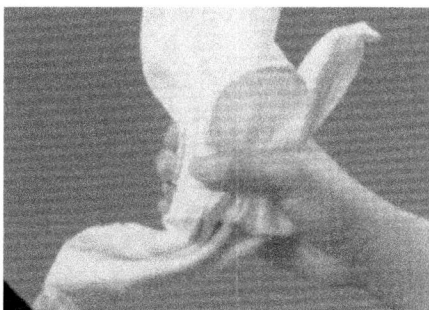

图 8-155　折长尾鸟步骤 10

（11）放入杯中，整理成型（见图 8-156）。

9. 彩蝶纷飞(见图 8-157)

图 8-156 折长尾鸟步骤 11

图 8-157 彩蝶纷飞

(1)将餐巾反面朝上,由上向下对折成长方形(见图 8-158)。

(2)从长方形左底角向上斜角翻折(略微留出错角)(见图 8-159)。

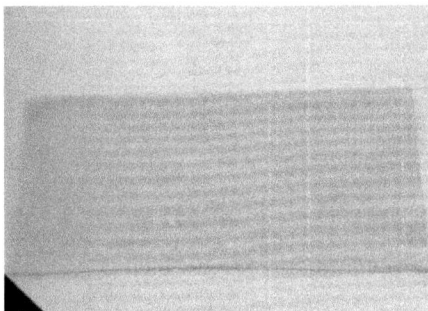

图 8-158 折彩蝶纷飞步骤 1

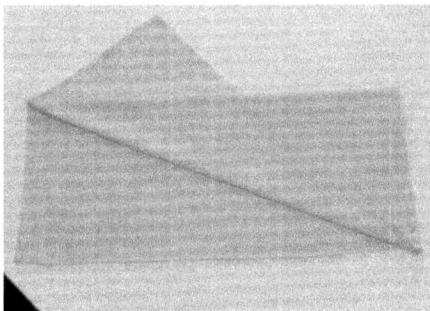

图 8-159 折彩蝶纷飞步骤 2

(3)再将餐巾右底角向上翻折(折面小于左侧翻折)(见图 8-160)。

(4)将餐巾翻过来,右底角向上斜角翻折(略微留出错角)(见图 8-161)。

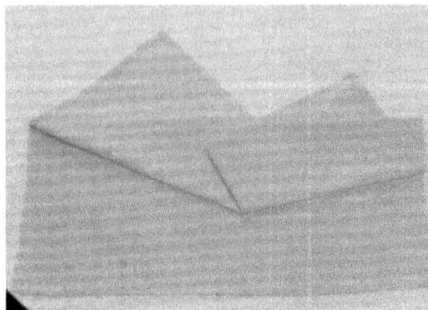

图 8-160 折彩蝶纷飞步骤 3

图 8-161 折彩蝶纷飞步骤 4

(5)左底角向上翻折(折面小于右侧翻折)(见图 8-162)。

（6）将餐巾竖过来，从一端开始推折（见图8-163）。

图 8-162　折彩蝶纷飞步骤 5

图 8-163　折彩蝶纷飞步骤 6

（7）从夹层中插入筷子（见图8-164）。

（8）把蝴蝶的翅膀翻出（见图8-165）。

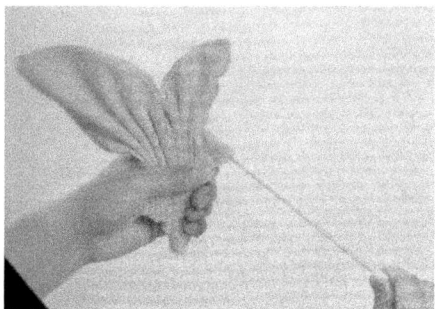

图 8-164　折彩蝶纷飞步骤 7

图 8-165　折彩蝶纷飞步骤 8

（9）插入杯中，抽出筷子，整理成型（见图8-166）。

10.晶莹明虾（见图8-167）

图 8-166　折彩蝶纷飞步骤 9

图 8-167　晶莹明虾

（1）反面朝上，由上往下对折，成三角形（见图 8-168）。

（2）从底部向上推折，留出巾角（见图 8-169）。

图 8-168　折晶莹明虾步骤 1

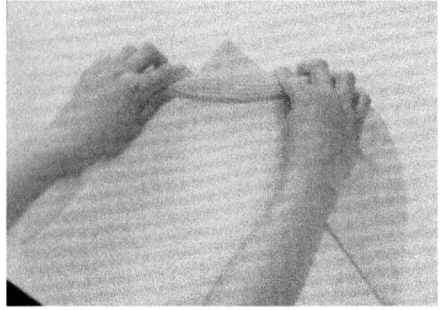

图 8-169　折晶莹明虾步骤 2

（3）将折裥摊平向下折拢（见图 8-170）。

（4）两巾角向上拉出，做虾钳（见图 8-171）。

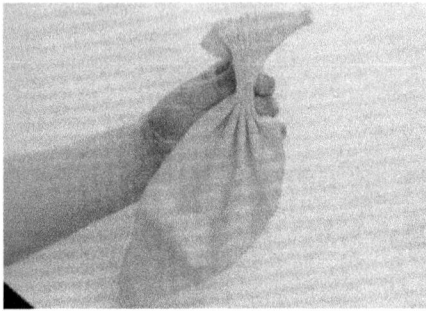

图 8-170　折晶莹明虾步骤 3

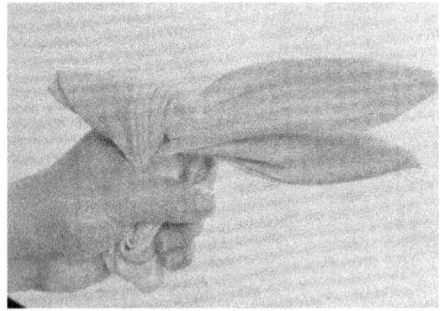

图 8-171　折晶莹明虾步骤 4

（5）放入杯中整理成型（见图 8-172）。

图 8-172　折晶莹明虾步骤 5

### 三、10 种盘花的折叠实例

1.梅花玉树(见图 8-173)

(1)将餐巾两角向中间对折,注意对称(见图 8-174)。

图 8-173　梅花玉树

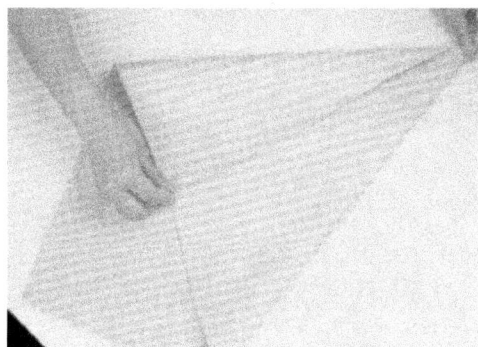

图 8-174　折梅花玉树步骤 1

(2)将中间两餐巾角向上拉成三角形(见图 8-175)。

(3)底角向上折至与中间两餐巾角对齐(见图 8-176)。

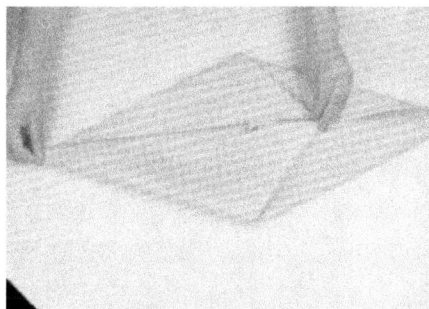

图 8-175　折梅花玉树步骤 2

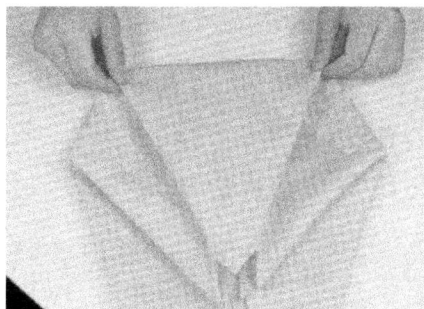

图 8-176　折梅花玉树步骤 3

(4)将底部向上折(见图 8-177)。

(5)底部折成圆,对拢插好(见图 8-178)。

图 8-177　折梅花玉树步骤 4

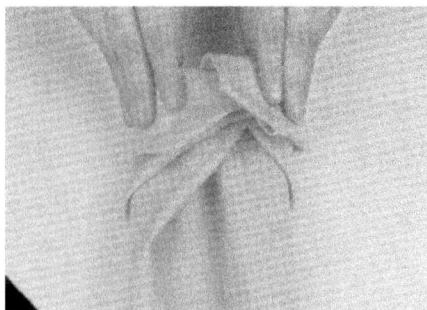

图 8-178　折梅花玉树步骤 5

(6)将三个餐巾角翻出,整理成型(见图 8-179)。

2.小鸭戏水(见图 8-180)

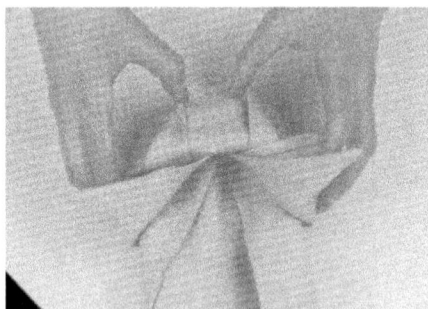

图 8-179　折梅花玉树步骤 6

图 8-180　小鸭戏水

(1)将餐巾布折成三角形(见图 8-181)。

(2)再对折成三角形(见图 8-182)。

图 8-181　折小鸭戏水步骤 1

图 8-182　折小鸭戏水步骤 2

(3)将一角向顶角处折叠(见图 8-183)。

(4)再对折(见图 8-184)。

图 8-183　折小鸭戏水步骤 3

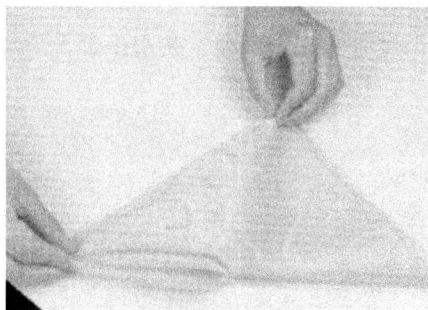

图 8-184　折小鸭戏水步骤 4

（5）再折成三角形（见图 8-185）。

（6）从夹层中往外翻，整理成型（见图 8-186）。

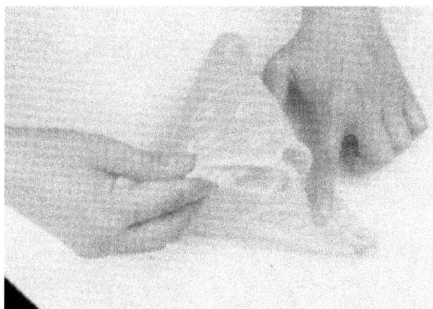

图 8-185　折小鸭戏水步骤 5

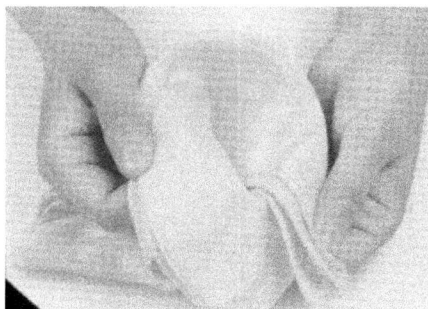

图 8-186　折小鸭戏水步骤 6

## 3.法式百合（见图 8-187）

（1）将餐巾折叠成三角形（见图 8-188）。

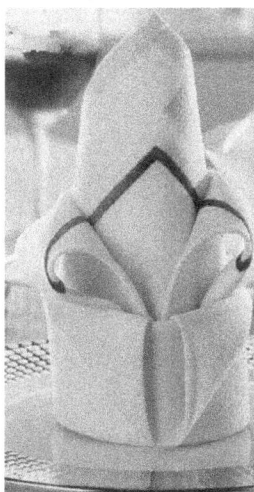

图 8-187　法式百合

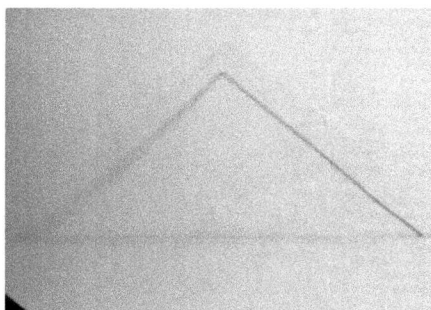

图 8-188　折法式百合步骤 1

（2）把两个尖角向上折叠至直角处，两条折边的中间垂直对齐（见图 8-189）。

（3）把下角向上折叠至餐巾中部上方大约四分之三处（见图 8-190）。

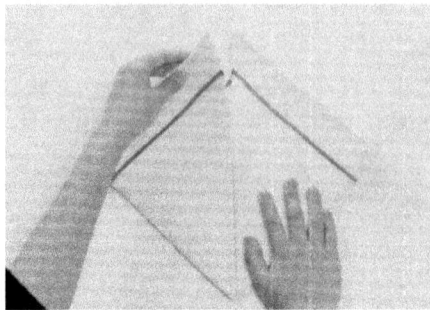

图 8-189　折法式百合步骤 2

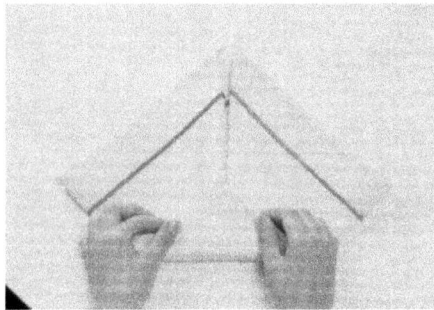

图 8-190　折法式百合步骤 3

（4）再把折上去的部分的上部向下折回，角至下边处（见图 8-191）。

（5）把餐巾翻过来，用手把餐巾卷成一个圆筒形，把两个外角叠在一起；再把一端插入另一端在折叠时形成的小袋里，把餐巾连在一起（见图 8-192）。

图 8-191　折法式百合步骤 4

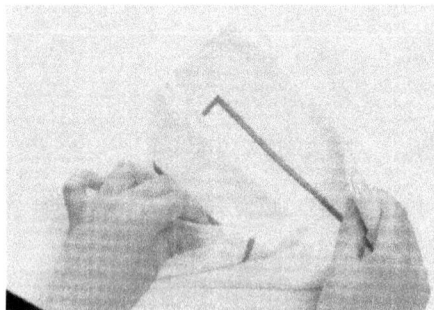

图 8-192　折法式百合步骤 5

（6）把餐巾转过来，把松开的垂边弯下来，插入下边的口袋里（见图 8-193）。

（7）再把另一边垂边弯下来，插入下边的口袋里即可（见图 8-194）。

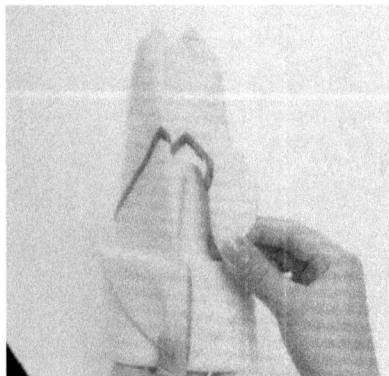

图 8-193　折法式百合步骤 6

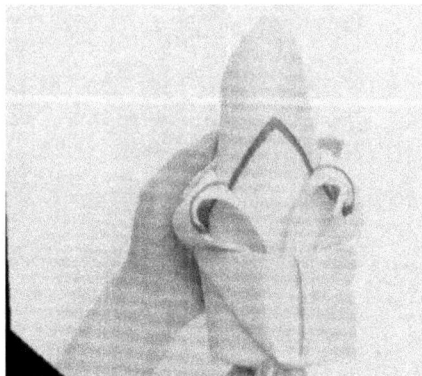

图 8-194　折法式百合步骤 7

4.帆船(见图8-195)

(1)将餐巾两次对折成小正方形,四巾角在下方(见图8-196)。

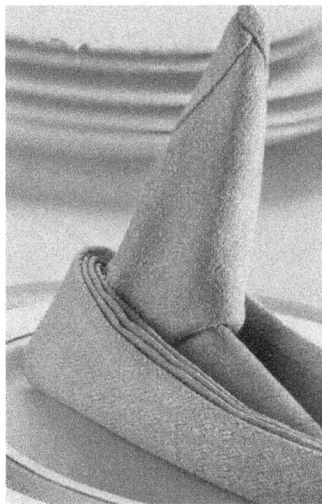

图8-195　帆船

图8-196　折帆船步骤1

(2)向上对折成三角形(见图8-197)。

(3)把两个斜边从顶角向下折,外边与中线对齐(见图8-198)。

图8-197　折帆船步骤2

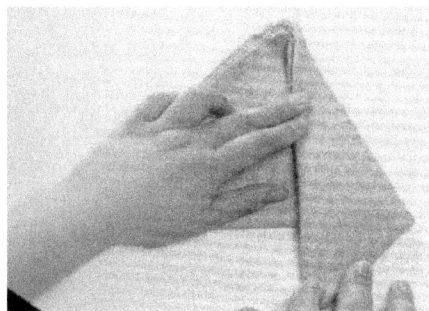

图8-198　折帆船步骤3

(4)把餐巾巾角折到背面(见图8-199)。

(5)沿着垂直中心线折叠成三角形(见图8-200)。

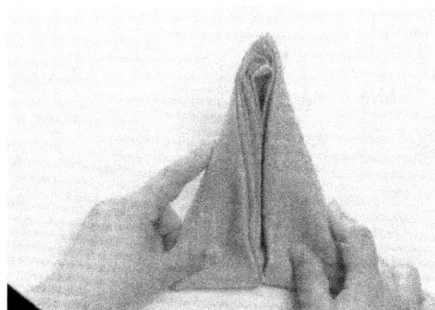

图8-199　折帆船步骤4

图8-200　折帆船步骤5

（6）捏住张开的边，从小船的锥形底部扯出最上层的一个角（见图 8-201）。

（7）形成小船的"帆"（见图 8-202）。

图 8-201　折帆船步骤 6

图 8-202　折帆船步骤 7

5.冰淇淋（见图 8-203）

（1）将餐巾两次对折成小正方形，四巾角在下方（见图 8-204）。

图 8-203　冰淇淋

图 8-204　折冰淇淋步骤 1

（2）拿起第一层向上折，与顶角对齐（见图 8-205）。

（3）下面的几层以同样的方式依次向上翻折，错落有致（见图 8-206）。

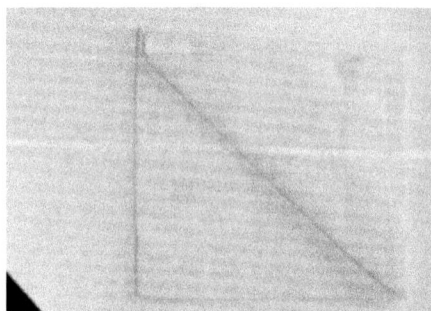

图 8-205　折冰淇淋步骤 2

图 8-206　折冰淇淋步骤 3

（4）按住下边的中心处，把两边向里卷，在中间靠拢（见图 8-207）。

6.可爱的小兔(见图 8-208)

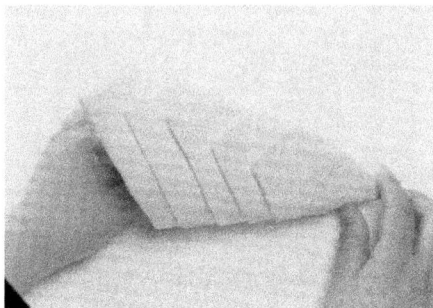

图 8-207　折冰淇淋步骤 4

图 8-208　可爱的小兔

(1)将餐巾上边与下边分别向中心线折叠(见图 8-209)。

(2)再把餐巾的下边向上对折(见图 8-210)。

图 8-209　折可爱的小兔步骤 1

图 8-210　折可爱的小兔步骤 2

(3)从中心点把餐巾的右端向上折叠,折边要垂直(见图 8-211)。

(4)把右边的双层顶角向下折叠至一半处(见图 8-212)。

图 8-211　折可爱的小兔步骤 3

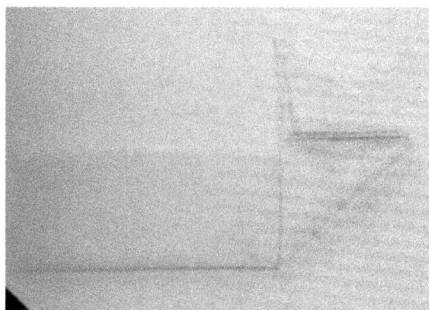

图 8-212　折可爱的小兔步骤 4

（5）餐巾的左端按照右端的折叠方法进行折叠,折后餐巾成菱形(见图 8-213)。

（6）把右上边向下折叠至垂直中心线,再把左上边同样向下折叠至垂直中线(见图8-214)。

图 8-213　折可爱的小兔步骤 5

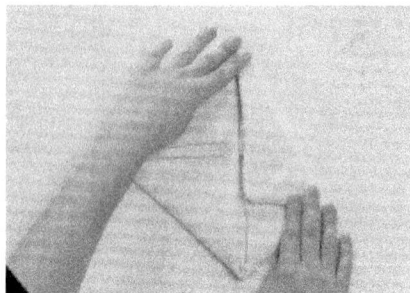

图 8-214　折可爱的小兔步骤 6

（7）拿住折好的部分,把下角向后方折叠,形成一个三角形(见图 8-215)。

（8）把一侧的下角拉过来,插入另一侧的口袋里,形成底部,用手指从下面把底部弄成圆形(见图 8-216)。

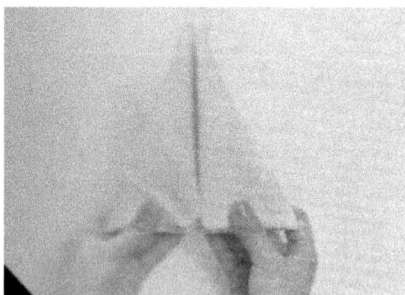

图 8-215　折可爱的小兔步骤 7

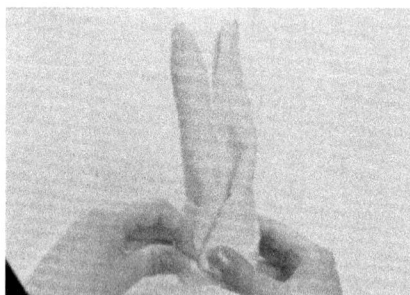

图 8-216　折可爱的小兔步骤 8

（9）把餐巾转过来,打开耳朵下面的"小袋"并把小袋弄成圆形,形成兔头(见图 8-217)。

7. 圣诞蜡烛(见图 8-218)

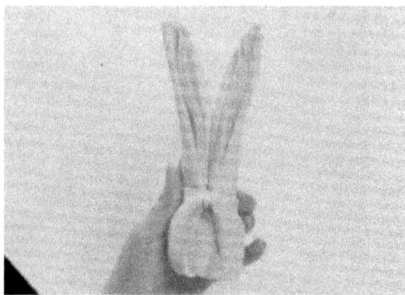

图 8-217　折可爱的小兔步骤 9

图 8-218　圣诞蜡烛

(1)将餐巾顶角向上对折成大三角形(见图 8-219)。

(2)底部折成一条窄边,然后把餐巾翻转过来(见图 8-220)。

图 8-219 折圣诞蜡烛步骤 1

图 8-220 折圣诞蜡烛步骤 2

(3)从餐巾长边一端开始卷起至另一端顶部小尖处(见图 8-221)。

(4)把尖角处塞进底部的窄边里使卷不散开(见图 8-222)。

图 8-221 折圣诞蜡烛步骤 3

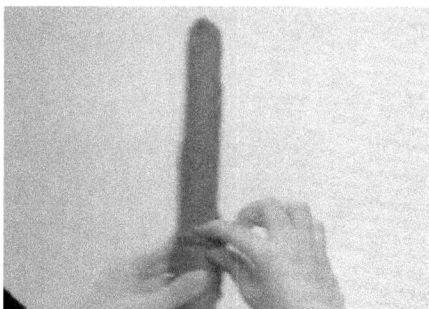

图 8-222 折圣诞蜡烛步骤 4

(5)顶上松开的角插进卷里,把下面第二个松开的角弄成火焰的形状(见图 8-223)。

8.蝴蝶(见图 8-224)

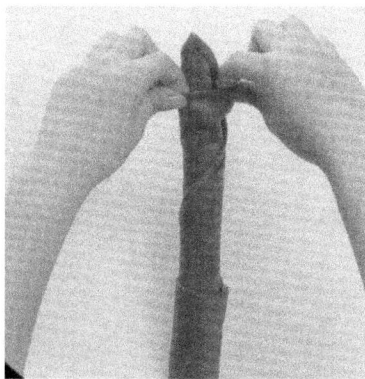

图 8-223 折圣诞蜡烛步骤 5

图 8-224 蝴蝶

(1)将餐巾分别从两边向中心对折,成长方形(见图 8-225)。

（2）把餐巾翻过来纵向对折成窄的长方形（见图8-226）。

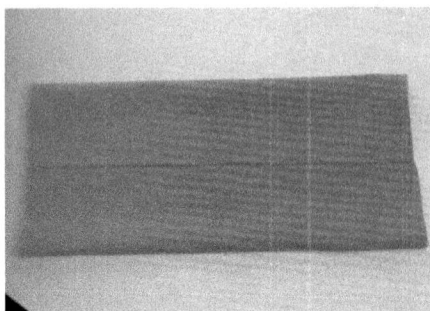

图 8-225　折蝴蝶步骤 1

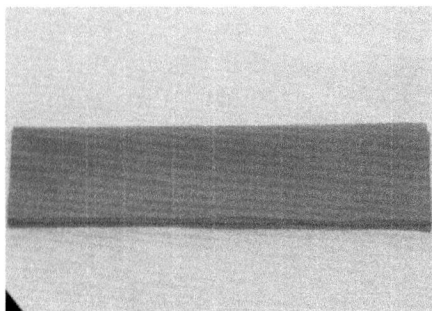

图 8-226　折蝴蝶步骤 2

（3）将长条的左端朝中心对折两次（见图8-227）。

（4）右端同样朝中心对折两次，左右两端各折三层，且使餐巾边位于最上层（见图8-228）。

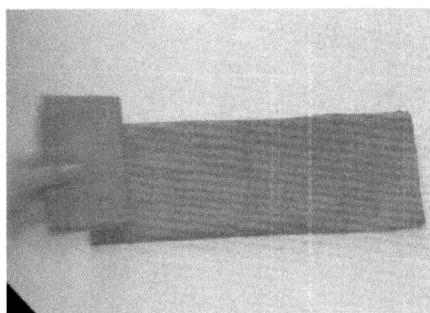

图 8-227　折蝴蝶步骤 3

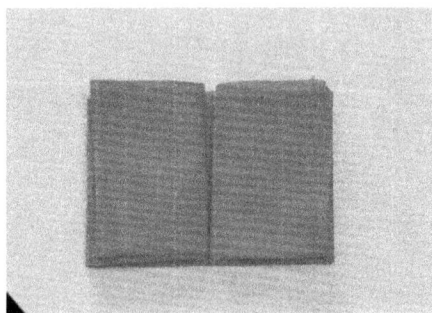

图 8-228　折蝴蝶步骤 4

（5）将上两层左右底角向内卷曲成圆锥形，并使其交汇于底边的一点，整理成型（见图8-229）。

9.主教冠（见图8-230）

图 8-229　折蝴蝶步骤 5

图 8-230　主教冠

（1）将餐巾从下向上对折成长方形。把左下角以 45°的角向上折叠至上边（见图8-231）。

（2）再把右上角向下折叠，两条边在中心线对齐，形成一个平行四边形，把餐巾横过来，使一条斜边成为底边（见图 8-232）。

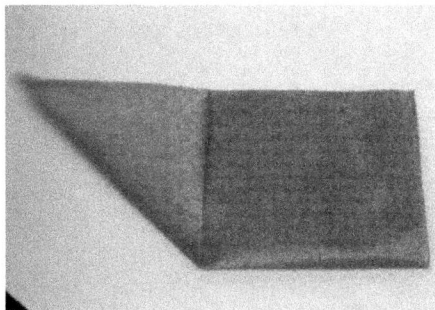

图 8-231　折主教冠步骤 1

图 8-232　折主教冠步骤 2

（3）把底边平行向上对折，拉出下面三角形部分被压住的角，形成两个角都在下部（见图 8-233）。

（4）把左边向右折叠过来，沿右角向下形成一条垂直的折缝并将角插到大三角里面（见图 8-234）。

图 8-233　折主教冠步骤 3

图 8-234　折主教冠步骤 4

（5）把餐巾翻转过来，把另一个角插进前面三角后面的褶子里（见图 8-235）。

（6）打开下部，使两条边分开，把中部弄成圆形（见图 8-236）。

图 8-235　折主教冠步骤 5

图 8-236　折主教冠步骤 6

（7）把中心充实，整理成型（见图8-237）。

10.扇形蝴蝶结（见图8-238）

图8-237　折主教冠步骤7　　　　　　　　图8-238　扇形蝴蝶结

（1）将餐巾左右两边分别向中间对折（见图8-239）。

（2）从长方形宽边开始向中间推折（见图8-240）。

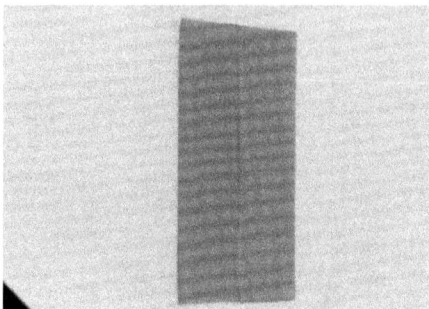

图8-239　折扇形蝴蝶结步骤1　　　　　　图8-240　折扇形蝴蝶结步骤2

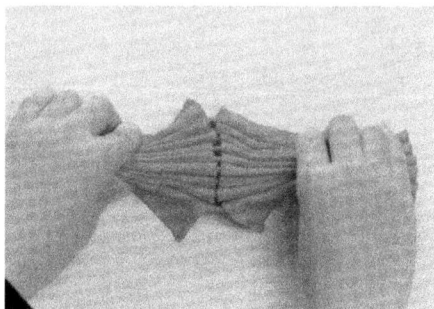

（3）用丝带或餐巾环固定住中心（见图8-241）。

（4）然后将褶子成扇形打开，形成圆形（见图8-242）。

图8-241　折扇形蝴蝶结步骤3　　　　　　图8-242　折扇形蝴蝶结步骤4

【实践练习】

实践人数：每次5人参加，根据班级人数分几个小组。

实践项目:五种盘花、五种植物杯花、五种动物杯花。

实践时间:每组参加人员时间为 10 分钟,时间到即停止操作。

实践考核方式:先自我评价,然后小组评议,最后由小组成员推荐一位小组当中最优秀的人员进行示范练习。

# 第九章　酒水服务

## 学习目标

1.了解酒水基本知识

2.理解中餐斟酒的服务方法

3.掌握中餐斟酒的操作方法

**【案例导入】**

全国第二届旅游景区景点论坛 2009 年年会在杭州某四星级酒店举办。论坛年会最后一天的晚宴，由某国际品牌赞助举办盛大的××之夜宴会。宴会开餐前 5 分钟，服务员按要求将客人的白酒、红酒斟入杯中，进行着有条不紊的各项服务。用餐就要结束的时候，有部分客人已陆续离开，这时，宴会主办方的总裁举杯感谢此次论坛的成功举办和祝愿以后的合作发展，可有些服务员已经开始忙于收拾餐台上的用品了，餐具声此起彼伏，而客人的酒杯也已经空了。如果您是值台服务员该怎么办？如果您是宴会厅的主管会怎么办？在以后的职业培训中该如何做？

酒是餐厅的经营内容之一，餐厅要向不同的顾客提供所需的不同种类的酒水、饮料及服务。

# 第一节　酒水的基本知识

## 一、酒的概念

酒是一种用水果、谷物、花瓣或其他含糖或淀粉的植物经过发酵、蒸馏等方法产生的一种含酒精的饮料。基本上说任何含有 25%～75% 的乙醇、可以喝的液体，都可以称为酒精饮料。

## 二、酒的分类

(1)按生产工艺酒可分为酿造酒、蒸馏酒、混合酒,这是国际流行的分法。

(2)按生产原料酒可分为果类、谷物类、果杂类。

(3)按服务性质酒可分为餐前、餐后、佐餐酒。

(4)按我们国家商业习惯酒又可分为白酒、黄酒、啤酒、葡萄酒。

源远流长的中国文化中,酒文化有着悠久的历史。作为饮料之中的排头兵,酒水的具体品种成百上千,非常之多。就目前而言,在国内所见最多的酒水主要有白酒、啤酒、葡萄酒、香槟酒、白兰地酒、威士忌酒以及鸡尾酒等。它们既是各种酒中的佼佼者,同时也颇有一定的代表。

为了便于掌握这些主要酒水的特点,以便对其正确、有益地加以应用,下面对它们先各做一些讲解。

1. 白酒

在这里所提到的种种酒水,除白酒之外,都是从西方国家传进来的舶来品。这些西洋的酒水,眼下有一个颇为时尚的称谓,喊作洋酒。但只有白酒,才是地地道道的中国货。

(1)白酒的特点

白酒,亦名烧酒、白干。它是高粱、玉米、番薯等粮食或某些果品,经发酵、蒸馏制成的一种酒类。它一般没有任何色彩,并且酒精含量多数比较高,属于典型的烈酒。白酒在我国各地均能生产,但因工艺的差别而分成各种香型。当前最著名的白酒有茅台酒、五粮液酒、剑南春酒、酒鬼酒等。

(2)白酒的饮用

白酒可以净饮干喝,也可以用来助吃菜下饭,有时还可以泡药作引。不过,白酒不可与其他酒类和汽水、可乐等软饮料混合同饮,不然极易醉酒。

在正式场合喝白酒,讲究以专用的瓷杯或玻璃杯盛酒。它们"襟怀"不大,所以喝白酒讲究"酒满敬人"和"一饮而尽"。喝白酒时,一般不需要加温、加冰,或以水对其稀释。

2. 啤酒

啤酒是外国人创造的一种历史悠久的酒类。在国外,人们主要把啤酒看作是一种日常饮料,而并不把它作为真正的酒来看待。不过,对许多中国人来讲,它却是一种最著名、最受欢迎的"洋酒"了。

(1)啤酒的特点

啤酒,又称麦酒,它是一种以大麦和啤酒花为主要原料,经发酵制成的酒类。它含有大量的泡沫和非凡的香味,味道微苦,酒精含量较低,一般在 4 度(20℃时的 100mL 酒中含乙醇 4mL,以下同)左右。

目前,世界各国都生产啤酒,但它主要分为德国式、捷克式、丹麦式等三大类型。根据酿制工艺的差别,啤酒又有生啤、熟啤之分和黄啤、黑啤、红啤之别。较为著名的啤酒品牌有德国的贝克、荷兰的喜力、丹麦的嘉士伯、美国的百威、日本的朝日、中国的青岛和燕京。

(2)啤酒的饮用

饮用啤酒,一般应使用倒三角形或带把的啤酒杯,饮用时啤酒的最佳温度在7℃左右,所以不要加冰或久冻。喝啤酒时,讲究大口饮用。

在国外,啤酒是上不了筵席的,但是在国内,啤酒却可以在社交聚餐中露面。此外,啤酒还可以作为消暑解渴的饮品。

3.葡萄酒

目前,在饮酒时兴方面国人与国外同步的,恐怕只有葡萄酒了。作为正式宴会中的佐餐酒,葡萄酒一直是首选。

(1)葡萄酒的特点

葡萄酒,即为以葡萄为主要原料,经发酵酿制而成的一种酒类。它的酒精含量不高,味道清美,富含营养。根据其颜彩的差别,葡萄酒有白葡萄酒、红葡萄酒、桃红葡萄酒之分。根据其糖分含量的差别,又可将葡萄酒分为干、半干、微干、微甜、半甜、甜等几种。如今,干葡萄酒最流行。这里所谓的"干",意即它基本不含糖分。葡萄酒的酒精含量在12度左右。世界上最著名的葡萄酒产地在法国的波尔多地区。

(2)葡萄酒的饮用

葡萄酒不但可以佐餐,并且也可以单独饮用。不同的葡萄酒,喝的时候对酒的温度要求也有差别。白葡萄酒宜在7℃左右喝,故可适量加冰块。而红葡萄酒则在18℃左右饮用最佳,故不宜加冰块。喝葡萄酒时,要用特别的高脚玻璃杯。只是喝白葡萄酒时,要捏着杯脚;而喝红葡萄酒时,则讲究握住杯身。喝葡萄酒时兑可乐或雪碧的做法是不正确的。

桃红葡萄酒,又称玫瑰红葡萄酒。它的口味、喝法与白葡萄酒略同,并且因其颜色漂亮美丽,多为妇女所喜欢。

4.香槟酒

在国内,香槟酒的知名度在提高,并且实际应用也较为广泛。

(1)香槟酒的特点

香槟酒,也叫发泡葡萄酒,或者"爆塞酒"。实习上,它是一种以特种工艺制成的、富含二氧化碳的、起泡沫的白葡萄酒。因其以法国香槟地区所产最为著名,故称为香槟酒。香槟酒的酒精含量约在10度左右,口感清凉、酸涩,且有水果香味。

(2)香槟酒的饮用

香槟酒以8℃左右饮用为佳,故在饮用之前须将其临时冷冻于冰桶之内。开瓶时,可稍事摇摆,然后再起走瓶塞。届时,它就会连泡带酒一同奔涌而出,为人增添欢快的气氛。饮用香槟,须用郁金香形的高脚玻璃杯,并应以手捏住杯脚。香槟酒可用来佐餐、祝酒,也可以单独饮用,或者是在庆典、仪式上为人助兴。

5.白兰地酒

在一切洋酒中,白兰地酒是最为名贵的。它一度与威士忌酒和茅台酒被并称为"世界三大名酒"。

(1)白兰地酒的特点

白兰地酒亦为葡萄酒大众里的非凡一员,它是用葡萄干发酵之后蒸馏精制而成的,故此酒又叫作蒸馏葡萄酒,它的酒精含量约为40度,酒色金黄,苦涩醇美。世界上著名的白兰地酒的品牌有马爹利、轩尼诗、人头马、拿破仑等,并以产于法国干邑地区、避光储存较久的为佳。

(2)白兰地酒的饮用

与白酒有所差别,以白兰地为代表的洋酒多数是以盎司计量的,故此它不讲究"酒满敬人"。饮白兰地酒的最佳温度为18℃。故应将其盛装在专用的大肚、收口、矮脚杯内。饮用时先以右手托住杯身瞧其色彩,并以手掌为其加温。随后,待其香味弥漫时,闻过之后,再慢慢地小口品尝。若将其一饮而尽,只会被看作没有档次的"草莽英豪"。

6.威士忌酒

如果说白兰地酒是洋酒之中的"贵族",那么物美价廉的威士忌酒则是洋酒中的"草头天子"。

(1)威士忌酒的特点

威士忌酒是一种用谷物发酵酿造而成的烈蒸馏酒。它的口味浓郁、刺激,酒精含量约为40度。在世界各国生产的威士忌酒中,首推英国苏格兰地区生产的威士忌酒。其知名品牌有尊尼获加、威雀等。

(2)威士忌酒的饮用

威士忌酒可以干喝,不过加进冰块、苏打水或姜汁后,其味道更好。喝威士忌酒时,最好使用特别的平底小玻璃杯,耐心精细地慢慢品尝。威士忌不仅可以在家自斟自酌,也可以在酒吧里喝。

7.鸡尾酒

鸡尾酒是目前中国人正社交场合接触较多的一种酒水。对于鸡尾酒,不少人都有一定的了解。

(1)鸡尾酒的特点

准确地讲,鸡尾酒并非某一品种的酒,而是一种混合型的酒。它是用各种不同的酒,以及果汁、汽水、蛋清、糖浆等其他饮料或液体,按一定的比例,以特别的技法调配而成的。它的口味有浓有淡,酒精的含量有多有少,但其配合之后,则是奇光异彩,条理明确,闪烁不定,好似雄鸡之尾,故被喊作鸡尾酒。鸡尾酒中的知名者有好几千种。其中声名远扬的,有马提尼、曼哈顿、红粉佳人、血腥玛丽、亚历山大、螺丝起子、天使之吻等等。

(2)鸡尾酒的饮用

饮用鸡尾酒,可以去酒吧,也可以在聚餐之时。为了便于观赏其独具特色的丰富色彩,最好用高脚广口的玻璃杯来盛鸡尾酒。讲究的人,往往不会把各种不同的鸡尾酒混杂在一同喝。

# 第二节　酒水的开启与保管

## 一、特殊酒水的开启

在酒水服务中,除了一般酒水外,有一些特殊包装的酒水在饮用方法和开启方法上都有所不同,这里我们介绍一些特殊封瓶酒水的开启注意事项。

1. 洋酒的开瓶方法

(1)验酒

左手持瓶颈,右手托瓶底,酒牌面对客人,待客人确认无异议方可开酒。

(2)去除瓶口包装膜

洋酒瓶口一般都包有胶膜或锡纸,正常都可用指甲划开,划不开时可借助开瓶器的螺旋钉划开。

洋酒开瓶大致分两种:一种是去除包装膜后,可直接拔出塞子饮用,其代表有轩尼诗VSOP、蓝方。另一种是去除包装膜后,瓶口"含有小圆珠",无须担心,可直接倒酒。若倒不出,瓶口朝下,对准酒杯,轻轻晃动瓶身(晃动时小圆珠会移位,酒自然会流出来。但要注意晃动瓶子时动作要优雅),其代表有黑方、伏特加。

2. 葡萄酒正确的开瓶步骤

(1)将瓶口的封套撕开,并用擦布把瓶口擦拭干净。

(2)将螺旋钉的尖端插入木塞的中间(如果插在边上容易导致木塞断裂或者有木碎片掉到酒里),再以顺时针方向钻入木塞中。

(3)螺旋钉钻进木塞后,将金属支点放在瓶口,一手握着瓶肩,一手握起子把,提起来,木塞就提出来了。

3. 开香槟酒的步骤

开香槟时,有下列几个步骤:

(1)左手握住瓶颈下方,瓶口向外倾斜15°,右手将瓶口的包装纸揭去,并将铁丝网套锁口处的扭缠部分松开。

（2）在右手除去网套的同时，左手拇指须适时按住即将冲出的瓶塞；然后右手以餐巾布替换左拇指，并用手掌捏住瓶塞。

（3）当瓶塞冲出瞬间，右手迅速将瓶塞向右侧揭开。

（4）如果瓶内气压不够，瓶塞无力冲出，可用右手捏紧瓶塞不动，再以握瓶的左手将酒瓶左右旋转，直到瓶塞冲出为止。

倒香槟酒时，用手握住瓶子中部，把食指撑住瓶颈，以求稳妥。初往杯子里斟时，气泡会喷起来，因此要先斟少量，等气泡减少时再继续斟到大半杯为止，然后将瓶向上方扶正，以防酒漏到外面。

4.啤酒开瓶

啤酒开瓶简单易懂，以安全和优雅的角度，建议可采用"缓冲法"开酒，即开瓶器翘起瞬间留有余力，瓶盖没有完全离瓶，再稍微用力去除瓶盖。开瓶时瓶子举在身体侧面，眼睛不要正对瓶子，不要离客人太近开瓶。

## 二、酒水的保管

1.基本程序

（1）入库的酒水要进行登记

每一类酒水要立一卡片，对酒的名称、产地、标价、日期等登记在案。

（2）酒水放置后，不要随意挪动

在行的管理人员不清扫酒瓶外面的尘灰，对高级酒水尤其如此，其目的：一是防止酒瓶摇晃，沉淀物泛起；二是证明酒水的古老名贵（如拉菲等）。

（3）酒库切勿与其他仓库混用

不少酒水呼吸较强烈，外来异味极易透过瓶塞、瓶盖而进入酒内，以致酒液吸收异味而变味。因此，不可将其他货物存入酒库中。

2.酒类贮存要领

（1）各种酒类应放置阴凉处。

（2）勿使阳光直接照射酒水。

（3）装酒密封箱勿常搬动。

（4）标签、瓶盖保持完好无缺。

（5）不可与有特殊气味的物品并存。

3.酒吧酒水的存取方法

（1）存酒要点

1)存酒对象：在公司消费的客人。

2)存酒内容:黄酒、白酒、红酒。

3)存酒地点:酒吧台。

(2)存酒要求

1)所有的记录都必须用正楷字填写。

2)由服务员确定存酒客人的姓名、该酒是否本店酒。

3)啤酒、饮料不存,自带酒、特价酒和赠送酒不存。

(3)存酒方式

1)由服务员在已开瓶的酒瓶身标签上确认酒的刻度,送去吧台。

2)酒吧员接到存酒后在瓶口处贴好封条,并做好宾客存酒卡。

3)酒吧员认真填写宾客存酒卡上的各项栏目,双方签字后存酒开始生效。

(4)存酒有效期

白酒的存酒有效期为两个月,红酒有效期为一个月,黄酒为半个月。

(5)取酒方式

1)将客人的存酒卡交给区域主管确认存酒客人身份。

2)到指定存酒的吧台领取存酒。

3)酒吧接到存酒卡后认真检查核对书面存酒记录,确认无误后,存酒予以发放。

(6)报失处理

1)凡丢失存酒卡的存酒,可以通过经理级管理人员到酒吧报失。存酒有效期满后,可以凭报失条来领取。

2)前来办理报失的人员,必须清楚描述存酒的名称、时间、包厢号、数量、宾客姓名,酒吧核实后给予办理报失。

# 第三节　斟酒服务程序及规范

**1.斟酒的一般规范**

(1)开餐前,备齐各种酒水饮料,并将酒水瓶擦拭干净(特别是瓶口部位),同时检查酒水质量,如果发现瓶子有破裂或有沉淀物等应及时调换。酒水要在工作台上摆放整齐,并用托盘装上开好瓶盖的酒水,要内高外低,商标向外。

(2)服务员要了解各种酒的最佳奉客温度,并采取升温或降温的方法使酒水的温度适于饮用,以满足顾客需求(啤酒在 4～8℃,白葡萄酒在 2～8℃)。

(3)服务员要站在点酒宾客的右侧,左手托瓶底,右手扶瓶颈,酒标朝向顾客(或托在盘中),让顾客辨认商标、品种。

（4）控制好斟酒量，白酒斟八成，红葡萄酒斟五成，白葡萄酒斟七成。香槟酒应分两次斟，第一次斟三分之一，待泡沫平息后，再斟三分之一。斟啤酒时，应使酒液顺杯壁滑入杯中呈八成酒两成沫。

2.斟酒的方式

（1）桌斟

服务员站在宾客的右侧，侧身用右手握酒瓶向杯中倾倒酒水。要领是，手掌自然张开，握于瓶中身，拇指朝内，食指指向瓶嘴，与拇指约成60°角，这样便于按瓶，另中指、无名指、小指基本排在一起，与拇指配合握紧瓶身。此方法又分徒手斟酒和托盘斟酒。

徒手斟酒时，服务员左手持瓶口布，背于身后，右手持酒瓶的下半部，商标朝外，正对宾客，右脚跨前踏在两椅之间，斟酒在宾客右边进行。

托盘斟酒时，左手托盘，右手持酒瓶斟酒，注意托盘不可越过宾客的头顶，而应向后自然拉开，注意掌握好托盘的重心。具体操作是，服务员站在宾客的右后侧，身体微向前倾，右脚伸入两椅之间，侧身而立，身体不要紧贴宾客；然后，略弯身，将托盘中的酒水展示在宾客的眼前，让宾客选择自己喜好的酒水；待宾客选定后，服务员直起上身，将托盘移至宾客身后；托移时，左臂要将托盘向外托送，避免托盘碰到宾客；最后，用右手从托盘上取下宾客所需的酒水进行斟酒。

（2）捧斟

此方式适用于酒会和酒吧服务，其方法是一手握瓶，一手将酒杯捧在手中，站在宾客的右侧，然后再向杯内斟酒。斟酒动作应在台面以外的空间进行，然后将斟满的酒杯放置在宾客的右手处。捧斟适用于非冰镇处理的酒，捧斟的服务员要做到准确、优雅、大方。

3.宴会斟酒

在宴会上斟酒，要坚持用托盘斟酒，单独斟白酒时可用徒手斟酒。

（1）宴会中有白酒、红酒、啤酒及饮料、矿泉水等。斟酒时要征询客人意见，礼貌用语："先生（小姐）请问您喜欢用哪一种？"

（2）重要宴会要提前5分钟斟上红酒和白酒。斟酒从主宾右侧开始，先主宾后主人，先女士后男士。两个服务员斟酒时，一个从主宾开始，另一个从副主宾开始，按座次绕台进行。

（3）在宴会进行中，服务员应当精神饱满地坚守在岗位上，随时注意添加酒，勿使杯中酒空，使客人有受冷落之感。

（4）在宾主祝酒讲话时，服务员应停止一切活动，避免造成干扰，端正静立在僻静的位置上。同时要注意宾客杯中的酒水，见喝到只剩三分之一时，就应及时给斟满。主人讲话即将结束时，服务员要把主人的酒杯送上，供主人祝酒。主人离位给来宾祝酒时，服务员应托酒，跟随主人身后，及时给主人或来宾续酒。

4.斟酒时的注意事项

斟酒时，瓶口不可搭在酒杯上，相距1cm为宜，以防止将杯口碰破或将酒杯碰倒。斟酒时要掌握好酒瓶的倾斜度,防止流速过快,而使酒水冲出杯外。由于操作不慎而将酒杯碰翻时,应向客人表示歉意,并立即另换新杯,用一块干净餐巾铺在酒迹之上。凡是冰镇过的酒应将一块布包住瓶身,以免水滴弄湿台布及客人衣服。

**【知识链接】**

1. 主要酒水的最佳饮用温度及其保温方式

| 酒备注类 | 最佳饮用温度 | 保温方式 |
|---|---|---|
| 白葡萄酒/优质白葡萄酒(15℃左右) | 8~12℃ | 冷藏 |
| 甜白葡萄酒 | 10~12℃ | |
| 香槟酒、有气葡萄酒、啤酒 | 4~8℃ | |
| 黄酒、清酒 | 60℃ | 温热 |
| 红葡萄酒、中国白酒、白兰地、大部分利口酒 | 18~25℃ | 室温 |
| 威士忌、伏特加、金酒、朗姆酒等 | 12~18℃ | 加冰块 |

2. 正确选用饮酒用具

从左到右:

1. 冰水(Water):矮脚玻璃杯。

2. 白兰地(Brandy):白兰地专用窄口酒杯。

3. 白葡萄酒(White Wine):用较小的一种宽体窄口高脚玻璃杯盛装以便保留香气。

4. 极品干红葡萄酒(Burgundy Reds and Point Noirs):盛装此酒的杯子比装白葡萄酒的酒杯高一些。

5. 香槟酒(Champagne):用窄长的香槟酒玻璃杯盛装。

6. 红葡萄酒(Red Wine):比装白葡萄酒的酒杯大一些。

3. 饮酒的正确方式

饮酒方式有净饮、加冰、勾兑汽水、果汁、奶类等。为客人服务支装洋酒净饮时,必须使用分酒器(即卡拉壶)。下表为各类酒水的常饮法及相应的服务用品。

| 白兰地 | | |
|---|---|---|
| 酒　名 | 常见饮法 | 服务用品 |
| 轩尼诗李察、人头马路易十三、金王马爹利 | 净饮、加冰、加水 | 白兰地杯、卡拉壶、冰粒桶、冰夹、冰雹水、扎壶 |
| 轩尼诗 XO、人头马 XO、蓝带、其他白兰地 | 净饮、加冰、加水、加汤力、加可乐、加干姜水、加苏打 | 白兰地杯、卡拉壶、冰桶、冰夹、扎壶 |

| 威士忌 | | |
|---|---|---|
| 酒名 | 常用饮法 | 服务用品 |
| 芝华士、红牌、黑牌、占边、积丹尼 | 净饮、加冰、加水;加汤力、加可乐;加七喜、加苏打;绿茶 | 洛杯、卡拉壶、冰桶、冰夹、扎壶、冰水 |

| 毡酒、伏特加、墨西哥烈酒及朗姆酒 | | |
|---|---|---|
| 酒名 | 常用饮法 | 服务用品 |
| 毡酒、哥顿 | 净饮、加冰、加水;加可乐、加七喜;加苏打、加汤力;加青柠汁跟柠檬 | 洛杯、卡拉壶、冰粒桶、冰夹、冰水 |
| 伏特加、皇冠 | 净饮、加冰、加水;加可乐、加七喜;加苏打、加汤力;加青柠汁跟柠檬 | 洛杯、卡拉壶、冰粒桶、冰夹、冰水 |
| 墨西哥烈酒、奥米加 | 净饮(跟柠檬、跟盐);加冰、加七喜、加橙汁 | 洛杯、卡拉壶、冰粒桶、冰夹、冰水 |
| 朗姆酒、百家得 | 净饮、加冰、加水;加可乐、加苏打;加橙汁、加青柠汁跟柠檬 | 洛杯、卡拉壶、冰粒桶、冰夹、冰水 |

| 开胃酒 | | |
|---|---|---|
| 酒名 | 常见饮法 | 服务用品 |
| 飘仙一号、银利、仙山露 | 净饮、加冰、加水;加可乐、加七喜;加苏打、加汤力;加橙汁 | 洛杯、卡拉壶、冰粒桶、冰夹、冰水橙汁 |

| 力乔酒 | | |
|---|---|---|
| 酒名 | 常用饮法 | 服务用品 |
| 甘露咖啡 | 净饮、加冰、加奶 | 洛杯、卡拉壶、冰粒桶、冰夹 |
| 薄荷酒 | 净饮、加冰、加菠萝汁 | 洛杯、冰粒桶、冰夹、冰水、卡拉壶 |
| 椰朗 | 净饮、加冰、加橙汁 | 洛杯、冰粒桶、冰夹、冰水、卡拉壶 |
| 君度 | 净饮、加冰、加橙汁 | 洛杯、冰粒桶、冰夹、冰水、卡拉壶 |
| 嘉里安奴 | 净饮、加冰 | 洛杯、冰粒桶、冰夹、冰水、卡拉壶 |

**【案例】**

三位客人在餐厅用餐,已喝了两瓶一斤装白酒和五瓶啤酒,已经面红耳赤,说话声也渐渐升高,这时,其中一位客人又扬手要求服务员再送一斤白酒上来,大家来个一醉方休。你作为服务员,该怎么办?

**【思考题】**

1.各类酒的保管与储藏应注意哪些方面?

2.中国白酒可分为哪几种香型?各以什么酒为代表?它们的产地在什么地方?

3.为客人开红葡萄酒时,怎么办?

# 第四节　斟酒的操作训练

1.训练目的

通过上述对酒水服务的讲解,学生了解了斟酒服务的顺序及方法,通过操作训练,使学生达到操作规范、熟练斟酒的要求,能够为客人提供熟练、满意的就餐服务能力。

2.操作方法

老师先讲解、示范,然后学生实际操作,老师在旁指导。设计模拟场景,按角色扮演法进行上菜服务员和客人的模拟训练,学生分组进行,相互点评,最后老师点评并总结。

3.操作内容

(1)准备工作

准备好斟酒所需的酒和酒具;核对酒的品种及名称;检查酒具是否相符。

(2)服务操作程序与标准

首先,检查酒水与客人所点的是否一致,再一次确认检查酒水的质量;其次,端送酒水。请客人验证酒水;然后斟酒,按照前述的规程按照所斟酒水的种类确定杯中的酒量。最后,旋转瓶口,擦拭。

(3)模拟情景

斟酒服务模拟。

4.操作场地

中餐服务实训室。

**【实践练习】**

实践人数:每次5人参加,根据班级人数分几个小组。

实践项目:(1)一个中餐10人台的斟酒服务流程。

(2)分别斟红酒和白酒。

实践时间：每组参加人员时间为 10 分钟，时间到即停止操作。

实践考核方式：先自我评价，然后小组评议，最后由小组成员推荐一位小组当中最优秀的人员进行示范练习。

# 第十章　菜肴服务

1.了解中餐上菜、分菜的服务

2.理解中餐上菜、分菜的服务方法

3.掌握中餐上菜、分菜技能的操作方法

【案例导入】

## 致辞时有菜端出

某四星级酒店里,富有浓烈民族特色的贵妃厅今天热闹非凡,可以容纳30余张圆桌的空间座无虚席,主桌上方是一条临时张挂的横幅,上书"庆祝×××(集团)公司隆重成立"。今天来此赴宴的都是商界名流,由于人多、品位高,餐厅上自经理下至服务员早就忙坏了。从上午起,工作人员做好了一切准备。

宴会开始,一切正常进行。值台员送菜、报菜名、派菜、递毛巾、倒饮料、撤菜盘碟子,秩序井然。按预先的安排,上完"红烧海龟裙"后,主人和主宾离开座位,款款走到话筒前,值台员此时便给每位客人的杯子里斟满了酒和饮料。还有一位长得很英俊的男服务员站在离话筒几步之处,手中托着一只装有两只斟满酒的杯子。主人和主宾简短而热情的讲话很快便结束,那位男服务员及时递上酒杯。正当宴会厅内所有来宾站起来准备举杯祝酒时,厨房里走出一列服务员,手中端着刚出炉的烤鸭,向各个不同方向走去。主宾不约而同地把视线朝向这支移动的队伍,热烈欢快的场面就此给破坏了,主人不得不再一次提议全体干杯,但气氛已大打折扣。

从这个情景案例中,我们获得了哪些启示?试着分析,与大家一起分享您的感受和观点。

上菜、分菜是餐厅服务人员的基本功,掌握熟练的上菜、分菜技能,不仅能让宾客品尝到美味佳肴,也能让顾客领略到中国的饮食文化,而且优雅娴熟的动作还能给顾客带来赏心悦目的艺术享受。

# 第一节　中餐上菜服务

自古对于中餐上菜的程序就很有讲究。"上菜之法,咸者宜先,淡者宜后;浓者宜先,薄者宜后;无汤者宜先,有汤者宜后。"这段清代著名的文学家、烹饪学家袁枚的话就很好地总结了中餐宴会上菜的流程。

## 一、上菜

### (一)上菜服务的流程

#### 1.上菜的顺序

由于中国菜系品种很多,中餐上菜的顺序也会因各地风俗习惯而有所不同。因此可根据宴会的类型、特点和需要(人、时、事)而定,特殊情况特殊处理。中餐上菜的大体顺序原则上是:先凉菜,后热菜;先佐酒菜,后下饭菜;先荤菜,后素菜;先咸味菜,后甜味菜;先干菜,后汤菜;先肥厚,后清淡;先优质菜或风味菜,后一般菜;先菜点搭配,最后上水果。

#### 2.上菜的位置和方法

(1)上菜的位置

中餐散座餐厅上菜以不打扰顾客用餐为原则进行上菜,位置方面就比较灵活。一般中餐宴会上菜应选择在副主人的右侧,也可选择在陪同与翻译之间,这样有利于向宾客介绍菜品。严禁在主人和主宾之间上菜,以及严禁在老人和儿童、行动不便的人中间上菜。

(2)上菜的方法

中餐服务员上菜时要将菜肴平稳地摆在托盘内,左手端起托盘走到餐桌前,站在副主人的右侧,右脚向前,左脚在后,侧身站立,右手把菜肴轻轻地摆放在转盘边沿,然后再把转盘顺时针方向旋转一圈,同时报上菜名,让顾客了解和观赏菜肴。最后把菜肴停在主宾的位置,让主宾先享用,以示尊重。

#### 3.上菜的时机

中餐宴会在开始前五分钟就摆好第一道菜——冷盘(凉菜)。当宾客到齐后,餐厅服务人员即可通知厨房做好后面菜肴的出菜准备。冷盘(凉菜)剩三分之一左右时,餐厅服务员可上第一道热菜,又称"头菜"。上菜应掌握好节奏,根据宴会顾客的就餐情况而定,吃得快就快上,吃得慢就慢上。一般前一道菜快吃完时,就要将下一道菜送上,保证不出现空盘、空台的局面。如果桌台上有空盘应该马上撤下,还要及时为顾客更换骨碟。

团队包餐的进餐时间比较短,一般在20分钟左右就可以上完菜了。散客进餐就要根据顾客点菜的菜肴数量而定,一般在30分钟左右上完所有的菜肴,点单15分钟之内就要送上第一道热菜。

### (二)特殊菜肴的上菜法

**1.原盅炖品类的菜肴**

原盅炖品类的菜肴要端上餐厅桌台后才能当着宾客的面揭盖,让炖品的原汁香味散发在整个台面上。揭盖时要将盖子翻转移开,以免盖子上的蒸汽、汤水滴落在顾客的身上。

**2.易变形类的菜肴**

易变形的菜肴一出锅立即从厨房端上餐桌,餐厅服务员上菜要轻、稳,以保持菜肴的风味和形状。注意提醒顾客尽快食用,以免菜肴坍塌变形。

**3.发出响声类的菜肴**

如锅巴肉片、锅巴鱿鱼,一出锅就要以最快的速度端上餐桌,随即把汤汁浇在锅巴上,发出"刺啦"的响声,要注意动作连贯,不要耽搁,否则会失去应有的效果。

**4.带佐料类的菜肴**

如"北京烤鸭",要带葱段、青瓜段、面饼和面酱等应有的佐料和菜肴一起上餐桌。上菜时餐厅服务人员应略加说明。

**5.锡纸、荷叶包类的菜肴**

应先将菜肴端上餐桌给顾客观赏,再拿到操作台上拆开后,用分菜刀和分菜叉切开装盘,这样也可保持菜肴的温度和香味。如"荷叶鸡"、"叫花鸡"等。

### (三)上菜服务的摆放艺术

摆放菜肴是一门艺术,不宜随意乱放,可以根据宴会的性质、特点、目的来进行;也可以根据顾客的饮食习惯、爱好进行;还可以根据菜肴的颜色、形状、菜种、盛盘及原材料等因素进行摆放。

**1.台面整齐美观**

大型宴会摆放大拼盘时,要注意其观赏面朝向主要顾宾,其他围碟要注意颜色和荤素的搭配。台面菜肴保持"一中心"、"二平放"、"三三角"、"四四方"、"五梅花"的形状,使台面造型美观,富有艺术性和观赏性。如果餐桌上只有一盘菜,则应摆在桌子的中间位置;两道菜可并排摆成横一字型或竖一条直线;三道菜应摆成"品"字状,如是两菜一汤,汤在上,菜在下;四道菜应摆成菱形;五道菜应以汤为中心点摆成梅花状;五道菜以上都是以大拼盘或汤为圆心,摆成圆形。

**2.菜肴对称摆放法**

菜肴还可以根据颜色、形状、菜种等方面使用这种方法。如鸡可对鸭、鱼可对虾等。同颜色、同形状、同菜种也可相间对称摆在餐台的上下或左右位置,一般不并排摆放在一起。注意盘盘之间的距离、荤素和口味的搭配。

3.便于观赏

菜肴的所谓看面,就是最宜于观赏的一面。宴席中头菜的看面面对正主位,其他菜的看面要朝向四周。散座的顾客菜肴看面要朝向顾客。还要注意遵循"鸡不献头,鸭不献掌,鱼不献脊"的礼貌习惯,即在上这类菜肴时,不要将鸡头、鸭掌、鱼脊朝向主宾。尤其是上整条鱼,应将鱼腹而不是鱼脊对着主宾,因为鱼腹肉味鲜美,鱼刺较少,可表示对主宾的敬重。

4.方便取用

中餐宴席摆菜一般将大拼盘、大头菜或汤菜摆放在中间位置,然后再把其他菜肴向四周摆放。餐厅在高峰期中几批散座顾客同坐一桌就餐,各批客人的菜盘要相对集中,彼此之间要留有一定间隔,以防出错,造成误解。

5.尊重主宾

因为主宾是宴席服务的重点对象,所以先考虑将每道菜肴摆放到主宾位置前,然后上下一道菜时再移到其他的位置。

6.轻挪轻撤

摆放前要把客人食用完的盘撤走,或客人食用余剩三分之一左右的菜盘撤下换成小盘再上餐桌,注意轻挪轻撤,不推盘,不拖盘。

## 二、上菜服务注意事项

(1)上菜服务人员尽量不要是传菜服务人员。

(2)上菜前要找到上菜服务所站立的位置。

(3)上菜前服务人员要先查看台面是否有放菜的位置,如果没有,尽快挪出。注意动作,挪盘不推盘,挪盘不拖盘。

(4)上菜时必须双手递送上菜肴。

(5)上菜时必须看清楚菜品,再报菜肴名称,以免出错。

(6)上菜时动作要轻,严禁将菜肴从宾客的头上越过。

(7)上菜时要兼顾摆台效果,增添台面美感。

(8)上带头尾的菜肴时,应遵循"鸡不献头,鸭不献掌,鱼不献脊"的礼貌习惯摆放。上带有佐料的菜肴时,要先上配料后上菜,一次上齐,并略加说明。

(9)上菜时要避免油汁、汤汁滴到客人的衣物上。

(10)如果有老人、少年和儿童同桌就餐时,上菜时应尽量远离他们的位置,以免烫伤,并且提醒成年人注意。

(11)上菜时切忌餐具与台面玻璃杯发生碰撞。

(12)菜品上齐后,及时提醒客人所点的菜肴已经上齐。

(13)严禁将盘子相叠摆放,应该随时撤掉空盘,保持台面整齐美观。撤掉空盘时要注意动作轻轻拿起,保持平衡,以免盘里的油汁、菜汁滴洒台面或客人身上。

# 第二节　中餐分菜服务

餐厅服务工作的一部分就是分菜服务,分菜是宴会服务中技术性很强的工作,它不仅能体现餐厅服务人员的工作态度,而且能反映出餐厅的服务水准。

## 一、分菜

分菜早在古代宴会时就已经出现了。当时,每人一张桌子,所有的菜肴也是一桌一份,一人一份,分菜由此产生。

### (一)分菜服务前的准备

餐厅服务人员要准备分菜用的餐具及用具。

(1)分菜用具要准备齐全,中餐有分菜所需的餐刀、分菜叉(服务叉)、分菜勺(服务勺)、公用勺、公用筷子、长柄汤勺、菜碟及布巾。

(2)分炒菜前,应该准备分炒菜所需相应数量的菜碟;分汤菜前,应该准备分汤菜所需相应的汤碗和勺子;分海鲜类前,应该准备所需相应的菜碟等。如果是螃蟹,还要准备蟹钳。

(3)菜品展示。

首先看台服务员把传菜员由厨房送来的菜端至宾客面前(或放在桌台上或端托在手上),菜品主面朝向宾客展示。如果放在桌台上,可以利用转盘顺时针方向缓缓地旋转一周展示。如果端托在手上展示,将菜肴托举到与桌台平行的高度,左手端托,右手扶托,并且餐厅服务人员应站在最佳的位置,使全部的宾客都能观赏到。

其次,展示的同时向宾客介绍菜品的名称、特点及烹饪方法等有关内容。

最后,宾客观赏后,便可进行分菜服务。

### (二)分菜服务餐具的使用和分菜的顺序

1.分菜餐具的使用

(1)分炒菜使用分菜叉(服务叉)和分菜勺(服务勺)相互配合。餐厅服务人员右手握住分菜叉(服务叉)的柄部,分菜勺(服务勺)心向上,分菜叉(服务叉)的底部向分菜勺(服务勺)心,在夹的时候,主要依靠右手手指来控制,右手的中指控制分菜勺(服务勺)的勺柄,大拇指置于分菜叉(服务叉)柄上,配合捏住分菜叉柄,食指插在分菜叉(服务叉)和分菜勺(服务勺)的柄中间,无名指和小指起稳定作用(见图10-1)。

(2)分汤菜使用公用筷子、长柄汤勺完成。公用筷子把汤中的菜夹出,为了以防菜汤滴在桌面上,可以用左手持长柄汤勺接挡。

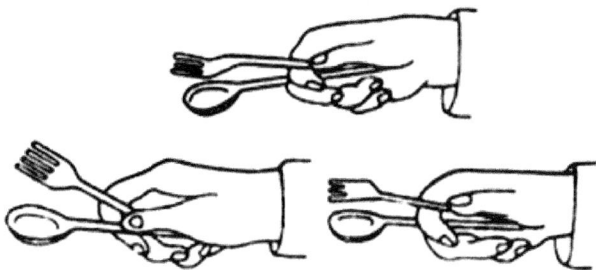

图 10-1　分菜餐具的使用

（3）分海鲜类菜肴时，需要餐刀、叉、勺一起配合使用。如分清蒸鱼，左手握叉将鱼头固定，右手用餐刀从鱼中骨由头顺切至鱼尾，然后鱼肉和鱼骨分离。如分糖醋鱼就用勺和叉。

2.分菜的顺序

分菜的顺序应是先主宾后主人，然后按顺时针方向依次分送。

### （三）分菜服务的方法

中餐分菜分为餐台分菜、托盘分菜、分菜台分菜三种方法。

1.餐台分菜

（1）一人操作时，将与顾客人数相等的餐碟摆放在转盘上。分菜时，左手持长柄汤勺接挡下方，以防菜汁滴到台面，右手持服务叉和服务勺盛取菜肴，将菜均匀分到各个餐碟中，最后顺时针依次向顾客送上。

（2）两个人操作时，一名餐厅服务员负责分菜（如上一人操作进行），另一名餐厅服务员站在宾客的侧边，把餐碟递给负责分菜的服务员，等菜品分好后再负责递送给顾客。

餐台分菜适用于团体聚餐或普通酒席。不适用于高规格的宴会，因为操作时常常会干扰到顾客的谈话，影响餐桌氛围。并且对于餐厅服务人员的技术要求比较高，速度既要快、又要准，否则分菜不均匀，也容易弄脏转盘。

2.托盘分菜

操作时，餐厅服务员左手垫上餐巾布，端托菜盘，右手持服务叉和服务勺，站在顾客左侧，从主宾开始分菜。站立要稳，微弯腰，身体不能靠顾客身上。菜盘托至顾客餐碟左侧边缘，注意把菜肴分到顾客餐碟后，右手的服务叉和服务勺马上随着左手菜盘一起退出。

托盘分菜适用于 15 人以上的大圆桌或长条桌台。不适用于高规格的宴会，因为随着分菜的进行，最后两位客人看到的菜肴并不太雅观。

3.分菜台分菜

菜台分菜首先在顾客餐桌旁准备好一辆服务车（或服务桌），准备好干净的餐盘，备好分菜用的叉、勺等餐具。当菜肴从厨房送到餐台后，餐厅服务人员先把菜肴展示给顾客观赏，并介绍菜肴的名称、特色及烹饪方法。然后将菜（冷拼盘除外）撤到分菜台，由分菜服务人员把菜均匀、迅速地分到顾客的餐碟中。菜分好后,将餐碟放在托盘里送到顾客面前。

菜台分菜适用于规格较高的宴会。在分菜台分菜对顾客的干扰较少,能很好地照顾到顾客,但是比较浪费服务时间和人员。

### (四)特殊中餐的分菜服务方法

1.特殊宴会分菜的方法

(1)在商务洽谈类宴会上,客人往往只顾谈话而"冷落"菜肴。遇到这种情况时,餐厅服务员应抓住顾客谈话出现短暂的停顿间隙时机,向顾客介绍菜肴并以最快的速度将菜肴分给顾客。

(2)如果主要顾客带有少年、儿童赴宴,餐厅服务员在分菜是应把菜先分给少年、儿童,然后按先宾后主顺时针进行常规顺序分菜。

(3)对于老年人的宴会,餐厅服务员在分菜时应采取快分慢撤的方法进行服务。分菜步骤可分为两步,即先少分再根据顾客的食用情况进行添分。

2.特殊菜肴分菜的方法

(1)汤类菜肴分菜的方法

先将盛器内的汤分入顾客的碗内,然后再将汤中的原料均匀地分入顾客的汤碗中,送给宾客食用。

(2)造型菜肴分菜的方法

餐厅服务员应该根据这类菜肴不同的烹饪方法,采用不同的分菜方式进行分菜服务。如果造型菜肴的体型较大,可给顾客先分一半,处理完上半部分造型物后再把余下的一半均匀分给每位宾客。也可将食用的造型物均匀地分给顾客。

(3)卷食菜肴的分菜方法

卷食菜肴的分菜一般情况是由顾客自己动手取拿卷食。在老年人或者少年、儿童多的情况下,餐厅服务员则需要分菜服务。首先餐厅服务员戴上食用标准的一次性手套,将骨碟摆放在菜肴的周围。然后放好铺卷的外层,逐一将被卷物放于铺卷的外层上,最后逐个卷好送到每位顾客面前。

(4)拔丝类菜宴的分菜方法

拔丝类菜宴的分菜方法有两种:第一种是在操作台(间),第二种是桌前分菜。第一种方法是由一名餐厅服务员取菜分菜,另一名餐厅服务员则快速地把分好的菜肴递给顾客。第二种方法是由餐厅服务员在桌前完成,服务员用公筷将甜菜一件件夹起,随即放在凉开水里蘸水冷却一下,再夹到顾客的餐碟里。分菜的时候动作要快而稳,即上,即拔,即蘸,即食。

(5)海鲜类菜肴的分菜方法

例如烩四鲜,是用海参、鱼肚、虾肉、兰片为主要原材料烹饪而成,在分菜时,一定要做到每份都有这四种材料。如果是分鱼,餐厅服务员先向顾客展示完后,再将备好的餐碟、刀、叉和勺操作。分时鱼要先剔除鱼骨,待鱼汁浸透鱼肉后,再用餐刀切成若干块,按先宾后主的顺时针顺序分派。鱼腹部位要分给主宾。

## 二、分菜服务注意事项

(1)分菜时呼吸要稳定、均匀,向顾客介绍菜名、特色、营养及烹饪方法时注意要保持距离,不要离顾客太近。

(2)分菜时要做到精准,掌握好数量。绝不可一勺菜同时分给两位顾客,特别是主菜,必须分得基本一样,最先分到的和最后分到的基本一样,更加不能在分得多的骨碟中再匀给分得少的顾客。

(3)对于配有佐料的菜肴,展示菜时可略作说明。如果要沾上佐料后才将菜分到骨碟里,应事先征求顾客的意见。带骨的菜肴,骨肉要均匀地分给顾客,鸡鸭的头和尾、翼尖都不要分。

(4)分完每一道菜后,盘中余下四分之一的菜肴,视菜的丰盛和方便再添加给顾客。还可换于小盘中,然后放在转盘上。

(5)分菜服务时,动作要干净利落,尽可能避免餐具碰撞发出响声,分羹类时切忌把汤勺在汤盆边刮。

(6)要保持餐具内外的整洁、美观、大方。不得在餐具上留有指痕或在餐盘边沿上滴有汤汁。

(7)分送菜肴,不可越位,更不可从顾客的肩或头上越过。

【案例】

### 只因少说了一句话

某大餐厅的正中间是一张特大的圆桌,从桌上的大红寿字和老老小小的顾客可知,这是一次庆祝寿辰的家庭宴会。朝南坐的是位白发苍苍的八旬老翁,众人不断站起来对他说些祝贺之类的吉利话,可见他就是今晚的寿星。

一道又一道缤纷夺目的菜肴送上桌面,客人们对今天的菜显然感到心满意足。寿星的阵阵笑声为宴席增添了欢乐,融洽和睦的气氛又感染了整个餐厅。又是一道别具一格的点心送到了大桌子的正中央,客人们异口同声喊出"好"来。整个大盆连同点心拼装成象征长寿的仙桃状,引起邻桌顾客伸颈远眺。不一会,盆子见底了。客人还是团团坐着,笑声、祝酒声、贺词声,汇成了一首天伦之曲。可是不知怎的,上了这道点心之后,再也不见端菜上来。闹声过后便是一阵沉寂,客人开始面面相觑,热火朝天的生日宴会慢慢冷却下来。众人怕老人不悦,便开始东拉西扯,分开他的注意力。

一刻钟过去,仍不见服务员上菜。一位看上去是老翁儿子的中年人终于按捺不住,站起来朝服务台走去。接待他的是餐厅的领班,他听完客人的询问之后很惊讶:"你们的菜不是已经上完了吗?"中年人把这一消息告诉大家,人人都感到扫兴。一片沉闷中,客人怏怏离席而去了。

(资料来源:http://www.doc88.com/p-745825145934.html)

**【案例思考】**

(1)该案例给我们什么启示?

(2)我们从中应该注意些什么?

**【思考题】**

1.中餐上菜的顺序?

2.中餐上菜的方法有几种,分别是什么?

3.中餐分菜需要多少餐具?

4.几种特殊性菜肴上菜和分菜的服务方法?

5.中餐上菜应注意事项和分菜的注意事项?

# 第三节　操作训练

## 一、上菜的操作训练

### 1.训练目的

通过上述对上菜服务的讲解,学生了解了上菜服务的顺序及方法。通过操作训练,使学生达到操作规范、熟练上菜的要求,能够为客人提供熟练、满意的就餐服务。

### 2.操作方法

老师先讲解、示范,然后学生实际操作,老师在旁指导。设计模拟场景,按角色扮演法进行上菜服务员和客人模拟训练,学生分组进行,相互点评,最后老师点评并总结。

### 3.操作内容

(1)准备工作:准备好上菜所需的餐具;核对菜肴名称与菜单是否相符;检查菜肴质量;了解菜肴菜名、特点及典故等等;找到上菜口。

(2)服务操作程序与标准:首先,检查菜品与客人所点是否一致,再一次确认检查菜品的质量。其次,端送菜品。一般菜品单手托送,只有汤类或温度较高的菜品才双手端送,同时还要找准上菜口上菜。再次,报菜名。上餐桌后的菜品,应报上菜名,介绍菜品的特色,请客人品尝;然后摆菜,按照前述的进行摆菜。最后,撤盘。与摆菜相互配合,保证餐桌上的菜肴整齐、美观即可。

(3)特殊菜肴上菜的方法:根据前面所述操作。

(4)模拟情景:上菜服务模拟。

4.操作场地

中餐服务实训室。

## 二、分菜的操作训练

1.训练目的

通过上述对分菜服务的讲解,了解分菜服务的顺序及方法。通过操作训练,使学生掌握基本的分菜手法与操作,达到能够为客人提供熟练、满意的就餐服务。

2.操作方法

老师先讲解、示范,然后学生实际操作,老师在旁指导。设计模拟场景,按角色扮演法进行上菜服务员、分菜服务员和客人模拟训练,学生分组进行,相互点评,最后老师点评并总结。

3.操作内容

(1)准备工作:准备好分菜所需的工具;分菜前在餐桌上展示分让的菜肴。

(2)服务操作程序与标准:餐台分菜、托盘分菜、分菜台分菜。

(3)特殊菜肴上菜的方法:根据前面所述操作。

(4)模拟情景:分菜服务模拟。

4.操作场地

中餐服务实训室。

**【实践练习】**

实践人数:每次5人参加,根据班级人数分几个小组。

实践项目:(1)上一份青菜和一份莲藕排骨汤。(2)用叉、勺分青菜叶10份;用长柄勺分汤10份。

实践时间:每组参加人员时间为10分钟,时间到即停止操作。

实践考核方式:先自我评价,然后小组评议,最后由小组成员推荐一位小组当中最优秀的人员进行示范作用。

# 主要参考文献

[1] 百度百科.八大菜系[OL].http://baike.baidu.com/link? url-2013-9-9.

[2] 蔡晓娟.菜单设计[M].广州:广东南方日报出版社,2002.

[3] 车延红.餐厅服务与管理[M].北京:旅游教育出版社,2010.

[4] 陈涓.地理环境对我国饮食文化的影响[J].福建教育学院学报,2003(4).

[5] 陈萌.餐巾折花[M].北京:化学工业出版社,2008.

[6] 邓德枢,双福.时尚餐巾折叠大全[M].北京:化学工业出版社,2012.

[7] 何强.中餐服务[M].北京:中国人民大学出版社,2007.

[8] 蒋英志.中国八大菜系及第九菜系[J].文史精华,2013(5).

[9] 劳动和社会保障部,中国就业培训技术指导中心.餐厅服务员[M].北京:中国劳动社会
保障出版社,2009.

[10] 李敏,高学文.中餐服务与管理[M].北京:北京师范大学出版社,2010.

[11] 李婉君,崔功射.菜单设计与制作[M],浙江:浙江摄影出版社,1992.

[12] 吕晓敏,丁骁,代养勇.中国八大菜系的形成历程和背景[J].中国食物与营养,2009
(10).

[13] 毛慎琦.餐饮服务技能实训[M].北京:机械工业出版社,2008.

[14] 沈军霞.八大菜系的渊源[J].今日南国,2007(12).

[15] 沈涛,彭涛.菜单设计[M].北京:科学出版社,2010.

[16] 汪孝池.餐桌与餐巾折花[M].沈阳:辽宁科学技术出版社,1992.

[17] 汪焰,董鸿安.餐厅服务与管理[M].上海:华东师范大学出版社,北京:北京大学出版
社,2008.

[18] 王丽梅,朱多生.餐厅服务技术[M].北京:中国纺织出版社,2009.

[19] 谢民,何喜刚.餐厅服务与管理[M].北京:清华大学出版社,北京交通大学出版
社,2011.

[20] 杨新乐.餐厅服务与管理[M].北京:中国商业出版社,2006.

[21] 赵庆梅.餐厅服务与管理[M].上海:复旦大学出版社,2013.

[22] 周妙林.菜单与宴席设计[M].北京:旅游教育出版社,2009.